Bildnis der Henriette Vogel (1810)

Karin Reschke,
geboren 1940 in Krakau, wuchs in Berlin auf, wo sie heute als freie Autorin lebt. Zuletzt erschien von ihr der Roman *Asphaltvenus* (1994). Für *Verfolgte des Glücks* hat die Autorin 1982 den FAZ-Literaturpreis erhalten.

Zu diesem Buch:
Von der »historischen« Henriette Vogel ist nicht viel mehr bekannt, als daß sie sich 1811 zusammen mit Heinrich von Kleist erschossen hat, daß sie ein Kind hatte und einen preußischen Steuerbeamten zum Mann. In Form eines fiktiven Tagebuchs, des »Findebuchs«, gibt Karin Reschke dieser Frau, dieser »Romantikerin« ein Gesicht und ein Leben: ein Leben ohne wirkliche Wahl, aber mit einer Begierde nach Lebendigkeit, ein Leben mit mehreren Fußnoten, von denen die letzte Heinrich von Kleist heißt.
»Karin Reschke hat durch die Hintertür der Literaturgeschichte zwei Themen unserer Zeit aufgegriffen. Den Selbstmord als die Erlösung aus der kaputten Welt, der Rückzug der Frau aus der Herrschaft des Mannes.« *Verena Auffermann*

Karin Reschke

Verfolgte des Glücks

Findebuch der Henriette Vogel

Rotbuch Verlag

Die Deutsche Bibliothek – CIP-Einheitsaufnahme
Reschke, Karin:
Verfolgte des Glücks : Findebuch der Henriette Vogel /
Karin Reschke. – Hamburg : Rotbuch Verl., 1996
(Rotbuch-Taschenbuch ; 1029)
Früher als: Rotbuch ; 266
ISBN 3-88022-397-1
NE: GT

Rotbuch Taschenbuch 1029

Rotbuch Verlag, Hamburg 1996

Umschlaggestaltung: MetaDesign, Berlin
Druck und Bindung: Druckerei Wagner, Nördlingen
Printed in Germany

ISBN 3-88022-397-1

Boten nach Auras

Wie wohl war mir auf der Reise. Keine Beschwerden, keine Furcht mehr, keine letzten Regelungen. Wir saßen schweigsam einander gegenüber, vertieft in die kommenden Stunden. Plötzlich, in die Stille hinein, fragte mich der Freund nach den versprochenen Eintragungen in mein Octavheft, vielmehr den verstreuten Blättern, fragte, ob ich sie Vater, Pauline oder Vogel überlassen, war offenkundig enttäuscht, daß ich die Notizen nicht bei mir trug. Ich konnte ihm nicht mehr zusagen, sie zu beschaffen, da ich sie längst der Manitius nach Königsberg gesandt hatte mit der Bitte, sie für Paulinchen aufzubewahren. Niemand anderem würden die Blätter ausgehändigt, nicht einmal Vogel, der sie flüchtig kannte und sein Lebtag kein Interesse an ihnen gezeigt, bekäme sie zu sehen. Auch wunderte mich, daß Kleist in diesen letzten Augenblicken davon anfing, hatten wir uns doch so viel erzählt und offenbart, das Geheimste mitgeteilt – was dagegen waren jugendlicher Übermut, Leichtsinn und Gedankenspiele eines jungen Mädchens in ihrem Findebuch? Er lachte und schalt mich falscher Bescheidenheit, immerhin sei es ein Versprechen gewesen, das letzte, sagte er, vor unserer Reise. Dagegen war wenig einzuwenden, und ich sann darüber nach, warum ich mein Versprechen nicht gehalten. Was hatte ich zu verlieren an diesem Wendepunkt unserer Übereinkunft, gemeinsam auf diese Reise zu gehen, wenn Kleist als einziger Vertrauter meine Eintragungen las? Fürchtete ich sein Urteil, seine Nachsicht, seine gelehrte Meinung, seine Gerührtheit, die vom Hochmut nicht allzuweit entfernt? Ich nahm die mir entgegengestreckte Hand, so warm und freundschaftlich, und empfand Rührung gegen mich selbst, daß ich so kleinmütig hinter meinen Schatten zurückgetreten und nicht wagte, was ich bereits gewonnen: die Freundschaft dieses Mannes.

Wir redeten indessen von anderen Dingen, als wir in Auras ankamen, uns vor dem Gasthofe umsahen und glücklich waren wie Kinder, daß wir diesmal an Rückreise nicht zu denken hatten und keine kleinen Lügen erfinden mußten, unseren Aufenthalt zu erklären. Um so überraschter waren wir, in dem selben Gasthofe Hoffmeister aus Berlin anzutreffen, der von einer Reise aus Cottbus auf dem Rückwege war und sich vor Staunen kaum fassen konnte. Kleist sprach von einem kleinen Geheimnis unter Ehrenmännern, und so speisten wir gedrückter Stimmung zu dritt bei gutem Weine in der Gaststube. Kleist erzählte ohne Scheu von seinen Anstrengungen, in Berlin erneut Fuß zu fassen, und mußte es sich gefallen lassen, Nachbemerkungen zum Fallieren der Berliner Abendblätter aus Hoffmeisters Sicht zu ertragen. Er sparte nicht mit Anwürfen gegen den Freund, was dessen Bemühungen betraf, ihm, dem der Spionage Verdächtigen, einem düsteren Dichter noch dazu, Windmacher bei Tischgesellschaften, vom preußischen Staatskanzler wieder Anerkennung als Leutnant zu erlangen. Das arme Preußen fordere aufrechte national gesinnte Charaktere! Er dampfte vor innerlichem und auch falschem Zorn. In Hoffmeistern hatten wir bislang einen Kenner und Sprecher der Kleistschen Angelegenheiten vermutet, dem wir uns rückhaltlos anvertrauen konnten, und saßen nunmehr vor einem völlig Fremden, der mit Eifer und viel Speichel auf den Lippen allgemein bekannte Vorurteile zum besten gab. Was für eine Reise! Entsetzt zog ich mich zurück, schrieb eilig einen Brief an meine Manitius nach Königsberg, mit der Bitte, das Findebuch dem Boten, den ich bereits bezahlt, nach Berlin mitzugeben. Ich bat um ihr Vertrauen aufs neu, würde ihr alles erklären, wenn ich wieder klar denken konnte, und hoffte, daß mein Ansinnen sie nicht allzusehr verwirrte. In diesem Augenblick, da uns bestätigt wurde, wie irrwitzig all unser Streben nach Würde und Anerkennung ins Lächerliche verkam, wollte ich wenigstens mein gegebenes Versprechen um jeden Preis einhalten. Kleist sollte Gewißheit haben, daß ich mich mit keiner

Faser vor ihm versteckte, nicht verbarg, was ich seit dreizehn Jahren mit mir herumgetragen. Später begaben wir uns auf unsere Zimmer, steckten noch eine Weile die Köpfe zusammen, hielten uns bei den Händen und mußten wohl oder übel an Rückreise denken. Einen Aufschub von acht Tagen wollten wir nach diesem Fiasko in Kauf nehmen. Von unserem Vorhaben waren wir auch an diesem Abend mehr denn je überzeugt. Wir gingen nicht eher zur Ruh, bis wir alles noch einmal aufs Vortrefflichste neu geplant hatten. Hoffmeister strichen wir übermütig von der Liste der Freunde, mit zuversichtlicher Freude dachte ich vor dem Einschlafen daran, wie sein schadenfrohes Gesicht von Auras bei der Nachricht unseres Todes in lauter kleine Einzelheiten zweideutiger Verzükkung zerfallen würde, unkenntlich vom Geiste des Erschreckens.

Potsdamer Reise

Mein Schatten am Mittag war eiliger als ich, Berlin zu verlassen, er saß vor mir in der Kutsche, so ungeduldig war er mir voraus, daß ich erschrak und unseres geistigen Beistands Castor gedachte, der einmal gesagt: Begegnet dir dein Schatten, kehre um, daß er dir den Rücken schütze.

Ausgerechnet an diesem Mittag. Ich lehnte mich ins Polster und gab dem Kutscher Zeichen loszufahren. Es war ein ganz gewöhnlicher Mittag, Paulinchen ruhte, Vogel hatte eine Unterredung mit Müller auf dem Kontor – seit drei Tagen vermieden wir, einander zu treffen –, Dörte versprach, bis auf weiteres im Hause zu bleiben. An jede Einzelheit war gedacht, sogar daran, Amöne zu benachrichtigen, wenn das Kind unruhig würde und Vogel nicht rechtzeitig zurück. Alle Dinge waren wohl geordnet, die Briefe lagen zur Besorgung bereit, die kleinen Sachen für meine Freunde, einschließlich der messingnen Kaffeemaschine, die ich der Eberhardin zugedacht, die selbstgekochte Seife für Pauline im Spinde mit einem Zettel, der die Anzahl der Tafeln bezeichnet; überdies die Organisation des gesamten Haushalts. Wenn mein Schatten doch hinter mir wäre, um wieviel beruhigter würde ich vorausdenken. Dieser sah auf mich herab noch nicht zuende mit dem Plan einer ewigwährenden Zukunft, und doch ist er kein Spiegelbild. Da spürte ich das schwarzlederne Felleisen in meinem Schoße, die versiegelten Blätter, den kurzen Umriß meines unfertigen Lebens. So lange zugebracht zu haben in meiner Kammer, von Zorn und Furcht behütet, die wenigen Stimmen des Trostes im Ohr. Dies lag zurück, verborgen bei so warmem Licht, fast schon vergessen, um diese Zeit kein Schrecken mehr. Meinem Schatten war ich nicht treu. Wie aufmerksam, mich jetzt zu begleiten, das Vergangene zur Hand.

Da war Kleist, wie verabredet am Brandenburger Tor. Ein

Reisender, für den ich schon den Schlag öffnete, noch ehe er mich bemerkte. Wie freute ich mich, ihn so heiter zu sehen, die Augen heller als an anderen Tagen und auf den Lippen das Lächeln einer nicht ganz zufälligen Begegnung: Mein Herr, auf diesem Wege gehts nicht weit, aber wenn Sie mir folgen wollen... Er wollte, er stieg zu, es war die Erinnerung an ein Versprechen, es war der Anfang unseres gemeinsamen Spiels vom Ende, das wir in Auras geprobt und in Wannsee fortsetzen wollten. Einem Schatten sagte man nicht adieu.

Ich lachte, auch Kleist war guter Dinge. Wir nahmen die Chaussee nach Potsdam gemäß unseres Plans, in Wannsee die Kutsche zurückzuschicken... doch leicht fiebrig rutschte ich in meiner Ecke hin und her, unsinnige Angelegenheiten im Kopf, die noch zu erledigen waren. Für Vogel hatte ich eine blaßblaue Tasse für den Weihnachts-Heiligabend vorgesehen, inwendig vergoldet, mit einer ebensolchen Arabeske auf weißem Grunde zum Rand und am Oberkopf im hellen Felde meinen Vornamen, die Fasson, wie sie jetzt am modernsten war. Meves auf der Porzellanfabrik mußte beauftragt werden, dies rechtzeitig in die Wege zu leiten, das Geld dafür lag bereit im Kasten... Schulden besaß ich keine, auch hatte ich zur Sicherheit mir noch von allen Leuten, mit denen ich je in Rechnung gestanden, Quittungen geben lassen, welche in meinem Schreibkasten nebst dem noch übrigen Wirtschaftsgelde lagen; auch Dörte und die Treblin konnten nichts mehr nachfordern. Das unerläßlich Nebensächliche kümmerte mich, und der Freund schwieg dazu. Ich redete nicht laut darüber, redete mir nur zu, nur zu; wie weit wir fahren mußten, dies und das noch zu bedenken war, obwohl alles bedacht, am Ende ohne Bedeutung, ja, dies noch, vielleicht dieser Tag, dieser Mittag, Nachmittag, Abend, das bleiche Feuer der Sonnenscheibe zwischen den schnell auseinanderreißenden Wolken, dort ein blaues Feld am Himmel, das wir kaum einholen konnten. Wie im Frühling mit verliebten Händen. Das Versprechen, sagte ich, und übergab Kleist das schwarzlederne Felleisen. Er nickte mir zu, zögerte nicht mit dem Aufbinden, meine Hände gaben keine Ruh. Da noch ein Brief an die Manitius, einer an Vogel, noch einer zum Abschied, für die Freundin ein paar Worte... In diesem weiten Himmel, einmal ganz klar, flogen weiße Blätter auf.

Doch wie dies alles zugegangen
Erzähl ich Euch zur andren Zeit
Dazu bin ich zu eilig heut

3ter April 1798

Mein Morgen- und Abendrot ist heiße Milch. In dei Frühe kommt sie auf leisen Sohlen ans Bett, noch schließ ich die Augen fest und laß sie warten. Sie atmet wie ich atme, zieht eine Haut von gelbem Stoff und hält sich warm, steht still in ihrem tönernen Becher, wie ich still liege in meiner Haut, und leise kreisen meine Begierden um ihren süßen Duft. Blinzel ich zu meinen Füßen hin, seh ich auf Adam, einen Fuß breit weiter auf Eva, meine betagten Puppen in häßlicher Eintracht, schon morgens die kleinen Götzen, abgegriffen, ausgehöhlt, vernachlässigt, Zeugen einer schon alten Kindheit.

Vor meinem Fenster in grau das Paradies am Kleinen Wall, die Spree ein Fischgarten, kleine Bleichen und nasse Wiesen, Kähne auf Fang, ein wenig weiter schmale Stege über den Fluß, Wand an Wand die anderen Häuser, das eine Nachbardach bis auf die Erde, ein nächstes Dach mit Biberkragen zurückgelehnt – der kleine Wall, engbrüstig, der Rennstein verstopft, Ziehbrunnen in der Nähe, veraltet, eine Wasserpumpe vorm Haus. Ich habe nicht alles gesehen und hoffe doch, das meiste noch sehen zu können. An diesem Morgen wache ich auf und sehe mit anderen Augen, was ich immer sehe, das Gewöhnliche der Tage, von denen alle sagen, daß sie einen älter werden lassen. So bin ich alt genug, mir die Zukunft vorzustellen, Adam und Eva vor der Nase, das lächerliche Gespann, zu vertraut um mich von ihnen zu trennen. Der Vater setzt sie gerade hin, die Manitius wäscht ihre kleinen Kleider. Die Milch im Becher kühlt ab, aufwachen, einschlafen. Das Nachbardach steht dem Morgenlicht im Wege, der kahle Baum im Garten verdient bekannt gemacht zu werden: guten Morgen. Von unten kommen Stimmen, Schritte, schnell wird gebetet, danach die Milch in langen Schlucken, noch ein Blick zum Fenster, drei Schritte zum Stuhl, in die Kleider, es sind dieselben wie gestern, gleich wird die immer frische Manu in der Tür stehen und ebenfalls guten Morgen rufen.

Am Pulte sitzend, der Schwerter läuft auf und ab, zitiert, jetzt gehts um jede Kleinigkeit. Ein paar Taler für den Lehrer, damit die Kebersche mehr lernt, dem Alphabet das abgewinnt, was man die Bildung nennt. Sie schreibt und phantasiert, der Lehrer nimmts gelassen hin. Mit der Toilette nicht zuende streifen die Haarbänder meine Halskrause, die Strumpfbänder meine Knie, wehen um mich her. Ich hab entdeckt, wie gesellig Kleider sind, Strümpfe, Tücher, man streicht sie glatt und ist beschäftigt, stopft Löcher und singt dabei. Ich binde fest, auf Schwerters Diskretion ist Verlaß. Er redet weiter und macht mir den Gellert begreiflich; o guter Gott, das Haar, der ewig faltenreiche Strumpf, Ermahnungen vom Ende jener Wand, wo eben noch der Lehrer stand, die Toilette zu beenden und mich dem Gellert zuzuwenden.

Mir steht der Sinn nach Maskerade und frechen Liedern vom Bastillesturm, wie war das mit dem Lehrer in Paris und der Adelsperson? Der Lehrer Gerard kam unters Beil, weil er eine hochgestellte Person bei sich versteckt gehalten, durch die halbe Stadt mit Spott und Rutenschlägen trieb man ihn, der Pöbel jubelt, beklommen folgt die Lehrergilde der Prozession, heute Gerard, morgen sie, was wird die Befreiung dem armen Volk bringen? Überfluß wird abgeschafft, die Köpfe rollen durch die Stadt. Werd ich den Lehrer fressen nach diesem Streich, dem Gellert Papier und Feder verweigern, mich blind und taub stellen für unsere allmorgendliche Stunde? Lieber wäre mir ein Pamphlet nach Castors Art auf Sophiens Reise nach Memel, ganz manierlich, den Gellert mag man ruhig lehren; ich halt mich an den neuen Roman, da ist die Welt so kunstvoll eingefangen, die Damen edel, die Herren Helden, Strumpfbänder gibts nur im Boudoir und Tränen über die verlorene Schlacht im Salon. Wie wärs, wenn ich mir einen Dichter zaubere, Griot soll er heißen, mit diesem Vers:

Wollen Geister in die Runde
Warte ab die volle Stunde
Laß sie steigen, tanzen, fackeln
Daß die Köpfe ringsum wackeln
Wird die Poesie geschunden
kein Meister hat sie erfunden
Sitzt der Vers in Kopf und Herz
Endet meist der Geister Scherz

Kaum haben Griot und ich gezaubert, ist die Stunde schon vorbei, und mein guter Nestor Schwerter lobt mich übern grünen Klee. Schreibe sie auf, was sie nicht lassen kann, eine Replik auf den modernen Roman, jede Zeile bis zum Ende soll ihre Aufmerksamkeit dokumentiern, und wenns hochkommt, wird ihr Versmaß die Lektüre kommender Zeiten ziern.

Schwerter läßt sich nicht lumpen, mich nachzuahmen, ist es doch Sitte und Gepflogenheit, im Vers der Höflichkeit zu dienen, und mit der gesitteten Verbeugung meinen Haarbändern, Strumpfbändern, meinem Schultertuche manch Kompliment zu machen. Halb lachend, halb im Scherz zieht er davon, in seinem Hosensack, wie immer, die Hand voll Klimpergeld.

Und dann ist er fort den Morgen, ich habe Zeit, mich anzusehen, kein Kind, keine Frau, ein Ding dazwischen, ein Wesen, das noch manches lernen muß und lernt, mit sich und anderen umzugehen. So reden Vater, Frau Manitius und Castor, den ich gerne um mich weiß und seine Kanzelreden schätze, ganz angetan, daß er an unserem Leben Teil hat, hier am Kleinen Wall, oft und gern bei uns zu Gast weilt, wenn er in Amtsgeschäften von Potsdam herüberkommt, und mir Neugier macht, am Fenster steht und folgende Begebenheit zum besten gibt: Den Nachmittag sieht man Soldaten über die Waisenbrücke im Trab. Mit Säbeln zur Seite laufen sie. An Frankreich denkt jeder bei ihrem Schritt. Frankreich ist der innerlich erklärte Feind. Er zerschneidet die nationalen Bande und teilt unser Volk in zwei Lager. Die einen unterstützen die Franzosen im Kampf um Menschenrechte und Freiheit, rufen auf, die Waffen niederzulegen und den Gehorsam zu verweigern, nicht länger in sinnlosen Schlachten das Leben zu lassen, die anderen verteidigen ihr Land, ihr Preußen, ihren König vor Aufruhr und Sittenverfall. Haben die Säbelträger, die Verteidiger Anweisung, aufs Hamburger Tor im Sturm zu laufen? Sie laufen. Bürger bilden ahnungslos Spalier, erfreuen sich der adretten Arme und Beine im Takt, denken nicht an Truppenaushebung, zwingen die steinerne Stadt in Schwung. Ein Tambour klopft feste den Rhythmus, die Brücke schwankt leicht unter Marsch und Tritt, spielerisch schwärmen sie aus bis vor die Stadt, über die Waisenbrücke kommen sie ganz selten, von Franzosen keine Ahnung. Sollen damit nicht doch die deutschen Völker aufgerufen werden, die Frankennation zu verurteilen? Aller Augen folgen dem munteren Manöver. Wo man auch hinsieht, gibt es Anzeichen kriegerischer Lust. Lust und Angst maschieren wie von selbst – sieht man Soldaten. Gejohle und der Frauen Brusttücher fliegen durch die Luft, wer Waffen trägt genießt Respekt, und dennoch denken Hunderte an den Seidenspinner, den Volksredner auf dem Hausvogteiplatz, gerade da. Die Erde dampft vor heißen Schwüren.

Vom neuen Menschen spricht der Jakobiner in der Mittagssonne, den Schlangenlederbeutel auf der Brust, von jedem einzelnen und einer Freiheit, die kein König verkündet, die von allen ausgeht und alle mitreißt, den Kesselschmied, den Ausrufer, den Tuchbereiter und den Seidenspinner. In Frankreich, brüllt er, kämpfe jeder für sein Land, das ist die neue Pflicht, und nicht, einem König und seinen Ministern zu dienen! Vor dem Schloß paradiert die Garde, die gehorsamen Seelen, das übliche Bild der Stärke. Ihnen kann ein Volksredner nichts anhaben, sie hören ihn gar nicht. Die Soldaten sammeln sich vor den Toren, der Volksredner versteckt sich als Händler getarnt auf den Bleichen, der Schlangenlederbeutel mit der Weisheit und dem Blutgeruch wandert von Hand zu Hand.

Der Vater im Amte spricht vom alten Halsgericht, vom Missetäterbaum für den Aufrührer, der nur im Sinn hat, Krach zu schlagen und Stimmen aufzusammeln für sein Gekreisch, wie der Straßenmusikant die Groschen. Wenn dem der Boden unter den Füßen brennt und er das Weite sucht, ziehen des Königs Truppen in den Kampf gegen die Jakobiner, das ist gewiß.

Der Aufwiegler hat tausend Gesichter und ist doch nur einer, dessen Kopf in vielen Köpfen spukt; und jeder gibt ihm die eigenen Augen, die Nase, den Mund, sogar die Perücke und den grauen Rock, das unauffällige Kleid des Handelsmannes.

Wer sich merkt, was geschieht, aufzeichnet, wie es passiert, sagt Castor, wird eines Tages sehen, wie die Welt sich gedreht hat. Ja, lieber Himmel, da brenn ich drauf, zu sehen, wie die Welt sich dreht. In der grünen Stube ist sie schwach erleuchtet, Keber und Castor rauchen, was wissen sie vom Mann auf den Bleichen, den die Junker jagen wie einen Hasen? Er ist kein Umstürzler, wie es die Herren gern hätten, kein Bursch, dem man das Handwerk legen muß. Der Minister zögert noch, ihn festzusetzen, aus gutem Grund. Im selben Augenblick wirft der Vater die Spielkarten vom Tisch, und ein bleicher König schaut vom Boden zu mir herauf. Möglich auch, daß Soldaten vom lebendigen König befehligt rundherum vor den Stadttoren einen Geist in Kleidern suchen auf den Bleichen, in den Kattunhäusern und im Schilf und gar manches Gesindel zur Stadt führen, und in der Stadt ein Gedränge ist von Verdächtigen.

Die Türen öffnen sich, Menschen kommen herein, die Manu, ein Leutnant Blankenfeld und Fränze mit dem Kaffee für die Herren. Rasch hebe ich die Karten auf, die dem Vater entfallen, mische sie, lege die Damen obenhin; nicht aus Übermut, sondern dem Keber ein Zeichen zu geben. Mit einer Dame würde er passen, mit einem Buben allein sich nicht abgeben, einen König hält er für notwendig, das Spiel zu gewinnen –

ein königliches Spiel liegt auf, wenn eine Dame die Karten bedeckt. Noch ehe ich meiner Ziehfrau Manitius folge, haben die Herren ganz geistesgegenwärtig lächelnd die Dame als Trumpf ausgespielt.

Den Abend lasse ich meinen Zauberer Griot die Feder wetzen, von der Verderbtheit der Weiber klagen, die Fränze einen Zankapfel in der Küche schimpfen, die ihren Bräutigam, den Bieler, mit einem aufmüpfigen Sattlergesellen täuscht. Der Bieler jammert: Macht sie denn alle Tage mir nichts als Not und Plage. Der Sattlergesell antwortet darauf: Die Prinzessin will dem Prinzen nicht folgen, das Mädchen wischt ruhig den Tisch. Darin in der Lade liegt ein Messer, und sie wischt lange am selben Fleck. Klug sind jene, bemerkt Griot, die ihre Klugheit geschickt verstecken. Fränze versteckt, sie wischt. Auch die Herren tragen Perücken und dienen so ihrem Verstande ganz offiziell, keine Frage, daß so mancher Dummkopf darunter steckt. Bieler und der Sattlergesell streiten um die Wurst, nicht um das Mädchen. Der Handel geht das Mädchen nichts an, sie sieht nur auf den Tisch, sie denkt nur an das Messer, sie weiß sich aus der Affair zu ziehen, am Ende läßt sie gar beide laufen. Der Eifersüchtige ist immer im Nachteil und in seiner Verletztheit der Dümmere. Wenn der Bieler schweigen würde, der Fränze nur immer geduldig auf die Finger schauen könnte, den Sattlergesellen nicht ernst nähme, was die Fränze so denken könnte. Es ist nicht ernst, aber sie sagt es nicht, sie wischt. Die Kerle gehen gegeneinander los, die Fränze hält inne, der Mund steht ihr offen, doch sie schreit nicht. Sie ist klug, sie ist nicht anwesend und sieht trotzdem, wie dumm die Männer sind. Die Dummheit der Weiber dagegen ist ihr Schweigen. Das Messer ist der Fränze kein ernster Ausweg, es liegt ja im Kasten. Die beiden haben jetzt Raum, ihre Ehr auszutoben. Der Bieler zieht den kürzeren und jammert auf der Stell, der Sattlergesell erdreistet sich, der Fränze seinen starken Arm zu zeigen, die Fränze, ganz ernüchtert, geht in den Hof, den Lappen an den Baum zu hängen. Das bringt den Bieler erneut in Rage, das Grinsen soll dem Sattlergesellen vergehen, der starke Arm zerbrechen an der Lebenserfahrung und moralischen Festigkeit des Spreeschiffers, den Teufel wirst du tun, Knabe, setz dich hin, ich hab dir was zu berichten. Da ist kein Jammern in der Stimme, kein Greinen um das Mädchen. Hier steht der Mann für sich und rettet mit Anstand sich über die seelische Blessur:

Vor geraumer Zeit, fängt er an, lebte auf der Behrenstraße ein Gipsgießer mit seiner Frau und sechs Kindern. Der älteste Sohn war zweiundzwanzig Jahre alt. Der Mann ging selten aus, arbeitete oft bis spät in die Nacht an seinen Figuren, wobei ihm seine Frau mit Vergolden und anderen Beschäftigungen zur Hand ging. Er hatte nach der gewöhnlichen Redensart ein gutes Auskommen und erzog seine Kinder ordentlich, indem er sie zum Fleiß und zum Gehorsam anhielt. Jeder, der diese Familie kannte, bezeugte, daß sie gerechte, stille und christliche Leute waren, vergnügt und mit jedem in Frieden lebten. Der Mann war über die Vierzig, die Frau über dreißig Jahre alt. Der älteste Sohn arbeitete am Tage außer Haus, schlief aber die Nacht bei seinen Eltern, und die älteste Tochter war als Dienstmädchen zu einer Herrschaft gezogen. Diese Tochter wars, die Unglück über die bis dahin friedliche Familie brachte – sie hatte den Verdacht einer Liebschaft mit dem Hausherrn und eines beträchtlichen Diebstahls auf sich geladen, und ward auf Betreiben der Herrschaft ins Gefängnis gebracht. Für die Eltern war diese Nachricht ein Donnerschlag, der sie in unbegrenzten Kummer stürzte. Sie waren beide der Ohnmacht nahe und beteuerten eins übers andere, sie könnten nie wieder einem Menschen ins Gesicht sehen, da ihre Tochter eines solchen Verbrechens wegen arretiert sei. Ihre gemeinsame Arbeit blieb von diesem Augenblick an unberührt liegen, sie konnten weder essen noch trinken, und so durchweinten sie drei Tage und drei Nächte. Vergeblich suchten die übrigen Kinder, sie zu trösten. Wir dürfen niemandem mehr unter die Augen treten, war die beständige Antwort. So trostlos sie in den drei Tagen und Nächten klagten und so ruhelos sie zu Bette gingen, so beruhigt und getröstet standen sie am vierten Tage wieder auf. Obwohl die Kinder darüber erfreut waren, bemerkten sie doch eine Veränderung an ihnen. Sie waren ungemein weich und zärtlich zueinander, drückten sich die Hände und hatten viel heimlich miteinander zu besprechen. Ihre Geschäfte wurden nicht wieder aufgenommen, und was den Kindern am meisten auffiel, war, daß die beiden sie oft fortschickten, um für sich und ungestört zu sein. Zu Mittag wurde zum ersten Male wieder etwas gespeist, und sie schienen ihren Kummer zu vergessen. Je näher der Abend kam, je zärtlicher wurden sie, der Mann drückte oft seine Frau nassen Auges an die Brust und küßte sie, auch flüsterten sie die ganze Zeit. Beim Abendessen war die Familie zusammen, sie aßen heiter und ruhig, und mit keiner Silbe ward ihr Unglück erwähnt. Um zehn Uhr wurden die Kinder ermahnt, zu Bette zu gehen, sie gehorchten und begaben sich in ihre Kammer, welche neben dem Zimmer der Eltern lag. Es war noch zu früh zum Einschlafen, und sie hörten lange Zeit die Eltern freundlich miteinander reden, aber so leise, daß sie nichts verstanden.

Diese Unglücklichen schritten jetzt zu der Ausführung einer Tat, die unstreitig schon die Nacht vorher beschlossen worden war, wie ihr ganz verändertes Benehmen bewies. Sie hatten nämlich beschlossen, lieber ihr Leben als ihre Ehre zu verlieren, denn für unauslöschlich hielten sie die Schande ihrer Tochter. Aber selbst im Tod wollten sie noch anständig nebeneinander liegen. Der Mann sollte, so waren sie einig geworden, mit einem Rasiermesser erst der Frau dann sich selbst den Hals abschneiden. Sie legten sich zu dem Ende ins Bett, wie sie gewöhnlich zu liegen pflegen, doch angekleidet, nur der Mann hatte – wahrscheinlich um sich freier bewegen zu können – den Rock abgeworfen und seine Weste aufgeknöpft. Da er, wenn er zu Bette ging, eine Schlafmütze aufsetzte, so versäumte er es auch heute nicht. Ruhig bot jetzt die Frau dem scharfen Messer ihren Hals dar, doch mußte seine Hand bei der Tat gezuckt haben. Die Blutgefäße auf der linken Seite waren sämtlich durchschnitten, die Luft- und Speiseröhre nur verletzt und auf der anderen Seite allein die Haut abgetrennt. Die Frau lag indessen ruhig und verblutete. Ihre ausgestreckten unblutigen Arme und Hände zeigten, daß selbst der Schmerz des Schneidens sie nicht dazu gebracht hatte, nach der Wunde zu greifen. Jetzt führte der Mann das Messer gegen sich selbst. Der Schnitt ward mit einer solchen Wucht vollführt, daß nicht allein alle Gefäße des Halses getrennt wurden, sondern das Messer auch bis in die Wirbelbeine des Nackens vorgedrungen war. Er fand den Tod nicht so sanft wie seine Frau und stürzte in einer sich aufbäumenden Bewegung aus dem Bette. Dies war kurz nach elf Uhr. Das durch den Fall entstehende Geräusch machte die noch nicht schlafenden Kinder hellhörig, und sie vernahmen ein sonderbares Röcheln. Der Vater gurgelt noch, sagte sein vierzehnjähriger Sohn – muß Halsschmerzen haben –, aber das Röcheln war fürchterlich stark. Von Angst ergriffen, sprangen sie aus den Betten und öffneten die Tür. Da sahen sie ihren Vater im Blute schwimmen. Auf das jammernde Geschrei der Kinder stürzten nun die Nachbarn herbei, an Hilfe war nicht mehr zu denken, man konnte das unglückliche Paar nur beklagen und die Kinder trösten.

Der Sattlergesell ist bleich, verschon mich, ruft er aus, halt ein!

Schon gut, nickt der Bieler, das Ende der Geschichte erspar ich dir, schon gut.

Die Fränze steht starr zwischen beiden vor dem Kasten. Sprichst du schon wieder vom Unglück des Gipsgießers, kannst du nichts anderes als Schindluder treiben mit deiner Moral? Dir ist nicht wohl, wenn du nicht die Oberhand behältst, da muß der arme Gipsgießer her, der Ehrenmann, der Mörder, der Selbstmörder, da schreist du vor Wonne, daß einem betäubten Zuhörer das Fell über die Ohren gezogen wird. Hier, schreit sie, hier ist das Messer, das deinen Staken schärft. Sie zieht den Kasten auf, holt das Messer heraus, legt es auf den Tisch, läßt es von einem zum anderen kreisen. Die beiden Männer verstecken die Hände, kein starker Arm bricht jäh hervor, zeigt sich stolz und wächst im Ansehen. Fränze verläßt die Küche, das Duell verläuft ohne Blut, auch die Starken lassen den Mut sinken, wenn soviel Moral im Spiele ist.

Des Nachts nötigt mir das unschuldige Lamm Liebe ab. Fränze an meiner Brust, der Sattlergesell getürmt, der Bieler leichten Herzens in seinem Bette. Wieder hat er seinem Mißtrauen Luft gemacht auf die bewährte Weise. Fränze, des Gipsgießers Tochter, die über jeden Verdacht erhabene, freigekommene, der Keber hats bewiesen, weint. Der Bieler, ihr schlechtes Gewissen, ein Schiffer, der alles besser weiß, vom Gipsgießer redet, als wären sie gut Freund gewesen. Nicht wahr? Das kluge Mädchen reibt den Kopf, die Stirn, die Nase an meinem Hals. Ganz klein soll sie werden, wenn der Bieler immer wieder diese Geschichte auspackt, den leisesten Zweifel nährt, das Unglück nur fortsetzt, sich darin sonnt, als hätt er es selbst erlebt. Das kommt von der Offenheit, dem Vertrauen, sagt Fränze, vom Leichtsinn, sich Gehör zu verschaffen, gute Luft, um zu leben. Er will nicht, daß ich frei bin von Schuld, er will, daß ich das Messer erneut spitze, er will eine Rache, die niemandem dient. So verrannt ist er in mein Schicksal, so gebannt von dem grausamen Los meiner Eltern. Er meint mich gar nicht, wenn er davon spricht und doch erzählt, was vorgefallen, ach Jette, er verfolgt mich mit seiner Fürsorge und dem ewigen Beispiel von Ehre und Scham.

20ter Mai

Meine Lethe, meine Wiege. Im Schoße meiner Ziehfrau in der Kutsche unterwegs von Berlin nach Stettin, Pferde wechseln, weiter Richtung Kolberg im nassen Mai, der fremden Gebärerin auf der Spur. Eingepfercht zwischen kauenden Gutsherren und einem Junker, dem der Gaul unterm Hinterteile weggestorben ist. Die Manu öffnet den Kasten mit Mutters alten Schätzen, einem silbernen Halskettchen und Ringen von Gold, betrachtet tiefsinnig das Medaillon mit ihrem Jugendbildnis.

Will ich sie eigentlich finden? Dem Bilde nach gewiß nicht, doch unaufhaltsam fährt die Kutsche ihr entgegen. Die Gutsherren starren uns an, malen unablässig mit den Kiefern und drohen, die Manu und mich samt ihren derben Schinken und Eierflocken zu verspeisen. Unsichtbar auf meine Weise, zwischen Manus Schulter und der Eckwand verberg ich mich, mit Schreiben beschäftigt, um nicht von den Zähnen dieser Herren als Proviant zerkleinert zu werden. Es kursiert nämlich die Legende über dieses waldige, dürre, sandige Land von unserem absoluten Friedrich, der siebenmal dies Reich vergrößerte und siebenmal versprach, daß sein Volk nicht länger in Armut und Hunger dahinvegetieren solle, da es sich herumgesprochen hatte, daß zuweilen in höchster Not die Ärmsten der Armen die Kinder mit Stumpf und Stiel verschlangen. Dem Landesvater wurden die Landeskinder in den Magen und in den Abort entführt, und mir scheint auf dieser Fahrt, als zehren die Gutsherren noch von dieser Grausamkeit. In meiner schönen Einbildung sehe ich der Mutter Antlitz erbleichen bei der Nachricht, daß ihr heiß ersehntes Mädchen Henriette in den Gedärmen preußischer Kannibalen zermalmt rumort.

Wir sind da, sagt die Manu, da sind wir, rafft das Kästchen, die Utensilien, nimmt meinen Arm und schleppt mich voller Erwartung durch einen ganz verregneten Flecken. Ich habe kaum Gelegenheit, die in den Boden gedrückten Häuser zu betrachten, die Frauen, welche neugierig um die Kutsche versammelt, eingehend zu mustern, als wir schon im Gasthof Wolfseck sitzen und einem Weibe entgegensehen, das in männlichen Beinkleidern, Stiefeln, langem Regenumhange auf uns zukommt, stehen bleibt, die Manitius anlacht und mich sogleich einer prüfenden Musterung unterzieht. Unbehaglich, auf meinem Schemel hin und her rutschend, von einer zur anderen blickend, neige ich schließlich den Kopf und bin, noch ehe ich mir einen Gruß zurechtgelegt, von ihr umarmt, umfangen, herumgewirbelt, verwickelt in ihren Umhang, hoch gehoben, gedrückt, daß mir alles wehetut, an eine Brust gepreßt wie an eine Wand und habe Mühe, einen einzigen Atemzug zu holen. Da ist sie, höre ich, das also ist mein Kind!

Sie hält mich und läßt mich, greift nach meiner linken Hand, nach meiner rechten, nimmt meinen Kopf in ihre beiden Hände, dann meine Schultern, faßt mich um die Taille. Noch einen Tanz, denke ich, und bin von ihrem Temperament ganz hingerissen.

Wer zeitig anfängt, wild zu sein, wird auch meist zeitig ernst, ruft sie. Mein liebes ernstes Kind, ich heiße Dich willkommen. Es lacht aus ihr. Übermütig läßt sie Bier auftragen, süßen Wein, Gebäck und für später ein reichlich Gedeck für drei.

Die Manitius bedacht, daß alles gut geht, bestellt in bestimmtem Tone Grüße aus Berlin. Grüße von Keber, Grüße von Petti, noch einmal Grüße von Salzmann, dann schiebt sie das Kästchen, das sie die ganze Zeit unter ihrem Mantel verborgen gehalten hat, über den Tisch und grüßt aufs neu von Keber, dem Juwelier Winterstein, und die Ringe seien jetzt hoffentlich weit genug. Die Frau lacht auch darüber aus vollem Halse. Keber, sagt sie, rührend, aber das Kind? Sie verschlingt mich mit den Augen.

Du lieber Gott, die Gutsherren, mein Kutschenspiel, das gebratene Kind, schon etwas zäh. Fressen Sie Kinder Madame? Kinder, fragt sie, Kinder, nein. Ich habe sie zum Fressen gern, meine Tochter, wenn sie das meint. Was sollen wir reden nach diesem Anstarren, Begrüßen, Fleischabtasten, Gelächter, Echauffieren, Höflichkeiten austauschen, artig essen und trinken, das Außenhaus aufsuchen, die Blase erleichtern, die Seele ausquetschen, den seidenen Faden knüpfen zwischen der Mutter und der Tochter? Am liebsten nähme ich die nächste Kutsche zurück. Wie viele Tage und Nächte werden wir hier sitzen bleiben auf dem harten Holz in ihrer wunderlichen Gesellschaft und ihr Gelächter einstecken wie eine roh verfaßte Komödie?

Furchterregt betrachtete ich das Mannweib, von der die Manu sagt, sie sei meine Mutter. Ablenkung wurde mir versprochen, eine reizende Umgebung, Graudenz, die Garnison mit den schönsten Pferdeställen. Hurra, ist das ein finsteres Nest. Mit lauten Menschen, die vor Wahrhaftigkeit strotzen und nur das Maul aufreißen, um zu schimpfen, kübelweise Dreck ausleeren auf der Straße, sich totlachen, daß wir Sprünge wagen in unseren dünnen Schuhen, um in der Jauche nicht zu ertrinken, Rotznasen, die den Pferdemist in die Kanonen stekken, den erstbesten Fremden gebührend zu empfangen. Weiber in Witwenkleidern, die vorübergehend Witwe spielen, weil die Männer auf dem Felde die Haubitzen laden, die Erde erschüttern mit ihrem Kriegsgeheul. Die Elche kommen in die Stadt und fressen Flieder, die Wölfe lauern auf der Weide, die Witwen jagen die Kinder durch die Straßen, herrenlose Hunde verkläffen den eigenen Schatten an der Wand. Madame Keber verstaut uns überschwenglich in ihrer Kutsche. Lausige Umgebung, würde Fränze sagen.

Hier wollte ich nicht einmal Sperling sein mit Sitz in einem Eichenhain. Die Schuhe sind verdorben, der Saum des Kleides erdfarben. Kein Wunder, daß die Frau in mannshohen Stiefeln steckt und sich unter Beinkleidern und Hemden verbirgt. Sie springt auf den Kutschbock, reißt die Pferde vom Hafer weg, greift in die Zügel, die Räder rollen scharf an. Wir verlassen das Wolfseck, den Markt, die Tore, fahren durch den

Graudenzer Wald, viel schreckliche Dunkelheit, vorbei an schwarzen Seen, himmelweiten Feldern, Weiden, Wiesen, auf Wolken zu, die, wiederum in Felder, Weiden, Wiesen, Seen eingeteilt, mir gleich den Magen umkrempeln. Irgendwo am Horizont, in der überschaubaren Wildnis, steht ein Gutshaus. Bald sind wir da, sagt die Manu, ich erinnere mich genau, es ist der altbekannte Weg.

Ein paar Tage verschnaufen, auf die Koppeln gehen, Madame Kebers Gastfreundschaft genießen, damit ich von ihrem Leben begreife, was zu begreifen ist, und vor der Abgeschiedenheit ihrer Tage das Fürchten lerne, wie?

Kein Wort zu viel, liebes Kind, entgegnet die Manu, bedenke deiner Eltern Wille und Entscheidung, kein vertrauliches Spukgespräch, das deine Mutter und dich entzweien könnte. Der Vater hats mir aufgetragen.

So. So. Mir hat er nichts aufgetragen, mit keiner Silbe erwähnt, warum die Bekanntschaft in diesem Augenblick so wichtig, warum nicht früher, warum nicht später, warum überhaupt. Da, ein Dorf aus vier Häusern, einer Kirche, einem Pferdestall, ein Zaun mitten auf dem Feld, sonst nichts, daneben die Koppel, Leute, die uns zuwinken. Madame Keber wirft die Kußhand. Hier kennt jeder jeden. Manu beschreibt mir summend die Gegend, den Satanshügel, ein winziges Bergelchen, auf dem der Erdmensch begraben liegt, ein geheimnisumwittertes Männlein, lange vor unserer Zeit, das auf allen Vieren nur vorwärts kam, weil ihm der Rücken von Geburt an krumm gebogen war, der die Quellen im Boden riechen konnte, die saure Erde, die richtige Erde für das Mutterkorn. Die Manu singt, als sei sie zu Hause. Sie pfeift wie die Burschen auf der Straße, sie umarmt den Himmel, die Felder, die Wiesen, die Weiden, die sie lange nicht mehr besucht hat, sie ist heimgekehrt. Meine zweite Mutter, meine Ziehfrau, wie der Vater sagt, mein Herzblatt, meine Unabkömmliche, meine Vertraute, meine Amme, meine Blutsaugerin, mein Knüppel, meine Lethe, meine Wiege. Alles hier an diesem Ort, den ich nie gesehen, von dem ich gehört und nichts verstanden habe, eine schwarzbraune Koppel, zehn Pferde darauf, alle im wilden Galopp, meine Mutter mittendrin, unter den Tierleibern, auf den Rücken, verliebt in ihre Mähnen, ihre Sprünge, ihre bekannte Treue. Da bekam sie ihr Kind, inmitten der Meute, wie oft habe ich diese Mär schon vernommen, auch diesmal wieder muß die Manu davon anfangen, das wundersame Drama der Geburt unter freiem Himmel. Fehlt nur der Stall, sage ich, das Hüttchen, das Stroh, die Weisen aus dem Morgenlande, die Sterne auf dem Wege, eine Wiege im feuchten Gras. Langsam rollt die Kutsche in einen Hof.

21ter Mai

Die bleiche Sophie nutzt das Schweigen, vor dem offenen Feuer zu seufzen. Die Manu hebt die Augen vom Flickwerk, Madame Keber greift nach dem Glase Bier. Sie trinkt in herrischer Art. Meine Ziehfrau, mit ruhelosen Händen, erfreut sich ihrer Heimkunft. In dieser Runde hat sie ihre Jugendzeit verbracht, gesprochen mit den Frauen von Pferden und Männern. Verzeih, sagt Sophie, daß ich von mir rede, von meiner Zuneigung zu deiner Mutter, unserem Leben ohne den geringsten gesellschaftlichen Schein – out of nobless –, verspottet in euren Kreisen, ohne Herren, ohne Tugend, ohne Moral.

Was denn, begehrt die Gastgeberin auf, willst du ihr Unterricht erteilen, wie man zu leben hat in einer Garnison mit ungehobelten Kerlen und Offizieren, die jeden Weiberrock den ihren nennen?

Nicht doch, aber nein, sie soll nur wissen, daß wir einander zugetan und keine Barrieren bauen zwischen ihr und uns.

Überlaß das dem Zufall, liebes Kind, rede ihr nichts ein, meine Tochter hat Augen zu sehen und benötigt keine Herzensschule besonderer Art. Sie wird es schon erfahren, wie wir leben, was wir lieben, wovon der Schornstein raucht und was uns hierher geführt, zusammengebracht, vom Manne weggetrieben, von der Familie trennt. Sie ist nicht auf den Kopf gefallen, hat ein rasches Mundwerk, viel Feingefühl, laß sie ankommen bei uns und sehen, was sie zu sehen wünscht.

Meine Mutter sieht mich mit tausend Augen an, meine Mutter lacht nicht mehr so laut, meine Mutter ist nicht mehr von Sinnen nach ihrem fremden Kind. Ich tue nichts, ich halt die Hände im Schoß, schiele nach dem Papier auf dem Tische, schiele nach meiner Milch in guter Gewohnheit. Nur die Einrichtung ist derber, das Feuer lauter, die Stimmen ferner, der Umgang ungezwungener. Anders als Kebers Nachmittagsgesellschaft mit Castor und Blankenfeld. Ich vergleiche zu früh.

Madame Keber steht auf, das Glas in der Hand. Hier kann nicht aufgeklärt werden, was über Jahre verschwiegen wurde, sagt sie laut. Die Manitius schweigt, der Keber in Berlin schweigt, alle schweigen, die wissen, daß ich hier bin, hier lebe, mein Kind aufgegeben habe. Was soll der Pfefferwurz an dieser Stelle, die große Ankündigung eines sonderbaren Geschicks?

Viel sonderbarer ist Sophiens Blässe, der rote Mund in einem unscheinbaren Gesicht, Augen von farblosem Blau, die im Flackern des Feuers ermatten. Sie zieht sich zurück, als wäre nichts geschehen, und doch bin ich den Dingen zuvorgekommen. Hab unerwähnt gelassen die Stattlichkeit des Hauses, die komfortablen Räume, Kammern, Nebengelasse, die Ställe, im Seitenflügel die Wohnung des Hofmeisters. Ein Mädchen, Dörte genannt, bringt zur Milch den Kakao. Ich kann kaum mehr trinken, die vielen kleinen, appetitlichen Brote essen. Schafsmilch, lächelt Madame Keber, ist am gesündesten. Wir durchwandern das geräumige Haus, den Hof, endlos das Land dahinter, am Horizont die besagte Koppel, auf der ich das Licht der Welt erblickte.

Aber, aber, die Milch wird sauer, nicht schütteln, nicht die Haut vertreiben, sie bildet den Grundstock einer guten Seele. Die Manu lacht. Derselbe Satz hätte von ihr sein können, die

Frauen sind ähnlicher Natur, und ich begreife zaudernd, daß viel Freundlichkeit sie miteinander verbindet. Sophie, mit dem Mund einer Mohnblume, verabschiedet sich den Abend. Wir bleiben noch lange vor dem Feuer, bei der Milch, dem Kakao, dem Biere, Manus ewig fuhrwerkenden Händen, ein paar Brocken Berliner Erlebnisse, ein paar Brocken Pferdemist; Tiere haben, weil sie mit Menschen zusammenleben, die unterschiedlichsten Charaktere, auch die Manu kennt jeden Gaul mit Namen. Nachts, in der Kammer – ich brauche Nachtgesellschaft in der Fremde –, bitte ich die Manu, die Geschichte des Hauses zu erzählen, nichts auszulassen, was sie erinnere, und keine Bedenken zu haben, etwa eine empfindliche Seele zu treffen. Bei Nacht erzählt die Manu folgende Geschichte:

Dies Haus befindet sich nach wie vor im Besitze der Familie Manitius in Königsberg. Deine Mutter, eine geborene Manitius, verbrachte ihre Kindertage im Haupthause, in welchem wir uns den ganzen Abend aufgehalten. Nichts hat sich daran verändert. Dazugebaut wurde der Seitenflügel für den Hofmeister und später, als unser Großvater sich für das Reitvieh erwärmte, die Ställe. Unsere Väter lebten in Königsberg, der eine war Lehrer, der Johann-Albert Manitius, der andere, Gottlieb, ein Kaufmann, mein Vater, brachte es zu einigem Ansehen und Vermögen im Holzhandel und unterhielt das Gutshaus, das in Wirklichkeit nie Wirtschaft betrieben hatte, der Kinderschar zuliebe. So verbrachten wir gemeinsame Jahre an diesem Platze, deine Mutter und ich, die anderen Schwestern und Brüder, Vettern und Basen. Deine Mutter war das einzige Kind des Johann-Albert. Das Haus war voller Leben. Ich erinnere noch gut, daß deine Mutter nur Sinn für Pferde hatte, Tage und Nächte im Stall und auf der Koppel zubrachte, wie eine Amazone herumritt und zu allerlei Gespött Anlaß gab. Deinen Vater, einen Kanzleianwärter in der Garnison, lernte sie auf einem Tanzboden kennen, ganz gewöhnlich. Sie verdrehte ihm den Kopf, er wollte, um denselben und Herz gebracht, das ungebärdige Mädchen auf der Stelle heiraten. Niemand nahm daran Anstoß, und niemand ahnte, daß sie im Grunde für die Ehe nicht taugte, im Gegenteil, man hoffte, ihr wildes Benehmen würde mit einem ruhigen, strebsamen Manne geglättet. Ich selbst hatte meinen Gatten, einen Rittmeister, an den Krieg verloren und hielt mich zur Ablenkung im Gutshause auf, in dem deine Mutter wie toll war, mich ungeachtet der Sitte, ein Jahr der Witwenschaft einzuhalten, zum Tanze schleppte, mir einen neuen Bräutigam verschaffen wollte, mit dem ihren im Heu tobte und liebte, und jedermann schien froh zu sein, als endlich Hochzeit war und die Braut geschmückt, die Tafel gedeckt und der Keber seine schützenden Fittiche über ihr ausgebreitet hatte. Aber sie wollte keinen männlichen Schutz, sie blieb wie sie war, ungestüm, rauh, den Tieren auf der Koppel mehr verbunden als den ehelichen Pflichten. Dein Vater ließ sie gewähren. Er hatte keine starke Hand, kein befehlendes Organ. Er ließ sich von ihr um den kleinen Finger wickeln und gestattete ihr, auch des Nachts auf der Koppel zu bleiben, wenn eine ihrer Stuten niederkam. Deine Mutter vertraute mir an, daß sie die leibliche Nähe mit einem Manne auf Dauer nicht ertragen könne, ihr sei der Geruch der Pferde lieber als das dunkle Treiben und Schnarchen in der Kammer. Bei dieser Gelegenheit verriet sie mir, daß sie ein Kind erwartete und es weiterhin nicht aushalte, bei ihrem Manne zu liegen. Sie drängte darauf in getrennten Kammern zu ruhen und schob ihren Bauch vor, dem Manne nicht mehr zu Willen zu sein. Dieser nahm alle ihre Grillen hin und hoffte im stillen, sie durch beharrliches Werben nach der Niederkunft zurückzugewinnen. Aber sie entfernte sich immer mehr vom häuslichen Herd, den gemeinsamen Stunden. Sie war glücklich, wenn er auf Königsberg zufuhr oder zu Anstellungsverhandlungen nach Berlin reiste. Da war sie wieder von überschäumender Ausgelassenheit. Ungeachtet ihres inzwischen stark gewölbten Leibes, trieb sie sich mit den Knechten auf der Koppel herum, im Stall, roch nach Mist und dachte nicht daran, sich auf ein Kind einzurichten. Ich redete viele Stunden dort unten vor dem Feuer über diesen Umstand, beglückwünschte sie, daß sie so guter Hoffnung war, bekundete meinen stillen Neid und bat sie, vorsichtiger mit sich umzugehen, weniger zu reiten, dem Kinde durch ihr Temperament nicht nachhaltigen Schaden zuzufügen. Sie war ungehalten über mich, dann wieder weich und nachgiebig, versprach, sich zu bessern und auf das Kind vorbereitet zu sein. Einige Tage sah ich sie mit dem Einrichten der Wiege beschäftigt und dachte, daß es ein Glück wäre, der Keber könnte sie so sehen. Die anderen Familienmitglieder kümmerten sich nicht sehr um ihren Zustand, sie nahmen sie als Teil dieser Natur, redeten mit ihr über das Vieh, von dem sie viel verstand, über die Beschaffenheit der Weiden, davon, was gute Pferde auf dem Markte einbrachten und wie das Dach auszubessern sei, das von einem gewaltigen Sturme über den Wirtschaftsräumen Wasser durchließ. Kaum war der Keber zurückerwartet, trieb es sie hinaus. Sie kümmerte sich um die Schafe seit neuestem, wollte Handel mit Garn treiben und glaubte, mit einem Kinde sei diese Tätigkeit ruhevoller und käme ihrer Mutterschaft entgegen. Sie klagte desöfteren über Brennen im Kopf und litt an einem leichten Fieber kurz vor der Niederkunft. Am Tage des Ereignisses fühlte sie sich wohl und ritt hinaus auf die Koppel, nahm leichtsinnig einen Graben, ein niederes Gatter und kam wie auf Kommando in die Wehen. Glücklicherweise war ihr der Keber auf den Fersen, so daß sie beide da draußen in der Wiese lagen und Stunde für Stunde damit zubrachten, ihr Kind zu empfangen. Diese Geschichte lasse ich nun aus, weil sie dir schon so oft von mir gepriesen wurde und mir deine Bemerkungen darüber für alle Zeit in den Ohren klingen.

Eine traurige Wende trat kurz nach der Geburt ein. Deine Mutter, ein wenig geschwächt, verfiel in einen Zustand nahe der Ohnmacht. Sie sah und hörte nichts, aß und trank nicht freiwillig, hatte kein Mutterfieber, wie wir anfangs dachten, lag nur immer da und stöhnte. Ich nahm dich zu mir, der Keber, beunruhigt von dieser Entwicklung, betrieb seinen Umzug nach Berlin und hoffte, daß sich damit alles zum Guten verändern werde. Er flößte ihr Milch ein, Fleischsuppen, leichte Gerichte, er pflegte sie Tag und Nacht. An das Kind dachte er bei dieser Tätigkeit nicht mehr, und eines Tages schlug sie die Augen auf, lächelte und sagte: Das Kind hab ich nur geträumt, nicht wahr? Darauf wurde es ihr gebracht und sie versteifte, schrie, bekam einen Anfall und ward erst wieder ruhiger, als der herbeigeholte Arzt sie zur Ader ließ. Von diesem Augenblick war uns allen klar, daß das Kind nicht bei ihr bleiben konnte. Wir beschlossen in aller Eile, das Nötige zu veranlassen, um nach Berlin fahren zu können, und hofften doch, daß Entfernung und Abwesenheit von Vater und Kind einen Wandel in ihr bewirken könne. Dies dauerte bis auf den heutigen Tag.

Den folgenden Morgen befinde ich mich in guter Verfassung. Madame Keber ist in Pferdegesellschaft unterwegs, Sophie mit Dörte im Wirtschaftstrakt, die Manu ganz verschwunden, so daß ich ungestört bin. Bei Tage sind die Bewohner abwesend, gleicht das Haupthaus im Innern einem Stall, denn von nichts anderem als ihrer Brauchbarkeit zeugen die schweren graubraunen Möbel, die sparsam aufgestellten Stühle und grobhölzernen Tische. Futterkrippen zum Sitzen. Das Feuer indes geht nie aus, man wirft unablässig Holz hinein. Die Bilder an den Wänden, die ich gestern nicht gesehen, stellen Madame Kebers Lieblingspferde dar und sind alle von ihr angefertigt. Ungewöhnlich, daß Tiere den Platz von Menschen einnehmen, ihre Namen tragen, Eigenschaften haben, die beurteilt werden, und diesem Hause Leben verleihen, die Ansässigen darin sind ebenfalls edle Rappen und ihre praktische Kleidung das Zaumzeug, sie zu bändigen. Verstrickt in einen Rosenstrauch – wer gab der armen Henriette nur all die vielen aufspringenden Röcke mit auf die Reise –, betrachtete ich das Anwesen, dessen niedere, gedrungene, jedoch weitläufige Bauweise so solide wie auch behaglich erscheint, von außen. Rosen habe ich am wenigsten hier vermutet, dicht geschlungen kriechen und klettern sie gegen die Hauswand empor. Die ersten Blüten warten auf Licht, mehr Wärme, eine ruhige Windzirkulation. Durch das Gestrüpp sehe ich Sophie im hellen Kattunkleid mit dem Ausklopfen eines Teppichs beschäftigt. Sie will so gar nicht zum Bilde dieses Hauses passen, auch hat die Manu nichts von ihr erzählt, mit keinem Worte erwähnt, in welchem Verhältnis sie zur Mutter steht. Soll ich mir denken, was ich ahne? Nichts da, voreilig zu Papier gebracht, dann wieder ausgelöscht von Harmlosigkeit. Ihre Rolle scheint eindeutig: selbst eine Pferdenatur wie Madame Keber benötigt Gesellschaft, also ist sie ihre Gesellschafterin. Hinter meinem Rücken springt unerwartet eine grau gestromte Katze auf, wischt an mir vorbei, schleicht geschickt unter dem dornigen Geäst entlang auf den Weg, Sophie starrt erschreckt zu meinem Beobachtungsposten hin, entdeckt das riesenhaft anwachsende Tier, nicht mich, und ist mit einem Aufschrei hinter der Tür. Den Schweif hochgestellt stolziert der Tiger davon. Ein Aufschrei bleibt in der Luft, in den Rosen bei mir hängen.

Den Mittag gibt es Buttergries mit eingelegten Kirschen vom Vorjahr. Die Treblin putzt Zuckererbsen für den Abend in der Küche. Man trinkt ein helles Bier. Ich beharre auf Milch, die sich mit dem Gries gut verträgt. Anregende Gespräche sind nicht zu verzeichnen. Hauptsächlich geht es um den Markt, für den einige Tiere zum Verkauf ausgewählt werden. Der Verwalter, seine Frau und vier Knaben sitzen mit am Tisch. Sophie, aus der Nähe gesehen, ist heute durchbluteter im Gesicht, lebhafter mit den Augen, sie lacht ein wenig. Zwischen der Manu und Madame Keber gibt es offenkundig Meinungsverschiedenheiten. Sie sehen einander gespannt auf die Hände, die nichts weiter tun, als den Löffel zum Munde zu führen. Ich kann nicht sagen, daß ich mich sehr wohl fühle. Befragt, ob ich noch fleißig für die Zukunft lerne (was für eine Zukunft?), erwähne ich meinen Lehrer Nicolas Schwerter, der hier dem

Namen nach bekannt ist. Über das Diktat und das einfache Mathematisieren bin ich hinaus, sage ich, stehe Rede und Antwort was meine Studien im Lateinischen und Französischen angeht, komme auf Gellert und Gleim zu sprechen, die antikischen Dramen, die ich im letzten Jahr gelesen, den Don Quichote, Lessings Minna, wobei ich gleich an die Fränze denke, und was der braven Beweise mehr ist. Daß ich musiziere, ist allgemein vorausgesetzt, Sophie wünscht sogleich eine musikalische Vesper und ist hoch erfreut, daß ich das Spiel zusage.

Den nächsten Tag, Graudenz

Der Wohlstand in diesem Hause scheint mir beachtlich. Man lebt gut vom Verkauf der Pferde und Schafe. Solange es Schlachten zu schlagen gibt, sagt die Hausherrin mit einem leichten Lächeln auf den Lippen, werden wir nicht Hunger leiden müssen. Erst ernährt der Mensch das Vieh, dann ernährt das Vieh den Menschen, aber man benötigt eine gute Hand, beides zu bewerkstelligen. Im Krieg braucht man zudem mehr Pferde als in Friedenszeiten, und wann ist schon Frieden, daß wir in Not kommen könnten? Schon dein Urgroßvater hat die Rösser im Galopp bis nach Berlin verkauft. Können Sie sich denn von Ihren Pferden trennen, Madame?

Aber ja doch! Ich habe ein sehr nützliches Denken und liebe die Gäule nicht samt und sonders, freilich gibt es Vorlieben, aber das entspricht wohl jedem Lebewesen und muß nicht betont werden. Kind, sagt sie unvermutet, es macht mir Freude, Dich anzuschauen, doch hab ich keine leichte Hand für zarte Geschöpfe, keine Geduld, sie langsam wachsen zu sehen, ihre Unbeholfenheit im Kleinsein, ihre unzureichende Art, sich zu bewegen, die ungesicherten Gehversuche bis ins Alter, das Wehklagen der Anfänge, die Behutsamkeit zu trösten im Miteinander. Ich bin dir weiß Gott entwischt und habe lange in Schuld damit zugebracht, jetzt nicht mehr, nein, jetzt nicht. Einmal wollte ich dich kennenlernen, erst von fern durch Kebers und der Manitius Beschreibungen, dann aus der Nähe, ganz aus der Nähe; gemeinsam sind wir nicht gewachsen, das sehe ich, in meinem Dasein hab ich dich verloren, ehe ich dich empfing. Mag sein, daß andere mehr spekulieren, sich einreden, diese Mutter hat kein Herz, mag sein, daß es wahr ist, so hat es dennoch gepocht, als ich dich sah. Hierin besteht mein Zwist mit deiner Ziehmutter, einer guten Frau, die alles das besitzt, was ich nie besaß, Tugend, Häuslichkeit, Treue, Fürsorge, Geduld, Aufmerksamkeit für die kleinsten Regungen. Es interessiert mich wenig, aus welchem Holz der Mensch geschnitzt, wenn es nur brennt, trifft man auf den richtigen. Bei einem Kinde ist alles ungewiß, das macht mich gefühllos. Was deinen Vater anbelangt, einen in der Tat zuverlässigen, nicht oberflächlichen Mann, haben meine Sinne für ihn nur kurz gebrannt, und die Freuden des Ehestandes habe ich bald verabscheut in ihrer Regelmäßigkeit, weder ahnte noch glaubte ich, davon guter Hoffnung zu werden. Es ging mir gegen die Natur, und ich bekämpfte es. Die Manitius, wie du sie nennst, hat vortrefflich gehandelt, indem sie das arme Wurm zur Brust genommen hat. Sie verdankt es mir noch manchmal, und daß sie ihr Leben mir geopfert, stimmt nur zur Hälfte, denn mit fliegenden Röcken nahm sie das Bündel und folgte deinem Vater in die ferne, unbekannte Stadt. Für mich war es die Erlösung, ich lebte auf und habe erst seit einiger Zeit wieder das leichte Fieber aus den Vortagen deiner Geburt.

Sie zeigt mir ein Bündel Briefe aus sechzehn Jahren, in denen Tage, Monate, Lebensabschnitte des Kindes beschrieben sind. Einen greift sie heraus, er ist von der Manitius. Berlin, den 13. März 1792. Dort schreibt sie: Das Kind phantasiert mit leichten Blattern. Der Melzer von der Charité war da, ihr Umschläge zu machen zum Austrocknen, es stinkt nach kleiner Vorhölle im Hause. Vom Kopf bis zu den Zehen hat er sie eingewickelt in sauer duftendes Weißzeug, daß sie sich ja nicht kratzt, das arme Ding, sie hat ganz eigentümliche Träume. Keine Seele wagt sich in ihre Nähe. Der Keber verriegelt eigenhändig die Stube mit der lebenden Mumie, verbringt die Nacht vor ihrer Türe, sperrt die Küche, die Kammern. Ich trage die Seuchentracht und bin ritterlich gegen das geplagte Mädchen. Jeden Tag muß sie Eisenkrautsuppe essen, jeden Tag wird die Mumifizierung neu gemacht, zart ist sie geworden und gefleckt in ihrem schönen, kleinen Gesichtchen, sie dauert mich und hat doch meine ganze Liebe.

Den Nachmittag und Abend bin ich nicht zu gebrauchen, ich bin auf unserem Zimmer und betrachte den Himmel, immer nur den Himmel, erwarte jeden Augenblick einen besonderen Boten, der vom Ende meines Blickfelds her auftaucht und mir Nachricht aus Berlin bringt. Einen Brief von Vater, einen von Fränze oder einen von Castor. Ansonsten würde ich noch einen von der Manu erhoffen, wäre sie nicht beim Feuer mit den Damen im Gespräch. Mir fehlt der lange Atem, daran teilzunehmen. Ich habe gar kein Herz für diese Tatsachen, kein Empfinden für ein Zusammenfügen der erdfüßigen Amazone mit ihrem entfremdeten Kinde. Zu eigenartig gestellt wirkt diese Szenerie. Nicht einmal mehr neugierig verfolge ich das Treiben in diesem Haus, von dem der Vater gesagt hat, es sei ein düsteres Gemäuer. Man hat nur immer Sehnsucht nach einem anderen Himmel. Wo sind die Flüsse, Seen, Gräben, wo das Korn, die Bleichen, die Kattunhäuser? Wo das Gewimmel, die rasenden Menschenstimmen, die Ausrufer? Wer geht hier über den Katzensteig? Die aufgescheuchte Sophie bekommt das Grausen, streckt himmelwärts die Arme in dieser Wildnis, sieht sie nur eine Katze und kein Pferd. In dieser Öde wächst mir kein zweiter Kopf, kein zweites Herz, keine zusätzliche Seele für ein paar Pferdehändlerinnen, seien sie nun meine Mütter oder nicht. Wie viele von dieser Art mögen noch herumlaufen zwischen Berlin, Eylau, Graudenz und Kolberg? Packt mein Moseskörbchen, bestellt die Kutsche, die Fahrt geht nach Berlin. Das ist kein Tauschgeschäft, das ich erwartet oder bestellt, hier blühen weder Liebe zum Gewinn noch Haß zum Verdruß, hier verkümmern nur Geist und Seele, weil auf diesem Flecken Erde nur Klepper ein Lebensrecht haben.

28ter Mai

Die Manu kommt zornig herein, platzt mir aufs Papier und spricht erlösend das Erhoffte: Wir reisen ab! Ihre Betonung liegt auf dem wir. Ich habe also keine Sorge mehr auszustehen, einer anmaßenden Närrin ein Leihgeschäft mit meiner höflichen Zuneigung anbieten zu müssen. Sie hätte es auch nicht angenommen, das ehrt sie sozusagen. Trocknen Halses berichtet die Manu, daß jeder weitere Tag, jede noch so freundliche Annäherung die Dame Keber nötige, ein Gesellschaftsspiel zu spielen, das ihr zuwider, zeitraubend und überflüssig sei – dies Mutteruntier, die Manu sagt es wirklich, erstmalig und einmalig, habe nur Interesse, ihr Kind als nützliche Stute zureiten zu lassen, sie achtet weder Herkunft, Umgebung noch Wesen und ist nur auf sich selbst bedacht. Genug, genug, Frau Manitius, ich bin entschlossen, meine Krippe mit einem Karren nach Berlin zu tauschen. Da ich meine Mutter nicht kenne, liebe ich sie nicht; aufgeschrieben für Manu, den 28. Mai 1798.

29ter Mai

Ich versäume die Beschreibung der Felder und Wiesen, der Wälder und schiefen Pfade, auf denen wir heimwärts kommen. Ein Lied, von meinem Griot soeben erfunden, begleitet uns, während wir im Rücken durch Stimmgewalt und wütenden Galopp preußischer Gardisten zum Anhalten gebracht werden:

Wir fahren nach Madrid
Wer segelt mit

Wir kutschieren nach Berlin
Über Stettin
Wir ruckeln durch den Sand
Ins Heimatland
Wir preisen Pferd und Wagen
In allen Lebenslagen
Wir wollen weiterfahren
nach den Balearen
Wir denken an die andern
Und sind bereits in Flandern
Wir stehn am selben Fleck
Und wollen doch noch weg!

Ein Hauptmann reitet uns in den Weg, die Kutsche schwankt wie ein Schiff, schüttelt uns arg durcheinander, steht wie befohlen still. Der Kutscher springt gelassen vom Bock, gestikuliert, die Räder haben sich, von der Spur abgekommen, in den Sand gegraben. Der Gardist grüßt, reißt den Schlag auf, zerrt als erstes die Manu ans Licht, die anderen Mitreisenden, einen Herrn in Sammet, eine Dame im schwarzen Reisekomplet. Er prüft die Reisebillets, die Nationalität. Der Herr von Falckenstein ist auf Tournee zur Singakademie zu Berlin, seine Begleiterin, eine Landgräfin von Hessen-Cassel, streift den Gardisten mit romanhaft kühlem Blicke und verbittet sich das Kommandieren, worauf dieser in aller Form um Entschuldigung nachsucht und erklärt, daß eine Handvoll marodierender Soldaten von Stettin aufgebrochen, in alle Himmelsrichtungen ausgeschwärmt, ihr Unwesen treiben, und man Order habe, dieselben ausfindig zu machen. Die Landgräfin winkt ab mit dem Handschuhfinger in würdiger Pose, die Gardisten geben die Kutsche frei, und wir springen auf und fahren nicht nach Madrid, da segelt nämlich keiner mit. Herr von Falckenstein lobt meine musikalische Phantasie, wir stimmen zuguterletzt einen Psalm an zu unserer Rettung und erreichen mit vielen Unterbrechungen das Frankfurter Tor. Griot, mein heimlicher Begleiter, flüstert mir ins Ohr: In der Obhut fürstlicher Herrschaften hat der Bürger freie Hand zu pfeifen. Aber er pfeift nicht. Er danket Gott mit frommen Liedern.

1ter Junius, zu Berlin

Den selben Abend in meiner Kammer zur Begrüßung erst gut duftendes warmes Wasser, den Reisestaub von Gesicht und Händen abzuwaschen. Die Fränze bürstet sanft mein Haar, so wie ich ihr an allen anderen Tagen den blonden Flachs flechte, die Haube binde, das Mieder im Rücken zurre. Sie bürstet und bürstet und fragt: Die Augen so angespannt, die Lippen nervös, als sei das Fräulein erwachsener als zuvor, schweigsam eingebildet. Warum ist sie so stumm, sagt nichts, berichtet nichts, erzählt nichts, beißt sich auf die Zunge, schüttelt sich wie ein Hund, bohrt sich in der Nase.

Fränze, mich scheucht ein Regiment ungesattelter Pferde zurück in meinen Stall, ich hätt leicht ein Kentaur werden können, kein Hund, kein Vogel, kein Fuchs, keine Gans, ein Pferd, das beste im Stall meiner Mutter, mit eben diesem Kopfe da.

Sie lacht mich aus, mehr ist nicht zu berichten? Dann hab ich es richtig getroffen, sagt sie, daß man, vom Reisen angestrengt, erst Waschwasser, dann warme Milch benötigt, um die Schwachheit zu vertreiben, ein wenig Schlaf mit den alten Sündenpuppen auf dem Bette, möglichst keinen Traum. Sieh Jette, Adam und Eva haben dir zu Ehren frisch gereinigte, paradiesisch luftige Gewänder angezogen. Ich tauche den Kopf über die Schüssel, schließe die Augen, lasse Fränze mit mir reden und fühle mich in allem geborgen, wie ich es von jeher kenne.

Die Nacht träumt mir dennoch. Von Sophie werde ich heimgesucht, die bei der Landgräfin von Hessen-Cassel in Diensten steht und Madame Keber das von mir gefertigte Fieberband entwendet, mir ins Haus zurückschickt mit einem Briefe versehen, der mich zwingt, dasselbe eiligst nach Graudenz zu bringen. Nur wenn das Kind ihr dies Band auf die Stirne binde, könne sie wieder gesund werden. Dies sei ein geheimer Auftrag und mit der Frau Manitius abgesprochen. Denn über dem Haupte der Mutter laste das ewige Fieber der Schuld, am Kinde gesündigt zu haben. Ich nehme das Band entgegen, verstecke es in meinem Spinde und erwache an einem heiteren Morgen zur gewohnten Stunde.

Am Kleinen Wall, im Junius

Dieser Tage wird mir berichtet, daß Monsieur Bête verjagt werden soll. Man spricht von strengeren Maßnahmen gegen die Gaukelei und Bettelei in den Straßen. Dabei ist der Gaukler so beliebt bei den Leuten. Unnötigen Versammlungen soll kein Raum mehr gegeben werden, schon gar nicht unter den Linden. Monsieur Bête ist der Obrigkeit ein Dorn im Auge, wenngleich sie den Wert seiner Darbietungen nicht unterschätzt und gegen Belustigung im allgemeinen nicht vorgehen will. Der Vater behauptet, seine Bude sei ein Schandfleck zwischen der Oper, der Kirche und der Bibliothek. Die schreienden Abbildungen seiner gebändigten und auch wilden Tiere rund um seine Behausung zögen immer wieder den Pöbel zu den Linden hin, die Kutschen kämen nicht mehr durch, die Pferde würden verrückt spielen beim Anblick schreiender Affen und tanzender Hunde, es gebe Beschwerden aller Art, sogar Ohnmachten, weil es während der Vorführungen vor Affenmist und Hundedreck, Fliegenschwärmen und Gekreisch der Kinder zu unerträglicher Intimität zwischen einfachen und besseren Leuten komme. Für mich sind die beiden Affen lustig, mal als Prinzessinnen ausgestattet mit Hunden, gekleidet wie Hofdamen und Kammerherren, mal als preußische Grenadiere mit hölzernen Gewehren paradierend. Monsieur Bète hält seine Menagerie an langen Ketten und Seilen, erteilt ihr Befehle, schnalzt mit der Zunge, pfeift durch die Zähne und fordert in kaum verständlichen Tönen sein Publikum auf, nicht nur Maulaffen feilzuhalten, sondern für seine Darbietungen einige Groschen abzugeben, denn Affen, Hunde und er selbst benötigten ein paar Bissen zwischen den Zähnen. Die Affen schneiden gellend Grimassen, die Hunde machen Männchen, ein Gnom mit Namen Willibald geht herum, verneigt sich vor den Leuten bis zur Erde, läßt die Mütze durch die Luft fliegen, fängt sie wieder auf, indem er wie ein Affe auf den Händen turnt und mit den nackten Füßen die Mütze quer durchs Volk manövriert. Alle machen ihm Platz, Monsieur Bête schickt seinen Affengrenadier hinterher, und mit Gejohle geht die Vorstellung zuende. Ein richtiger Grenadier beaufsichtigt das Gaukelspiel, ohne sich zu mokieren. Bisweilen findet der Vater sogar Gefallen an dem hageren Dompteur, bespricht sich aber ganz anders mit Castor; ob der freundliche Franzos und der Volksredner vielleicht unter einer Decke stekken. Größere Ansammlungen, bemerkt der Vater, bergen gerade jetzt den Keim von Unruh. Unruhe indes gefährde den inneren Zusammenhalt. Auf den Schlachtfeldern an den Grenzen des Frankenlandes herrsche ohnehin ein bedenklicher Geist. So haben die meist blessierten heimgekehrten Soldaten strenge Auflagen zu erfüllen. Oberstes Gebot ist, keine Reden zu führen, die dem Volke und seiner Gesinnung schaden könnten. Da Monsieur Bête außer Affen am Gängelbande möglicherweise durchsichtige Fäden zu dem Seidenspinner und umgekehrt unterhalte, bestehe eine gewisse Gefahr. Armer Monsieur Image les Animales. Als ob er abends in dressierte Affenhäute springe und im Kaffeehause oder Kasino gegen Gesandte, Minister, Generale und Beamte aufrührerische Worte schwinge, feindliche Wendungen probiere und gegen die gute Gesittung tobe. Ein Witz fürwahr, doch der Vater kolportiert Meldungen, daß beide zusammen gesehen worden seien. Es wird langweilig in den Straßen, wenn Affen und Hunde nicht mehr auftreten, es nur noch Kutschen, eilige Schritte, ein paar vornehme Fremde, Ausrufer, Mamsellen unterwegs und artige Kinder gibt.

4ter Junius

Den Abend lob ich, an dem wir wieder zusammensitzen, der Castor, der Keber und ich. Die Manu will mich nicht düpieren, obwohl es nichts zu düpieren gibt, und bleibt den Augenblick auf ihrem Zimmer. Sie wünscht, daß ich so unbefangen wie möglich von der Reise nach Graudenz berichte. Vom Schnalzen unseres Kutschers unterwegs erzähle ich, bis hin zum Monologisieren der menschenscheuen Frau Mutter, das Gutshaus beschreibe ich wieder und wieder für den Vater, lege die Vorkommnisse ausführlich dar. Sie sprechen dort deutlich anders, mit angewachsener Zunge und langem Grübeln, manchmal so wie die Fränze und dann wieder nicht, jedem Wort scheint das Gewicht von träger Scholle anzuhängen, sogar beim Singen. Ich hörte einen Musikanten im Wolfseck mit einem bekannten Liede, aber es klang schwerfällig und trunken. Wie leicht sind wir gegen sie alle. Der Vater zeigt sich halb amüsiert, halb nachdenklich. Und deine Mutter Henriette, wie hast du sie angetroffen? Hierüber gibt's nicht mehr zu sagen, als ich schon berichtet, aber eines Tages werde ich dem kahlen Baum im Hofe lose Blätter anhängen, auf denen wird geschrieben stehen, wie ich an sie denke. Den Castor freut meine muntere Erzählung, er erkundigt sich nach dem Zustande der Garnison, dem Markte, den Bauten, dem Kirchplatz, den Menschen. Ich kann nicht dawider, ihm von dem finsteren Eindrucke zu erzählen, den dieses Nest auf mich gemacht, vor allem der Unrat in den Straßen. Castor lacht: Hier ist es kein Deut besser. Zwar ist der Schloßplatz gut gepflastert, die Königstraße und die Linden sehr verbessert, aber mit Bedauern muß man feststellen, daß das neue Pflaster gerade ebenso schlecht wird wie das alte. Man legt ohne Bedenken die unterschiedlichsten Steine zueinander und hofft, daß diese Verbesserung eine einheitliche Ebene ergäbe, ohne zu bedenken, wie schnell die kleinen Steine in den lockeren Sandboden einsinken und nur die Spitzen und Berge der größeren hervorstehn, was zum Füßebrechen einlädt. Aber der Schritt vom Pflaster zum Rennstein oder, wie man seit neuestem sagt, zum Rinnstein ist das eigentliche Übel. So findet der darin zusammenlaufende Unrat wenig Abfluß, und man steht, geht man im Dunkeln durch die Gassen, bis zu den Knien im stinkenden Sumpf. Im Herbst und Frühling mag's ja noch angehen durch den Regen, der vieles fortschwemmt, aber im Sommer ist es bestimmt so unerträglich wie in jeder hinterpommerischen Garnison. Man spricht höchst fortschrittlich von Abfallgassen, die man neben den Hauptstraßen anlegen will, unbehauenen Schneisen mitten durch die Häuser, in denen alles davonrutscht, was die liebe Menschheit unter sich gelassen.

Eben kommen Schwerter und die Fränze, Reiseberichte zu hören. Wir lachen alle, daß die Geschichte schon aus ist, das Abenteuer zuende und trinken ein wenig späten Kaffee und nehmen von Fränzes Honigbrot. Die platzt vor Neugier, bindet ihr Häubchen ab und schüttelt die Zöpfe. Entweder bin ich zu früh, sagt sie, oder zu spät.

Die Nacht steht die Fränze an meinem Bett, zögert das Mieder abzulegen, den Rock, das Brusttuch. Wir haben uns versprochen, im Kummer beieinander zu liegen, damit es sich leichter einschläft. Sie stockt, behält das Leibchen an, ich seh die Flecken, das geronnene Blut auf ihren Armen, am Hals, auf der Brust. Ich frag nicht, lasse sie zu mir kommen. Sie hält den Atem an, hat nichts mehr zu lachen, erzählt stockend vom Sattlergesellen, mit dem sie hier in meinem Zimmer im selben Bette gelegen, und er über sie hergestürzt. Nicht Liebe sei es gewesen, Hingabe, Zartheit, wie sie gehofft, sondern bloß Gier und brutaler Überfall. Und die schöne Unschuld trieft vor Blut und Speichel, kein liebes Wort hats gegeben, keinen einfachen Kuß, keinen sanften Arm, in dem sie unterkriechen konnte die Nacht. So dumm ist ein Weib, sagt sie, daß es nicht vorher merkt, von schönen Augen allein wird es nicht satt. Erst Unterlegene muß es sein, den Hunger nach Liebe ganz zu Fäusten ballen, um ein wenig Glück zu erringen. Von Zärtlichkeit wollt er nichts wissen, nur immer lachen und sich auf mich werfen mit aller Wucht. Dem Bieler wollt er zeigen, was ein Staken ist. Und das hat er. Mir tun jetzt noch Seele und Knochen weh. Sie sucht kein Mitleid. Ich hab auch keines, im Gegenteil, ich neide ihr den Geruch des Schreckens, ertaste ihre Arme, die geschundenen, ihren Hals, ihre Brüste, es ist alles da und in anderer Hand. Ich seh sie vom Arm der Gewalt gepackt und öffne ihre Zöpfe den Moment bevor sie einschläft. Ich wache die halbe Nacht und wünsch, ich könnt es treiben wie sie!

Trinitatis

Mein Tau, mein Friedensbogen, die Fränze singt den Sonntag. Meine Milch kühlt ab. In einem rasenden Galopp durchkreuz ich die letzte Nacht und seh das Mädchen mit kühlen Augen. Es singt heut morgen auch der Musikant von der Straße, der Bettelsänger, wird still, singt wieder; dazwischen ein Ton von krachendem Holz, ein nahender Hufschlag. Glänzend über dem kahlen Baum lockt eine Sommersonne die Kirchgänger aus den Betten und blendet. Noch ist es früh. Von einigen Wolken begleitet malt der feurige Ball ein rosiges Bild. Ich stoße Adam von der Bettkante, ein wenig später Eva. Ihre hölzernen Arme, die sie nur immer ausgestreckt halten, recken sich nach oben. Ich durchwühle die Decken nach einer Spur fremder Leiber, nichts findet sich. Die Fränze hinterläßt kein Zeichen, kein Andenken rosigen Hoffnungsschimmers im Linnen. Sie stellt das Waschwasser ab. Was gibts denn Jette? Ja, was gibts, mir träumte, du erzähltest, der Sattlergesell habe sich über Nacht bei uns eingeschlichen. Sie lacht, ich hab nichts verschwiegen, auch ist alles rein inzwischen. Den wünsch ich dir nicht, den hab ich ausgekostet allein, und das reicht fürs erste. Ich bin nicht mehr wild, unter einem hechelnden Vieh zu liegen, zerfleischt nach einer Mahlzeit der Liebe. Wenn sie ihren Witz wiederhat, entgegne ich, ist's schon halb vergessen, obwohl ich es dauernd vor mir sehe und nicht aufhöre, daran zu denken.

Die armen alten heruntergewollten Sünder, sagt Fränze. Laß ihnen doch die stille Zeugenschaft. Sie haben bestimmt schon mehr gesehen als meine verrenkten Glieder. Sie nimmt die Puppen bei den Armen, summt mit ihnen, setzt sie ans Fußende, zieht die Decke gerade, ordnet meine Hemden, meine Tücher, meine Leibchen.

Bevor das Mädchen ihre Unschuld läßt, bevor der Knabe von dem Blute leckt, bevor ein jeglicher das Recht hat, dies Geschöpf mit Haut und Haar zu besitzen, bevor der Herr mit Wohlgefallen drauf herniedersieht, kommen die Wölfe, ihre Beute zu holen. Da sitzen die Wohltäter im Hintergrunde, in den Gräben, am Katzensteig, da unkt der gelehrige Uhu, daß Unschuld kein Gewinn und Schuld kein Verdienst. Da werden vertraute Gesichter nackt und bloß, recken Arme sich, Beine, Leiber, die unberührte Kreatur zu reißen. Der Vater, dem ich blind vertraut, schleppt die Ärmste mit sich fort, mein Nestor Schwerter, hingezogen, bleckt die Zähne, sich seinen Teil zu holen, auch meine Ziehfrau, leibesfüllig, stürzt herbei, das frische Fleisch zu probieren, und Castor selbst, der diese Feier unbedeckten Haupts und wilden Muts behütet, wetzt das Messer.

Von ferne träum ich solches Treiben und stecke schambedeckt den Kopf ins Psalmenbuch. Doch Worte, geistlich Friede, machen's nur noch schlimmer, stören herzlos Andachtbilder, Wünsche regen weiter sich. Kommen wirklich Engel, Teufel in Gestalt von vielen, singen, kreischen, zerren das Mädchen in den Reigen der Weiber. Bleibt mir keine andre Wahl, dies auszudenken. Gehe ich mit und helf, betrügen, Unschuld ist bloß dunkle Last. Denn in der Reihe der Schuldigen sehen sich alle gleich, und ich fühl, ich bin die nächste unter ihnen.

Der Vormittag vergeht mit dummen Gedanken und einem Kirchgang. Ein junger Gottesmann, von Castor sehr empfohlen, steht schüchtern auf der Kanzel. Ein wenig unglücklich im Wuchs, den hellen aufmunternden Blick auf alle Häupter gerichtet, spricht er vom Haß als einem Elemente des Menschen, das die Natur nicht kennt. Sintflutartig über die Menschheit hereingebrochen entfesselt der Haß Leidenschaften und Unvernunft. Wie wir uns die Erde nutzbar machen, die Felder bestellen und Häuser bauen, so sollten wir auch Herz und Verstand bestellen, nach Wahrheit verlangen, wie der Dürstende nach Wasser. Nicht die Gottesfurcht regiere die Welt, sondern Unwissenheit und Unvernunft. Sogar der König sehe sich als ein Werkzeug Gottes, geboren und gekrönt, seinem Volke wohlzutun, von der Pflicht beseelt, den Frieden im Lande zu erhalten und den brüderlichen Zwist unter den Völkern nicht zu nähren. Haß und Liebe mit Feuer und Wasser gleichzusetzen, hieße, die Natur für schlechtes Menschenwerk zu reklamieren. Bekämpfen wir denn nicht die lodernden Flammen eines in Brand geratenen Dachstuhls, versuchen wir nicht, den übersprudelnden, lebenswichtigen Quell des Wassers zu lenken, um ihn zu nutzen?

Die Beispiele des jungen Predigers über Vernunft und Moral waren die Menge. Vielleicht sollte ich erwähnen, daß einige anwesende Junker und Kadetten während der Predigt Unruhe stifteten, da ihnen das friedvolle Bild von den feindseligen Brüdern gar zu lieblich ausgefallen war und ihnen ein kräftig intonierter Psalm mehr nach dem Herzen gewesen wäre als eine himmlisch ausgemalte Schlacht. Castor hat einen Narren an ihm gefressen, weil er aufgeklärt und den Ideen aus Frankreich nicht abgeneigt.

Wie hoch die Sonne steht. Das Licht brennt auf den Kleidern, die Haut badet im eigenen Safte. Der Vater fächelt sich mit der Hand ein wenig Wind zu, lächelt nach allen Seiten und strebt den Linden zu. Selbst an Sonntagen sind Ausrufer da, bieten hölzerne Puppen feil, Gebäck, Leckereien, Spielzeug, Sonnenschirme. Meine Affen und Hunde hingegen lassen sich nicht blicken. Erwartungsvoll stürze ich an die Bude mit den aufgemalten Tieren, dem Affengeruch, dem grellen Bilde Monsieur Bêtes. Doch wie entzaubert ist der Platz der Gaukelei. Ist er da, hat er eine Vorstellung, gibt es Hunde zu sehen, die jauchzende Gerte, den tänzelnden Dompteur, das Geschrei der Affengrenadiere? Ein-, zweimal umrunde ich den traurig verlassenen Verschlag, betrachte Monsieur Bêtes feurige Augen, das blauschwarze Haar, das hagere Gesicht, die Hände, die in ihrer Darstellung viel gröber, ungelenker wirken als in meiner Erinnerung. Entweiht scheint mir der Ort, die Oper nackt und ohne Reiz, die Bibliothek verarmt, da Hokuspokus ihren Ernst nicht mehr zur Geltung bringen kann. Demnächst wird auch die Bude verschwunden sein – Monsieur Bête, nie gehört, Gaukler gibt es so viele. Der Vater zieht mich unter die Bäume, hält einen Moment inne, faßt nach meiner Hand.

Ja, wir gehen. Wir gehen nach Haus.

später

Unverhoffte Gesellschaften sind bei uns nicht die Regel. Wir pflegen weder Umgang mit dem Nachbarn zur Linken, einem Raschmacher, noch halten wir es mit der Kollegenwirtschaft. Die wenigen Leute, die im Hause verkehren, gehören sozusagen zur Familie. Das Haus zur Rechten im Biberkragen steht leer. Ein Färber soll es erworben haben und wird in nächster Zeit unsere Höfe in Rot und Blau tauchen, so daß wir im Wettstreit mit Pinsel und Farbe nicht wissen werden, ob die Wiese in ihrem Grün der Natur entspricht oder der Eingebung der Phantasie. Unterm kahlen Baum, der gut einen Anstrich vertragen könnte, stehen Castor, der Spreeschiffer Bieler und zwei Damen in angeregter Unterhaltung. Die Fränze seh ich nirgends, sicher macht sie sich wieder Arbeit bis zum Abend, dem Bieler auszuweichen.

Die unbekannten Damen sind eigens mit dem Castor von Potsdam gekommen, uns kennenzulernen. Mutter und Tochter, beide in weißes Musselin gekleidet mit zarten blauen Bändern um Hals und Taille, die Köpfe unter luftigen Hüten, unter denen kupferrote Locken hervorrieseln. Sie sind einander sehr ähnlich und heben es durch entsprechende Kostümierung noch hervor; Madame Nuffert und ihr jüngeres Abbild, Amöne. Der Vater, ein wenig angespannt von der schon so lang anhaltenden Sommerhitze, begrüßt die Gäste überrascht und verstört zugleich, bittet ins Haus, das kühler wirkt in unserem auf der Schattenseite des Hauses gelegenen Salon, und redet von nichts anderem als diesem außergewöhnlichen Klima. Eine derartige brütende Schwüle habe es seit Jahren nicht gegeben. Die Manu läßt von den frisch zubereiteten Kirschen auftragen, und man pendelt gesprächsweise in die Gärten von Sanssouci hinüber, schwärmt von den südlichen Früchten, die unter Glasdächern gedeihen, kommt sogleich auf die rauschenden Festlichkeiten bei Hofe zu sprechen, mokiert sich über ein derzeit aufgetakeltes Fredericianum Romanum, welches bei so viel Wohlleben und scheinbarem Überfluß in Liederlichkeit verkomme. Nun sehen Madame Nuffert und ihr Rotkopf nicht gerade liederlich aus, auch mache ich mir keinen Begriff davon, wie sehr die lockeren Sitten das einst strenge, züchtige Potsdam seit Wilhelms Thronbesteigung ins Heitere und Wollüstige verkehrt haben. Seit dem Tode des Herrn Nuffert vor gut einem Jahr erwägen die beiden Frauen, nach Berlin in die Friedrichstadt überzusiedeln, was außerdem ihren Geldbeutel schonen würde. Castor, unser weltläufiger Prediger, lächelt zu alldem, und er bittet, mich Amönens ein wenig anzunehmen, ihr die Sehenswürdigkeiten der Friedrichstadt zu zeigen, den Tiergarten, Schloß und Palais, die Linden, die Spree zu Wasser in Bielers Kahn. Wie kann ich dem Castor etwas abschlagen? Gewiß werde ich, aber ja doch, wenn ein kühles Lüftchen weht, man muß sich Zeit dafür nehmen, es ist nichts auffällig Schönes hier zu entdecken, aber viel großzügiger Raum für eine moderne Stadt, es dauert seine Zeit, bis man alle Tore gesehen hat, die Rondels und Plätze, den Lustgarten, die Bettelstraßen und die Bleichen.

Den ganzen Nachmittag verbringen die Damen bei uns im Hause. Amöne nimmt später auf meinem Zimmer sogleich Besitz von meinem Bette, belächelt die Madonna an der Wand, Adam und Eva ob ihrer Namen. Warum die alten Luder nicht Wilhelm oder Tizian hießen. Sie wirft sie lachend durch die Luft. Findet meinen Kopf so unfrisiert mit dem Kraushaar ridikül, zu wild. Ich hätt Augen wie die Kühe auf der Weide, und über meine Garderobe wolle sie gar nicht erst reden. So viele plumpe Röcke übereinander, da müsse man ja umkommen vor Hitze. Sie besetzt meinen einzigen Stuhl und zwingt mich, mit gekreuzten Beinen auf dem Boden zu sitzen, dies weite die Hüften, lächelt sie, und erleichtere, die Unschuld zu verlieren. Dann treibt sie Schabernack mit meinen Kleidern in der Kammer, meinen Lieblingstüchern, ergreift die losen Blätter, entdeckt meinen Zauberer Griot, was ist das, ein Griot? Ihr Betragen ist so absonderlich, daß mir die Worte fehlen. Auch habe ich bisher selten Grund gehabt, mich zu entrüsten, und bin es gar nicht gewöhnt, die Dinge um mich her vor irgend jemandem in Sicherheit zu bringen. Sie sprudelt über vor Leichtsinn.

Notizen, kichert sie, das Frauenzimmer schreibt auf, was wir treiben, dabei treiben wir gar nichts. Was will sie schon groß erlebt haben, so wie sie aussieht, sie schmiedet wohl Verse wie die alte Karschin seinerzeit. O, ist das zu glauben, ein ganzer Satz voll beschriebener Seiten. Da muß man ja neugierig werden, oder sind es Liebesbriefe an einen Unbekannten?

Ich entreiße ihr die Blätter, weiß nicht, was ich ihr alles tue, poltere mit dem Stuhle, werfe sie zu Boden in ihrem zarten hellen Kleide, raffe alles an mich, die Puppen, die Eintragungen, meine Tücher und Röcke, schreie mit einem Male, daß die

Wände wackeln und die Madmoiselle vor Schreck in eine Ecke flüchtet, sich niederhockt, weint, schluchzt, den Oberkörper hin und her schüttelt, wie von unbekannter Hand geschlagen, zusammenzuckt und sich vor Tränen nicht zu halten weiß. So aufgebracht hat mich noch niemand. Bin ich denn im Tollhause mit dieser fremden Person, deren Zeter und Mordio die ganze Gesellschaft herbeilockt. Und die Herrschaften in der Tür stehen vom Donner gerührt.

Ach Amöne, wispert Madame Nuffert durch die Nase. Hast du wieder deinen Einstand gegeben?

Was ist mit ihr, fragt der Castor.

Das Hitzefieber, murmelt die Frau.

All dies erscheint mir ein aufgesetztes Theater, für das ich nicht applaudieren kann. Hastig springe ich vom Bett, räume die herausgerissenen Kleider, die Tücher zurück in die Kammer, ordne die losen Blätter und beschließe, sie zu binden, setze Adam und Eva mit Blick aufs Fenster an mein Kopfende und bleibe so eine Weile bei ihnen sitzen.

Einmal Milch, einmal Ziegenrahm geschlagen, einmal Ei darunter gerührt, einmal gestampften Schrot, Kresse gehackt, vermischt und aufgegessen, am Abend ein gütlich herabstürzendes Gewitter, und Amöne Nuffert geruht, weniger zu leiden. Eine überdrehte Person.

Ihr Lehrer sei ein Greis gewesen, der immer nur schnupfte und ihr kaum richtig das Alphabet beigebracht, aber Lesen sei ihre Leidenschaft. Dies Potsdam gehöre der Vergangenheit an. Das Ansehen, die Disziplin, die Größe Friederichs, davon zeuge nur noch der Schein. Potsdam wolle endlich Versailles werden, nur das Französische lasse man sausen. Munter plaudert sie daher. Die Runde schweigt, wartet ab, bis das Gewitter vorbei ist. Sie lacht über meine Kenntnisse und meine täglichen Lektionen, findet musizieren und tanzen amüsanter und gelehrte Weiber ein Graus. Madame Nuffert setzt sich ungebeten an mein Fortepiano, stimmt ein schnelles Rondo an, läßt das launische Wesen aufspringen, sich drehen, winden, auf Zehenspitzen trippeln. Die Locken hüpfen im Rhythmus, Schultern und Arme wiegen sich im Takt.

Das ist also ihr Talent, mit den Knien wippen, in die Hände zu klatschen wie nach Monsieur Bêtes innerer Musik, die er leise pfeift und die alle Lebewesen erreicht, gefangennimmt, sogar Affen und Hunde. Amöne gäbe ein wundervolles Äffchen ab. Sie lacht und lacht, das Fortepiano ist längst still, sie sprudelt über und will mit dem Tanzen nicht aufhören. Weder Ziegenrahm, Schrot noch Kresse helfen auf Dauer. Schon sitzt sie in ihrem duftigen Kleide auf der Tastatur und schreit. Madame Nuffert nimmt die Tochter seelenruhig am Arm, beugt artig den Kopf vor Keber und Castor, reicht mir freundlich eine kühle Hand und verabschiedet sich auf das höflichste. Widerstrebend weint das Engelsgeschöpf hinter ihr her. Zu spät entdecken wir die durchsichtigen Hüte, die auf dem Boden schwimmen, und Castor verspricht, sie abholen zu lassen. In der nun stillen Stube weht ein anderer Duft. Wir sitzen einander wie Fremde gegenüber.

Welch ungezogenes Geschöpf, räsoniert der Vater schließlich. Welch unglückliches Wesen, sagt der Castor mit tiefer Stimme. Ich kann Ihnen versichern, bester Keber, daß wir das letzte Jahr viel Mühe auf die Erziehung des Mädchens verwandt haben. Madame Nuffert hat sich ganz mir anvertraut, und ihr Unglück über den Heimgang ihres Gatten, sowie die geistlichen Unterweisungen für das Mädchen vertrauensvoll in meine Hände gelegt.

Er seufzt, verschränkt die Arme, sucht des Vaters Blick, erhebt sich, geht auf und ab, und tritt ans Fenster.

Sehen Sie, lieber Keber, hebt er an. Dem Beistand, den wir Pastoren zu leisten imstande sind, fehlt es zuweilen an missionarischem Eifer. Eigennützig hoffen wir, das Unglück anderer dadurch zu bannen, einander bloß näherzukommen, Freund zu sein, Beschützer, Vertrauter.

Er bricht ab.

Vielleicht, nimmt er den Faden wieder auf, wars auch kein geeigneter Augenblick, einem heranwachsenden Wesen, wie Amöne, die Hand zu reichen, in dem Glauben, ihr Erleichterung zu verschaffen, und ihr Schicksal versöhnlich anzunehmen. Ich habe mich oft gefragt, woher wir Seelsorger den Glauben hernehmen, einen angeblich tröstlichen Handel mit der Seele betreiben zu können.

Aber, aber, hör ich den Keber Castor ins Wort fallen. Warum die Selbstbezichtigung? Nirgendwo steht es geschrieben, daß der geistliche Stand weniger Rechte und Pflichten hat als seine Mitmenschen. Wir betreiben doch alle Handel mit den Seelen unserer Nächsten, und den Herzen noch dazu! Ich bitte Sie, den unglückseligen Charakter unseres Zusammentreffens mit den Damen aus Potsdam nicht auf diese Weise entschuldigen zu wollen. Sie haben sicher des Guten zu viel getan, denke ich, und den Auftritt des Mädchens kann ich leicht verwinden.

Ein seltsamer Abend, kommt es mir in den Sinn. Ich weiß nicht, was ich von alldem zu halten habe. Der Castor zieht sich zurück, die vergessenen Sommerhüte mit beiden Händen umfassend.

15ter Julius

Gleich vorne an dem Eingang zu unserem Kleinen Wall sitzt eine Frau, deren Erscheinen ganz aus der Welt ist; man hat so etwas nie vorher gesehen. Sie ist weder Bettlerin in armseligem Aufzuge noch Zigeunerin, die aus der Hand liest, noch Vagabundin oder Schaustellerin mit einer besonderen Gabe, den Rumpf zu verdrehen. Ihr Kopf gleicht dem eines jungen Herren, sie trägt die Haare, wie es jetzt in Mode kommt, männlich kurz geschnitten und hat im linken Ohr eine silberne Schlange, an deren herrlich gearbeitetem Kopf eine schwarze, leuchtende Perle befestigt ist. Ihr Hals, es ist wahrlich ein Weiberhals und nicht der einer Schlange, bietet einen vollendeten Anblick, und ein weißer Kragen mit spitzen Ekken umschließt ihn. Das Hemd, das ihre Arme und Busen bedeckt, ist ganz anliegend genäht und unterstreicht das Weibliche auf raffinierte Weise. Des weiteren hat sie sich, in schwarze, enge Beinkleider gesteckt, auf dem großen Findling zur Spree zu niedergelassen, und die Füße auf eine Art von sich gestreckt, wie ich es nicht einmal in meiner Kammer tue, wenn ich allein bin. Obwohl es sehr warm ist, trägt sie kurze Stiefel, deren Spitzen rund sind, und eine graue lederne Kuppe über den Zehen haben. Sie ist mit einem Buche beschäftigt, blättert aber nur Seite für Seite um, als kenne sie bereits das Geschriebene. Es heißt etwa: Schatten am Tage, nein, Mein Schatten am Tage, nein, noch anders, vielleicht: Mein Schatten am Mittag, genau kann ich die Schrift nicht entziffern. Sie muß von einem anderen Stern gefallen sein, wenngleich sie mir ganz und gar irdisch vorkommt. An ihren Fingern sind silberne Ringe, und das Beinkleid hält sie in der Mitte des Leibes mit einem silbernen Riemen gegurtet. Ich habe nicht gewagt, sie anzusprechen, da ich den Augenblick fürchtete, sie würde sich abwenden und mich auslachen. So aber habe ich einem Wesen gegenüber gestanden, das einem nicht einmal im Traume begegnet.

16ter Julius

Der Tuchbereiter Braun ist immer ein willkommener Gast in unserem Hause. Bringt er doch Abwechslung mit seinen bunten Stoffen und Neuigkeiten aus der Stadt, die uns die Zeit vertreiben. So berichtet er dann jedes Mal, wie sauer die Geschäfte gehen, und welche Farben bei den Damen gerade am modernsten. Von blauer Atlasseide ist in dieser Saison die Rede, grünem Wolltuche, grauem und schwarzem Complet für den Winter.

Griesgrämig wollen die Damen in den Schnee, lacht er. Aber unterm dunklen, warmen Cape leuchten Apfelblüten- und Himmelsschlüsselfarben. Er breitet die Kollektion aus, wiegt sich in den Knien, drapiert die Herrlichkeiten, beinah fertige Roben für meinen ersten Auftritt in der Gesellschaft, als seien sie eigens für mich entworfen.

Der Vater fühlt, prüft die Gewebe, hält die Muster gegen das Licht. Was, lieber Braun, erzählt man sich Neues vom Seidenspinner, fragt er. Augenblicklich verdüstert sich die Stirn des Angesprochenen, seine Knie halten still. Er kreuzt die Arme über der breiten Brust und senkt den Kopf.

Vieles und nichts, kommt es ihm mürrisch von den Lippen. Sie wissen wohl, daß er unserem Stande mehr Schaden als Ehre zugefügt. Ein abenteuerlicher Mensch. Es geht da das Gerücht, daß er sich vor der Charité aufgespielt, dem Pöbel allerlei Ungereimtheiten vorgetragen, ärger noch, als seinerzeit vor der Hausvogtei. Vom Tyrannen habe er gefaselt. Unser Wilhelm ein Tyrann? Daß ich nicht lache! Er schlägt sich an die Brust, ergreift die Tuche, behängt die Schultern sich mit Seide, bindet eine blaue Schärpe um seinen Leib, und wirft sich kühn in Positur. So soll er verkündet haben, daß unser Wilhelm täglich neue Blutopfer fordere. Denken Sie sich, von einhundertzwanzigtausend Mann spricht der Narr, die im Kampfe gegen die Frankennation ihr Leben aufs Spiel setzen sollen. Und nicht genug damit, will er dem Pöbel weismachen, daß Könige nichts anderes im Schilde führten, als das arme Volk in Ketten zu legen, zu schänden und auszupressen.

Er hält inne. Der hochgereckte Arm fällt herab, die Seide gleitet zur Erde, die Schärpe umschlingt verloren seinen spitz vorgewölbten Leib.

Im Ernst Herr Rat, ich glaube nicht, daß er so dreist die Zunge wetzt. Da wird viel hinzugesponnen. Er ist ein armer, irrer Tropf, wenn Sie mich fragen. Man will ihm jedwede Unruhestifterei anhängen. Einen Anführer nennen sie den Tunichtgut in den Gassen. Ich glaube nur die Hälfte von dem, was man sich so von ihm berichtet. In diesen Zeiten, da unsere Grenzen unsicher geworden, ist jeder, der das Maul aufreißt, verdächtig. Das soll nicht heißen, daß ich seine Aufwiegeleien billige, nur amüsant finde, bloß einen Jux, beileibe nicht. Schadet er uns doch nur auf eine Weise, die Mißtrauen sät unter die Leute, daß die Tuchmacher und Seidenspinner alle mit ihm an einem Strick ziehen, und man uns in manches Haus gar nicht mehr einlädt vor lauter Furcht.

Er lacht und entwirrt die Schärpe, rollt sie zusammen, legt die Stoffe neu über Tisch und Stühle, tänzelt auf und ab, federt wieder in den Knien, in Erwartung seines Geschäftes, reibt sich die Hände und unterbreitet noch ein Witzchen.

Haben Sie Herr Rat und die gnädige Demoiselle schon gehört, daß wir den Volksredner einen Volksspinner nennen, immer den richtigen Faden auf der Zunge, seine Zuhörer einzuwickeln? Man müsse froh sein, sagt er zum Schluß, und faltet die weiße Atlasseide auf, daß weder Vater noch ich widerstehen können, wenn der vermaledeite Maulheld in seinem Unterschlupf noch eine Weile stille hält, möglichst so lange bis kein Hahn mehr nach ihm kräht.

Die Manu kommt mit einem Gläschen Branntwein herzu, die Geschäftsverhandlungen zu würzen, und wählt, mit sicherem Griff, Tuche für den Winter aus.

Schöne Farben, nickt sie, sehr schön.

Braun prostet ihr zu. Auf Ihre Gesundheit, Frau Manitius, und einen bekömmlichen Winter.

Schon gut, sagt sie, schon gut, und belächelt die weiße Atlasseide. Das ist ja ein Vermögen für eine Braut ohne Bräutigam. Still Manu, in diesem Kleide werde ich sterben.

Sie dreht sich um, blitzt mich an, holt aus mit der Rechten und erreicht mit einem zornigen Schlag, daß ich gegen die Türe taumele, mich seitlich fallen lasse, den Kopf vergrabe, und nicht eher wieder hochkomme, bis der Vater mit dem Braun handelseinig geworden, und meine Ziehfrau laut schimpfend den Raum verlassen hat.

Du bist nicht eben gottesfürchtig, mokiert sich der Vater. Auf einen derben Scherz von ihr mußt du keinen hölzernen Keil setzen, zumal du die guten Absichten deiner Manitius zu Genüge kennst, und annehmen kannst, daß sie dir nur das Beste wünscht.

Es wird schon nicht so schlimm sein Demoiselle, witzelt der Tuchbereiter. Doch Leichentuch vertreib ich nicht, bei meiner Ehr. Sie sollen lange leben, das sag ich, wie sich's gehört bei so viel Jugend.

Ich will nichts hören, nichts sehen, wohl erzogen sein, trifft mich ein Pfeil ins Kreuz.

Eingesponnen in weiße Seide, kleide ich mich in feines Garn.

Ende Julius

Der Schwerter überrascht mich den Morgen mit folgendem Bericht:

Am ersten November 1755 ereignete sich das Erdbeben von Lissabon und versetzte der von Frieden und Ruhe beherrschten Welt einen ungeheuren Schrecken. Diese mächtige Residenz- und Handelsstadt wurde von Feuer und Wasser gleichermaßen heimgesucht, die Mauern rissen zum Meer auf, die Erde öffnete sich mit gewaltiger Erschütterung, die Fluten brausten zu eisigen Sturmwogen empor und verschlangen Menschen, Tiere, Straßenhäuser, das Schloß, die Kirchen. Es kamen nach ungefährer Schätzung sechzigtausend Menschen um. Das Weltgericht war ohne Ankündigung hereingebrochen, der jüngste Tag ausgerufen. Die atemlose Gerechtigkeit Gottes, bis dahin nicht gefürchtet und in den Wind geschrieben, verbreitete unaufhaltsam ihren rachsüchtigen Odem über alles Leben auf der von Entsetzen gepeinigten Erdkugel. Eine Welle von Schandtaten folgte der Naturkatastrophe. Es ereigneten sich ungezählte Plünderungen, Verbrechen, Gewalt und

Not. Eine teuflische Excursion ins Reich der Finsternis jagte die andere, erzeugte Haß, Neid, Angst, Demut, brachte Unglück und Tod.

Auch bis zu uns drangen die Greuel der Irrungen und Wirrungen bis in die Schicksale einzelner Familien. Ich habe einen Musikus gekannt, der für sein Harfenspiel und seine musikalischen Talente gerühmt, im Frühjahr nach dem furchtbaren Ereignis in eine völlige Geistesabwesenheit verfiel, welche sich in der folgenden Zeit in eine Art Wut verwandelte, die weder durch Zureden seiner Eltern, noch durch die Fürsorge seiner Gattin, noch durch die liebevolle Aufmerksamkeit seiner vier Kinder besänftigt werden konnte. Seine Krankheit wuchs täglich, wie sein Verstand schwächer und die ihn verfolgenden Bilder entsetzlicher wurden. Man sah sich gezwungen, ihn der öffentlichen Sicherheit wegen in ein Heilungsinstitut zu bringen. Hier besserte sich sein Zustand nach dem Gebrauch zweckmäßiger Mittel, und er schien bald so weit wieder hergestellt, daß bei der stillen Melancholie, in die er versank, nichts mehr von den wütenden Anfällen seiner Krankheit zu fürchten war, und er abwechselnd bald im Krankenhause, bald bei seiner Familie lebte. Er fing auch wieder an, Konzerte zu besuchen, obgleich der Ausdruck des Ernstes und der Trauer auf seinem Gesicht daher rühren konnte, daß er selbst nie wieder die Harfe würde spielen können. Inzwischen hatten sich seine ehemaligen Schülerinnen und Schüler während seiner Krankheit nach anderen Lehrern umgesehen, und er konnte in seiner außerordentlichen Lage auf neue Schüler nicht hoffen. Als er eines Abends von seiner Frau aus dem Krankenhause abgeholt wurde, versprach er sein Instrument aus der Versenkung hervorzuholen und vor einem kleinen Kreise, den die Familie für ihn eingeladen hatte, zu spielen. Aber kaum waren die Gäste im Hause willkommen geheißen, verschwand er. Mit Angst und bangen Ahnungen wurde er gleich darauf von seiner Frau und seinen Angehörigen gesucht. Der Unglückliche fand sich nicht. Erst einige Tage danach auf offenem Felde, hinter einem Gartenzaune entdeckte man ihn. Er lag mit dem Kopfe auf seinem Überrock, hatte eine Verletzung am Halse und war ausgeblutet.

Keine Gewalt ist grausamer als die der Natur. Sie wütet fort bis in die entlegensten Herzenswinkel eines schwachen Gemüts und richtet noch Monate nach ihrem eigentlichen Ausbruch Unheil und Schrecken an.

Dies, Henriette, notiere in Deinem Findebuche, sagt der Schwerter. Halte dich an deinen Verstand. Er ist dein moralisches Konzept und keine blinde Fledermaus, wie du einmal behauptet hast.

Den späteren Abend

Mein Quell in der Wüste schrecklicher Gelüste, Herr Lehrer, ist Ihr zitternder Rockaufschlag. Ich werde mir, noch einmal davongekommen, nicht das Herz brechen lassen, nach den Parzen rufen, aus vergifteten Brunnen trinken, in verrufene Straßen gehen, nach einem Freier Ausschau halten, meine Natur zu Markte tragen, Fischköpfe aufsammeln, die die armen Kinder essen müssen, mit den Gemüsefrauen die giftigen Kräuter lesen, auf dem Hofe singen und tanzen, wie Amöne dies tut. Mein Quell in der Wüste, Herr Lehrer, wandert weiter, und ich bin nicht ungeduldiger darüber als an anderen Tagen.

Fränze schafft mir Abwechslung mit ihren Bekanntschaften, wir tummeln uns im Hause. Ich lese ihr aus dem Homer die klugen Stellen vor, und sie amüsiert sich über die hochgestochene Art des Scheiterns im Geiste. Ein Rockaufschlag sagt manchmal mehr als Sachverstand und ahnungsvolle Rede. Ich bin nicht böse über den moralischen Tiefsinn einer Unterrichtsstunde und kann das alles mühelos goutieren, aber ich bin so unerfahren in Katastrophen, so wenig bewandert auf dem Monde. In Kleinasien werden junge Mädchen, ehe sie laufen können, an reiche Fürsten verkauft, welche Natur handelt dort mit den armen Seelen! Wenn je ein Gott richtet, ist er den

Menschen nicht sehr nah, und Homer flüstert uns gar von Göttinnen ins Ohr, die sich in gefährliche Sirenen verwandeln und den Geist des armen Odysseus verwirren.

Welcher Gott, fragt die Fränze, wird angerufen, wenn die Welt in Stücke geht? Sie hört mich flüstern und phantasieren, sie sieht mich kritzeln und die Notate fein säuberlich eintragen, sie spielt mit ihrer Einbildungskraft wie ein Kind und hat doch das Schrecklichste erlebt, was ein Mensch erleben kann. Ich bin ganz trocken im Hals und blutleer gegen ihr Schicksal. Sind die Götter denn befugt, uns elend zu machen, daß ein Rockaufschlag zittert, weil man die Seele nicht sehen kann? Das Mädchen näht Sterne auf mein Atlaskleid, und ich lege das Buch auf mein Pult.

Schon zuende, lacht sie, wir sind vom Glücke verfolgt, höre ich, daß wir jetzt leben und nicht unter rauhen Göttern und Barbaren, jeder ist die Esse, an der sein Glück geschmiedet wird und kann sich damit narren.

1ter November

Ich habe lange Zeit nichts aufgeschrieben. Ein Eisherbst war über Nacht hereingebrochen, erschlug das reife Korn auf den Feldern, so daß wir einen großen Mangel an Roggen und Schrot haben, und es nur unzureichend Brot gibt, Hafer und Weizen brachliegen, und die Äcker unter Wasser und Schlamm stehen, viel Not und Hunger herrschen, man die Rüben kaum ernten kann und die Kartoffeln verdorben unter der Erde schwimmen. Die Fränze liegt im Fieber, und niemand kann ihr recht helfen. Melzer probiert eine neue Kur gegen die Ruhr, sie ist wie eine Epidemie über die Stadt hergefallen. Manche erholen sich von selbst, viele andere sterben, vor allem die Armen, und ich habe in dieser allgemeinen Not Bange um die fröhliche Fränze, bete täglich und sitze bei ihr in der finstren Kammer. Sie ist so dünn geworden, da sie alles von sich gibt, was ihr an Nahrung zugeführt wird. Sie darf außer Schleimsuppen nichts annehmen und gibt auch noch dieses doppelt und dreifach zurück, daß wir wenig Hoffnung haben auf Besserung. Die Manu und der Bieler sitzen abwechselnd an ihrem Bett, dabei ist sie in ihrem Leiden so reizend. Ich bade ganz gegen meine Gewohnheit in Tränen.

Den Vater sehe ich selten. Er ist in Geschäften aufgerieben wegen allerlei Mißlichkeiten im Amte, schweigsamer denn je, fast verdrossen. Castor ist seit Monaten nicht hier gewesen, hin und wieder allerdings die Damen Nuffert mit ebenfalls griesgrämigen Mienen, obwohl sie es gut getroffen haben mit ihrer neuen Wohnung in der Friedrichstadt. Von Graudenz haben wir Nachricht über Madame Kebers langwieriges Nervenfieber, Sophies kurze Meldungen enthalten nichts anderes als Einblicke in die fortschreitende Krankheit. Die Manu erträgt alle diese Ereignisse mit Fassung, sie hat Bärenkräfte, mir hingegen verschlägt es den Mut und die Lust zur Mitteilung.

Den Nachmittag erwartet der Vater einen Herrn Vogel von der Kurmärkischen, der Steuersäckel ist dünn geworden, sagt er, und man muß sich im stillen beraten was dagegen hilft. Die Manu und ich stehen also in der Küche, um ein winziges Gastmahl zu bereiten.

4ter November

Leise hat man die Fränze fortgebracht. Niemand erklärt mir den Vorgang. Lebt sie, lebt sie nicht, verträgt sich ihr Anblick nicht mit dem der Lebenden, ist die Verzweiflung über ihren Zustand so gewachsen, daß das Auge schon den Tod sieht? Ich gehe hin und her. Wo ist der Bieler, ihr Bräutigam? Die Manu verneint all meine Fragen. Lieber wehrt sie meine aufkeimende Wut über die Geheimnistuerei ab als meine Niedergeschlagenheit und Traurigkeit. Mit dem Vater ist erst recht nicht darüber zu reden. Er steht bis zum Halse in der Amtstinte um die Lehensbauern und Ländereien und gibt sich zurückhaltend bei Tische.

Der einzige Gast während unserer freudlosen Tage, der komische Herr Vogel, macht mir artig den Hof, als wäre es etwas Besonderes, heißen Zichoriensaft und Griesschnitten mit Apfelscheiben zu servieren. Ein lächerlicher Anblick, unsere Tafel, sogar das Bier ist dünner als früher und schmeckt nach nichts. Mir ist im übrigen nach nichts, da alles stille steht. Meinen Geburtstag haben wir ohne Feier verstreichen lassen, von Castor kam ein Gruß, zwei Zeilen lang, die Manu hat mir einen warmen Umhang machen lassen, weit genug, den Winter auszuhalten. Sonst gibt's nichts zu berichten.

Ausgenommen Schwerters Abschied vom Kleinen Wall. Ganz plötzlich habe ich auch keinen Lehrer mehr. Alle Welt scheint mich zu verlassen. Witwengleich grübele ich über solches Geschick. Wie rasch die Geschichte sich wendet. Eben noch zuversichtlich, umgeben von Vertrauten, sitze ich nun da, die

Hände ruhelos im Schoß. Als hätte Schwerters Gleichnis auf die ungebändigte Natur die Ahnung vom bösen Unheile auf dieses Haus übertragen. Im tiefsten Herzen allerdings, vermag ich daran nicht zu glauben.

Der Mangel an Schülern, sagte er, hat ihn fortgetrieben. Von einem Tag auf den anderen. Oder er verheimlichte mir die wahren Umstände seines Aufbruchs. Ein wohlhabender Offizier, so heißt es, links des Rheins, in einer französischen Garnison, habe ihn angeworben, und ihm ein reichlich Salär in Aussicht gestellt, würde er sich seiner Kinder annehmen. Unser Gespräch hierüber verwirrte mich sehr. Vater und ich gaben zu erkennen, daß wir nicht in der Lage seien, das Angebot des Offiziers zu überbieten, und mußten ihn daher schweren Herzens ziehen lassen. Ich hatte mir noch einen Vers ausgedacht, Griot gerufen, die Federn zurechtgelegt, ja, und eine meiner liebsten Fabeln für die Lektion vorbereitet. Da ist sie hin, die Weisheit, das schöne, kluge Tier. Ein schwarzer Rock blieb zurück, ein wehendes Andenken.

Für wohlgeratene Kinder, sagte der Vater, können Eltern nichts mehr tun.

11ter November

Am Morgen kommt die Milch nicht mehr auf leisen Sohlen. Jeden Tag nehme ich seit neuestem früh Abschied von den guten Gewohnheiten. Noch in der Dämmerung fährt die Kutsche mit mir ins Bürgerinnenhospiz, in dem Damenkränzchen abgehalten werden, aber auch die Haushaltsführung erlernt wird. Das Angenehme sich mit dem nützlichen verbindet, wie der Vater sagt, damit ich nicht in Trübsinn und Grübeleien hineingerate. Madame Neumann, die Vorsteherin, behauptet, Preußen sei inzwischen eine geräumige Kaserne, in der die Frauen dem Kriegsstand das Sieger- und das Verliererlinnen je nach Rauheit auslegen müssen. Die Stopfnähte nach unten bei gewonnener Schlacht, dieselben nach oben bei verlorenem Kampf. Ebenso sei es ratsam, das Durchzählen der Bettücher nach jeder Bleiche militärisch durchzuführen, dies erleichtere den Umgang mit den Herren der Schöpfung, damit sie sich dem Zwang einer Gesellschaft mit Frauen nicht zu unterwerfen brauchen.

Zwar ist der Ton im Hause witzig und gar nicht gebieterisch, gleichzeitig aber wird auf Pünktlichkeit, Genauigkeit und allersorgfältigste Erfüllung der Pflichten großen Wert gelegt. Wie ich es auch drch und wende, mal ganz bei der Sache bin, dann weniger, die Neumann findet immer Gründe, mich aus dem Kreis der Nähenden, Kochenden, Waschenden herauszupicken für Sonderaufgaben, die mir ausgesprochen dumm erscheinen und die ich zum Trotze fehlerhaft ausführe. Mit Rüge und Ermahnungen bedacht werde ich zurückgeschickt und pflege tagelang in den Vorratskammern des Hospizes Umgang mit den Innereien des angelieferten Schlachtviehs. Mit Fleiß durchbohre ich gelbstichige Schweinenieren, die wir eingelegt verzehren müssen. Einmal nagele ich ein ausgetrocknetes Rinderherz an die Wand, ein andermal eine mehrfach zerplatzte hellrosa schockierte Lunge und höre aus berufenem Munde, daß ich frühzeitig am Bettelstabe enden werde, da ich den Ernst der Schöpfung, den Mangel an Nahrung und die Ordnung der Dinge nicht zu würdigen und zu begreifen vermag. Hin und wieder sitze ich vor einem Berge fauliger Kartoffeln und klaube die Würmer heraus, um sie in einer Wasserschüssel tanzen zu lassen.

Beim allwöchentlichen Kränzchen inmitten geläuterter Bräute und lang verehelichter Garnisonsdamen höre ich mir dann die Palaver über die abwesenden Herren Männer an, ihre Vorlieben, ihre Nachspeisen, ihre Rüpeleien, ihre Galanterien. Auch über das Unvermeidliche, das so zahlreich gewölbte Leiber zur Folge hat, und verstehe immer weniger, worin die Vernunft des Weibes begründet liegt. Ich habe gut reden und kann mich aufführen, wie ich will, mir sitzt kein Leutnant im Nakken, für den es sich lohnt, ein Herz zu spicken und das Ruhekissen mit Liebe zu füllen. Leichtsinnig überspiele ich das ernst gemeinte Tagwerk, ersehne täglich den Nachmittag und lasse mich von Hufner durch die Wilhelmstraße kutschieren, in die Leipziger, zur Jerusalemer Straße und rasch unter die Linden, und dann ganz langsam nach Haus zum Kleinen Wall.

Die Manitius ist nach Graudenz gereist, Madame Keber zu pflegen. Meine Fränze liegt im Sterben auf der Charité, jetzt weiß ich es endlich und hoff, daß sie nichts mehr spürt, wie ich nichts mehr weiß, was ihr helfen könnte. Mein Zauberer Griot, um den es lange still gewesen, schaltet sich ein mit einfühlsamen Erklärungen über den Verlust am Nächsten und beklagt das selbstgefällige Mitleid der Zurückgebliebenen als dümmlichen Versuch, das Ende eines Lebens in einen anderen Anfang umkehren zu wollen: Sie wird kein Engel, der auf dich herabsieht und deinen Abschiedsschmerz damit lindert. Sie ist auf dem Wege ins Ungewisse.

Ganz verwaist steht das Haus an der Straße, ganz verwaist sind mir die übermütigen Glieder, doch neben all den äußeren Veränderungen befindet sich im Hause selbst jedes Ding an seinem Platze. Sogar der kahle Baum vor meinem Fenster behält den Posten gerade so wie die alten Erbsünder Adam und Eva auf meinem Bett. Ich habe mir angewöhnt, beim Nachhausekommen in jeder Stube, jeder Kammer, sogar unter dem Dache nach dem Rechten zu sehen. In meiner Kammer hängt ein Witz zur Trophäe ausgeputzt, die seidenstarre Atlasrobe, das steife Netz für den Goldfisch. Wenn es nicht so ernst wäre zu dieser Stunde, müßt ich lachen, lache ich auch, lege die graue Tracht ab, die Schürze, das Häubchen, entblättere die Magd des Herrn, stülpe mir dies harte Gewand des Stolzes und der Leidenschaften über, wandere von Spiegel zu Spiegel, schreite großspurig die Treppen hinab, löse den Haarknoten im Nacken, spüre auf Hals und Schultern das federleichte Kräuseln des ungebändigten Schopfes.

So stelle ich mir die Brautschau vor. Ungezwungen in schönem Kleide, die Zeremonie des Auftaktes überspringend, Stufe für Stufe einem unbekannten, zärtlichen Auge entgegen. Zum ersten Male reizt mich solcher Auftritt, Gesellschaft, Stimmen, Musik, ja Musik, für die ich so empfänglich bin, und ein wenig Zauberei in den Bewegungen. Die Tanzenden, die sich vereinen. Was eigentlich lockt mich an einem Ehegatten? Das Herz, das man nicht sieht, der Kopf, den man noch nie im Arm gehalten, die Hände, die noch nicht gewachsen, die Beine, die keinen Schritt probiert, die Gestalt, durch die kein Blut geflossen. Den Menschen gibt's nicht, den man wünscht. Viel Schalk und keine Zier, ich bring den Auserwählten, der unten an der Treppe steht, nicht in das Netz. Kann man sitzen in dem Kleid, hingegossen tanzen, die Röcke raffen, wie viele Röcke, einer, zwei, drei, nein vier, du liebe Güte, die Beine spreizen auf dem Sofa, ohne daß ein Rock sich hebt?

Im guten Glauben, daß so ein Handel Glück bringt, stürzen sich Jahr für Jahr die Menschen in das Unglück der Ewigkeit. Ich habe gehört, daß sich in Berlin genau so viele Ehegatten trennen wie verheiraten, wo liegt da der Sinn? In Kürze allerdings werde ich wissen, wozu ich geboren. Das Gute vom Bösen unterscheiden, weder schlecht denken noch reden über die Leute, fromm in Schuld und Sühne leben, mich auskennen auf dem Gemüsemarkt, bei den Fischern, beim Schlächter, das Brot backen und Hirsebrei kochen für die Armen. Früh aufstehen, um den Herrn zu loben, dem besten aller Männer ein Leibgericht bereiten, gut zu den Tieren sein, mit dem Gelde sparsam umgehen. O, ich könnte endlos fortsetzen, welch Glück mir noch bevorsteht, und all dies in einem kostbaren Gewande, das sehr schnell die kleine Magd zum Vorschein kommen läßt. Auch dies gehört zu meiner Ausbildung, mich allein in teurer Aufmachung nach jemandem zu sehnen.

Ende November

Es ist mir immer verboten gewesen, über den Gartenweg auf die Letzte Straße zu treten. Selten ist jemand von dort durch die Türe hereingekommen. Nur ein einziges Mal bin ich dem Vater gefolgt und auf seinen ausdrücklichen Wunsch hin zurückgegangen, ohne die Hölle gesehen zu haben, die mir stets als Schlund, Auswurf der Menschheit entgegengehalten wurde. Vom Fenster meiner Stube ist nichts zu sehen. Der Garten liegt im Dunkeln. Bei günstigem Winde riecht es überall nach Wasser, und ich vermute zuweilen ein Straßenparadies hinter den Gärten und Höfen der Häuser am Kleinen Wall. Vielleicht ist Monsieur Bête dort zu finden und inzwischen zum König der Menschendompteure avanciert. Ich höre keine Stimmen, keine Lieder, keine Klagen, keinen Jammer. Ich fürchte weder Mensch noch Tier, in wessen Gestalt sie auch auftreten mögen. Am Fenster ist es dumpf, und von einem Augenblick zum anderen bin ich entschlossen, dies Terrain zu betreten, allerdings mit dem Vorsatz, schnellen Schritts hindurchzugehen, hinauf und hinunter, dann zurück und über die Linden in Krauses Kaffeehaus in der Taubenstraße. Nur auf einen Sprung, weiß ich doch, daß man dort hin und wieder die Damen Nuffert antreffen kann, und ich wünsche mir nichts sehnlicher als ein wenig Gesellschaft, Ablenkung. Von Anfang bis Ende will ich kosten, was meinem Auge verwehrt ist. Ich gehe ohne Vater, ohne meine Ziehfrau, ohne Mamsell Fränze, ohne Castor, ich falle in keine Grube und auf keinen Trick herein. Man sagt, daß keine Straße der Stadt dieselbe Mischung vielfältiger Ansichten aufweisen kann wie diese, wobei ich mir noch vorstellen muß, worin die Vielfalt zu suchen ist.

Es sind kaum zweihundert Schritt dahin und mir begegnen weder schiefe Gestalten noch verrufene Stimmen, es scheint die Armut hier ihr Lager aufgeschlagen zu haben. Bettler stehen vor einer erbärmlich riechenden Garküche, und Ausrufer bieten ihre Waren an. Daneben gibt es laute Musik von einem

Tanzboden, aber sie ist wenig einladend. Grell gekleidete Frauen, die man auch Unter den Linden sieht, laufen eilig in die Häuser. Das ganze sieht mir eher geschäftig aus als verderbt, und ich erkenne nicht, was andere für schädlich halten. Ganz in der Nähe steht das bekannte Predigerwitwenhaus und gegenüber eine weibliche Pensionsanstalt. Wo ist da die eingeflüsterte Verkommenheit? Freudenhäuser und Schenken entsetzen meine Phantasie nicht allzu sehr. Von scheußlichen Schlupfwinkeln hat man schon so viel berichtet, daß ich sie mir elender denke, als sie hier erscheinen. Der Geruch dagegen, aus Garküchen, Mauselöchern für Menschen, nahem Schlachthause und Bierhäusern, ist bisher in keinem Bericht erwähnt worden. Er schlägt wie ein fauliger Wind auf mich nieder, daß ich bis zum Katersteig immer schneller laufe und einer Schar von Reitern begegne. Was sage ich Reiter, es sind uralte Klepper, auf denen Herren in seidenen Westen sitzen und Damen umschlungen halten, wie ich es nie vorher gesehen habe. Eine Art Dompteur führt die alten Gäule am Zügel, und das Vergnügen der Reiter besteht offensichtlich darin, sich zu Pferde und erhobenen Hauptes über der Straße zu amüsieren. Von den Frauen sehe ich wenig. Sie sind ganz von den Armen der Freier aufgezehrt, und ich kann kaum ein Bein, geschweige ein Gesicht erkennen. Hungrige Wölfinnen und Wölfe malträtieren abgewirtschaftete Gäule, und ein alter Kuppler leitet das Geschäft mit Kommandieren und beschwichtigendem Zureden: Hopp und Friede, mit dem ersten Schritte sind die nächsten Tritte zum nahen Fall getan, und, halt mein Gäulchen, stopf dein Mäulchen mit eisernen Greuschen.

Unverständliches Gezische und plötzlich ist die Schar verschwunden, ist nie dagewesen, halt mein Gäulchen, kommen Gesellen und pfeifen, pfui, die Pferde; starren mich alle an, als sei ich vom Rücken des Glücks gefallen, sie wollen mir an der Nase zupfen, neugierig, nichts da. Als eiserne Jungfrau begegne ich euch wieder. Ich mache, daß ich fortkomme. Der Katersteig ist nichts als Sumpf und Grab für alle Katzen dieser Stadt.

Seit die Fränze nicht mehr da ist und ich es auch nicht über mich bringen konnte, ihrem Begräbnis beizuwohnen, bin ich auf Vergnügungen aus, ihre Abwesenheit zu vergessen. Herrn Vogel, der mich eingeladen, folgte ich in das Theater wie ein Hündchen und bewunderte laut die feinen Masken der Gesellschaft so wie das Stück, das gegeben wurde: Der Piccolomini von Schiller. Anfangs wird in gotischen Zimmern, dann in einer griechischen Halle gespielt. Die Bühne stellt den Abschnitt eines zirkelförmigen Saales vor, der oben rippenförmig gewölbt ist. Dies Gewölbe wird von gotischen Säulen getragen, dazwischen sind im griechischen Stile gezeichnete Statuen zu sehen, die auf gotischen Konsolen stehen und für Verwirrung sorgen. Vom Mittelpunkt des Zirkels führt ein gerader Gang zum Bühnenrand, auf dem etwas passieren muß, denn er täuscht unendliche Ferne vor, die ganz Berlin zu umfassen scheint. Um diesen Endlosgang schlängeln sich runde Wege, die an ein Spinnennetz denken lassen, in welchem sich die Schauspieler verfangen sollen. Vogel sieht mich unentwegt von der Seite an, während ich gebannt auf diesen Wirrwarr starre, in den so wenig Licht fällt, daß ich mir nicht vorstellen kann, den Iffland zu erkennen. Als er dann endlich erscheint, nachdem man lange genug die seltsame Bühnendekoration bewundert hat, geht ein Raunen durch das Publikum, und ich weiß, der lauernde Horcher an der Wand hat seinen Auftritt. Im wunderschönen Kostüm schreitet er daher, etwas bieder im Ausdruck, aber im ganzen sehr edel, was mich allemal langweilt. Wo bleibt der devote Ton, die schamlose Verstellung, der alte Fuchs, der Anschleicher, den man durchschaut und doch nicht faßt? Piccolomini dient dem Kaiser, und Wallenstein traut seinen Sternen, aber Iffland ist kühn er selbst, spricht affektiert und läßt den Gegenspieler manierlich träumen. »Es gibt im Menschenleben Augenblicke, wo er dem Weltgeist näher ist als sonst«. Da greift der Vogel nach meiner

Hand das erste Mal. Ich versäume die Frage an das Schicksal, den Moment der Erkenntnis in der Nacht. Die Ebene der Erleuchtung und dies Gespinst vor meinen Augen, meine Hand in einer anderen, und der Weltgeist schreitet fort, feierlich spinnt er mir vor mit wechselnder Betonung, was ich bisher gelesen und nie gesehen, halb zur Bühne hin gebeugt, halb in Vogels Hand:

Mein ganzes Leben ging, vergangenes
und künftiges in diesem Augenblick
an meinem inneren Gesicht vorüber,
und an des nächsten Morgens Schicksal knüpfte
der ahnungsvolle Geist die ferne Zukunft.
Da sagt ich also zu mir selbst: So vielen
gebietest Du, sie folgen Deinen Sternen,
sie setzen wie auf eine große Nummer
ihr Alles auf Dein einzig Haupt!

Und weiter reckt sich Wallenstein empor und setzt mit erhobenem Arm die Spitzen der Finger und der abgespreizten Daumen, was wirklich eine Kunst ist, gegen seine Stirn, und meine Finger liegen fest umschlungen, was keine Kunst ist, in einer heißen Mulde. Die Worte fließen aus der erhabenen Welt des Schicksals in unsere verzweigten Hände. Was die da oben sagen, fällt auf uns zurück. So viel Schicksal an einem Abend ist nicht leicht zu verkraften. Da sinkt man in sich zusammen und fühlt die Leute boshaft klatschen, die Gebärden sind nur Spiel, haben nichts mit uns zu schaffen. So groß sind wir nicht, uns zu vergleichen, und vergleichen doch, denn kein Augenblick ist günstiger als dieser, von zwei beredten Händen zu berichten. Stumm sitze ich da, die Tafelmusik auf der Bühne im Ohr, von fern, das Rauschen der Gewänder, Weinbecher gehn von Hand zu Hand, sie klirren nicht, sie klingen. Madame Fleck, ganz unvergleichlich schön und tragisch, hebt jetzt an zu sprechen. Iffland, noch immer kühn derselbe, schweigt, geadelt vom Applaus. Madame Flecks Monolog zum kleinlauten Abschied rührt im Halse: »Es zieht mich fort mit göttlicher

Gewalt«. Das zieht mich weg von meinem Platze, die Hand entreiß ich dem Begleiter, entwische mit der Sprecherin des dramatischen Wortes der Szene, aus dem Saale. Kein Halten spür ich, keine Neigung, mit dem Gespielten zusammenzugehn. Eilends flieg ich durch die Hallen auf die Straße, gehe, laufe, schwirre davon, sammle all meinen Mut, mich gegen fromme Sitten zu wehren.

Den späten Abend in Krauses Kaffeestube, die ich mit Amöne besuche, erzählt ein Herr Ostian seine Version, wie die Kunst zu retten sei: Der Pöbel, räsoniert er, suche seine Art von Starkgeisterei darin, nichts zu ehren, was mit der Kunst zu tun hat. Diese Menschen achten weder Gott noch Teufel, noch die Darstellung beider, sie sind in ihrer tiefsten Seele roh. Überall in Berlin, wo Kunstwerke zu sehen sind, hat auch der Pöbel seine Hand im Spiele. Herr Ostian beklagt weiter, daß die Statuen am Opernhause, an der Bibliothek alle Nasen, Hände und Füße verloren haben. Aus seinem Munde klingt es so, als wolle er einen Witz machen, dabei meint er die Geschichte ernst, denn er hat selbst bei den Gendarmen den Vorschlag gemacht, die Kunstwerke so lange bewachen zu lassen, bis das Volk die Lust verliere, sich an ihnen zu vergehen. Es ist doch bekannt, jammert er weiter, daß man dem deutschen Pöbel überall einen barbarischen Hang zur Zerstörung nachsagt.

Ach, welche Heiterkeit löst er aus in dieser Umgebung. Niemand will ihm zuhören. Er trinkt so viel Bier in sich hinein, um seinen Kummer über die armen Kunstwerke zu ertränken. Dabei ist er so laut und pöbelhaft, wie das böse Volk, das man vor einem Herrn Ostian erst recht in Schutz nehmen muß. Nie ist mir aufgefallen, daß den steinernen Abbildern von Gottheiten, Engeln, Königen und Psychen Füße oder Nasen abhanden gekommen sind. Castor hätte gewiß davon gesprochen, oder sieht der nur immer die fehlenden Pflastersteine? Es gibt schon eigentümliche Käuze, die erst dann aufquellen, wenn sie sich über andere ereifern können. Zum Glück verkehrt bei Krause nicht nur der mediokre Stutzer mit schiefem Seitenblick auf die, die unter ihm geduckt sind.

Amöne lacht und findet den trunkenen Wicht eine komische Figur. Aber warum um Himmels willen sitzt du so verdrossen da, sagt sie, bestellt noch einen süßen Wein und etwas Käse, so feierlich in schwarzes Tuch gehüllt mit Korduanschuhen bei diesem Wetter. Bist du einer Kutsche entlaufen, einem Auftritt, mit dieser Maquillage?

Jetzt nicht, entgegne ich, es ist bloß eine Laune, und ich wollte dich nur sehen, reden, reden von allem möglichen, von nichts, wenn du willst, Wein ist gut, auch Käse, alles.

Die Nacht im Bett mit der Schminke auf dem Gesicht. Fränzes Leibchen, Haube, die Waschschüssel unberührt, das Haar nicht gelöst, keinen Finger krumm getan für ein Gebet, stumm das Zimmer, das Linnen scharf gespannt. Nichts wiegt den Körper und gar nicht weiß er, was er will. Fränze wußte es, summte, nahm die Bänder aus dem Haar, bürstete, hielt die Zunge nicht im Zaum, öffnete das Mieder, zeigte Arme und Brust, konnte ruhen ohne Kopfzerbrechen an meiner Schulter. Das ist aus, ich liege da. Bewacht von meiner Unschuld mit einer Hand am Hals, die andere im Graben. Kunstgenuß nennt man den Abend.

10ter Dezember

Den Morgen finde ich auf meinem Pult ein Billet von Vogel, reiße es auf, alle möglichen, unmöglichen Phantastereien im Spiel. Da steht:

Verehrte Mademoiselle Keber!

Nach dem Theater, das ging so schnell, unversehens waren Sie entsprungen. Sehr scheu meine Liebe, ich ahne, daß ich Sie erschreckt, und förmlich biete ich Ihnen meinen Arm für eine Promenade, mich zu erklären. Ich muß es tun und will offenherzig sein und nicht heranschleichen durch eine List. Es ist mir ernst. Ich muß Sie sehen.

Ihr Louis Vogel

Und noch mal lesen, nichts Falsches steckt in den Zeilen, eine schön geschnittene Karte, die Schrift klar. Ich muß Sie sehen in Wellenlinien unterstrichen, wie soll ich mich benehmen? Jetzt ist es erst recht wie im Theater. Im Halse pocht der Klumpen von unten aus der Brust. Dem Vater werde ich die Zeilen entgegenhalten, Castor muß es wissen, die Manu. Was sag ich? Meine Hand brennt nachträglich. Ganz rasend muß ich aus dem Haus in die Kutsche nach dem Hospiz. Den Tag laß ich verstreichen und den folgenden, und erst dann bin ich gefaßt, denk ich, den Herrn zu empfangen. Vieles geht durcheinander, was ich beginne. Den Abend werde ich die Einladung auf eine Gesellschaft bei den Damen Nuffert annehmen, mich amüsieren, damit die Zeit vergeht.

12ter Dezember

Der junge Mann, der das Haar fast dicht am Kopfe abgeschnitten hat und mir im Hause von Madame Nuffert auffällig den Hof macht, trägt goldene Ringe in den Ohren und ein dickes Halstuch weiß mit bunten Flecken. Sein faltenreicher Rock aus grauem leichten Tuch mit schwarzem Kragen und Aufschlägen ist so kurz, daß er die Knie nicht erreicht. Darunter trägt er eine weiße Weste, unter der sich eine ebenfalls weiße Hemdenbrust breit macht. In seinen kniekurzen Pantalons macht er einen albernen Eindruck, und um das Bild abzurunden, stakst er mit Halbstiefeln angetan herum, die vorn so lang und spitz sind, daß sie sich über die Zehen hinauf krümmen. Ich sage ›junger Mann‹ und bin sicher nicht älter als er, komme mir aber ganz altklug vor, wenn ich ihn so von oben herab beschreibe, einen Gecken aus ihm mache, den ich nicht einmal kenne.

In dem Haushalt der Madame Nuffert klappen ständig die Türen auf und zu, die wunderlichsten Gestalten kommen hier zwanglos zusammen, man trinkt Kaffee aus winzigen Tassen, keine Zichorie, und süßen Wein. Die Herren rauchen die Pfeife, die Damen lächeln. Amöne schwirrt zwischen den Gästen umher und läßt sich bewundern. Ich habe mir einen ruhigen Platz in dem wunderschönen Salon ausgesucht und betrachte das ausgelassene Treiben, nicht gewohnt, so viele Menschen in einem Raume zu sehen, und gleichermaßen entzückt von der Scheckigkeit der Personen. Ebenso scheckig sind die Stimmen und Gespräche. Die einen nehmen die neueste Mode aufs Korn, erheitern sich über lange, dünne Zöpfchen in nicht eben zierlichen Männernacken, die mit Bändern umwickelt sind, während das übrige Haupthaar rund um den Kopf kurz geschnitten und gelegt ist. Die Damen hingegen bleiben ihren Perücken treu, die sich allerdings auch mit der fortschreitenden Mode verändern. Madame Nuffert trägt über ihrem natürlichen Rothaar eine Titusperücke, die ihr Gesicht hochmütiger auftrumpfen läßt und ihre Haltung beeinflußt. Andere halten die leichten Locken mit einem Geflecht von Bändern oder mit goldenen Ketten zusammen und wirken nicht weniger hochmütig. Madame Unzelmann, die gerade mit großem Beifall empfangen wird, trägt eine Art Diadem von schwarzem Samt in einer kunstvollen, kupferroten Lockenpracht. Ihr rotes Samtkleid entstammt der ›Nina‹ und umgibt sie mit dem ihr eigenen theatralischen Flair. Alle hüpfen um sie herum, als wäre sie auf dem Wege zum Olymp, und ich verspüre eine seltsame Abneigung, in diesem Reigen mitzuspielen, wenngleich ich gehört habe, daß sie ansonsten ihr Publikum auf dem Theater so aufregend unterhalten soll, daß es vor Begeisterung die Bühne stürmt. Der Geck an meiner Seite – im Theater zu Hause, wie er sagt – erzählt begeistert von ihrer Darstellung der wahnsinnigen Nina. Die Unzelmann mache nämlich keine Verrückte aus ihr, sondern ein holder Wahnsinn habe sich bloß ihrer bemächtigt, welcher in seinen schmeichelnden Äußerungen wie in seinen tragischen Posen unaufhaltsam zu Tränen rühre. Ihre Gesten seien nicht bedeutungslos, nicht zwecklos wie die Gesten der Verrückten. Sie hätten ihre bestimmte Zielrichtung, seien wahr, die reine Kunst. Aber die Mittel heiligen nicht den Zweck des Stücks. Es ist, als habe der Verstand sein Urteil verloren. Zum Glücke handele die Schauspielerin wie ein Kind, das zwischen Spintisierereien schwankt, über ein Nichts lächelt und weint. Sie mache daher aus der Nina kein Schreckbild, kein Schauder erregendes Beispiel des Elends. Er hält begeistert an seiner Rede inne.

Ich nicke ihm höflich zu. Leider, sage ich, kann ich Ihnen nicht folgen, da ich das Stück weder kenne noch gesehen habe.

Es ist eine Oper, bemerkt der wunderliche Herr, und ich habe einige Bemerkungen dazu verfaßt. Noch immer weiß ich nicht, mit wem ich es zu tun habe. Auch daß er so treu bei mir stehen bleibt, rührt mich ein wenig. Erklärend fügt er hinzu, der Dichter der Nina wagte viel, indem er zur Hauptperson seines Dramas eine Wahnsinnige wählte, da die Darstellung des Wahnsinns auf der Bühne als sehr anstößig gilt und sich das Gefühl bei den Zuschauern empört, wenn der Wahnsinn zum Gaukelspiel benutzt wird. Ich weiß nicht, ob Sie die Vorstellung der Oper ›Die Liebe im Narrenhause‹ verfolgt haben? In der Tat, unbegreiflich, wie man den höchsten Grad menschlichen Elends – einen Zustand, in welchem die Unglückliche selbst den Charakter eines moralischen Wesens verliert – auf der Bühne als einen Gegenstand der Belustigung darstellen konnte. Und wie so mancher Zuschauer laut aufzulachen fähig war, wenn das unglückliche Mädchen sich einen Dolch ins Herz zu stoßen glaubt und einen Strohhalm ergreift.

Darüber lache ich von Herzen.

Madame Unzelmann ist von allen gebührend bewundert worden, hat mit künstlich gespreizten Fingern die Kaffeetasse gehalten, gelächelt, geplaudert und ist schon wieder fort. Das Publikum aus dem Theater und an diesem Ort hat ihr gehuldigt, der Olymp ist erreicht, und Amöne sitzt hingegossen auf dem Sofa von den Musen umgarnt.

Da ist das Billet an meinem Busen, und plötzlich seh ich Vogel vor mir, beide Arme ausgestreckt, keine alberne Figur, den Kopf ein wenig seitlich geneigt und lächelt, lächelt.

He, was ist dir, ruft Amöne, ist das der Wein, hast du zu viel getrunken?

Nein, nein, das Zöpfchen, lache ich, es ist das Zöpfchen. das dem Herrn, mit dem ich im Gespräch, an seinem Aufzug fehlt. Er hat nicht aufgepaßt beim Stutzen, die Mode nicht beachtet.

Ach der, flüstert Amöne. Ein Leutnant als Harlekin, ein Mensch, der mit seinem Charakter den Rock wechselt. Er ist ja nicht dumm, dein Herr, aber er weiß sich nicht zu kleiden.

Wir sitzen noch eine Weile beieinander, und ich bewundere nichts als die Garderoben, in denen Menschen herumlaufen und sich zeigen wie Pfauen.

Du bist ein Häschen, neckt meine Gastgeberin, die Kleider kommen ganz von selbst, sie gehören zum Geschäft, das hier in Talern aufgeführt wird.

Welches Geschäft?

Das Geschäft der Selbstgefälligkeit. Zeigst du mir dein Zöpfchen, heb ich rasch mein Röckchen, unter dem ein Strümpfchen von zartestem Flaum. Sie schürzt die Röcke. Da, meine liebe Unschuld, verbirgt sich das Geheimnis ewiger Eitelkeit.

Verflogen ist ihr musisches Getue, die Heiterkeit des Spiels, die reizende Pose des flatterhaften Scheins. Sie steht da mit blanken Knien und wetzt die Zunge gegen jeden Frosch.

Alles Frösche, zischt sie, Frösche, kein einziger richtiger Pfau!

Amöne, tönt es schneidend vom anderen Ende des Raumes und noch einmal, Amöne, das wiederholte Näseln. Das hab ich schon gehört und kenn den Mißton unserer ersten Begegnung.

Amöne!

Wieder und wieder. Die junge Dame hebt frech das Bein

und entfernt sich schnell. Madame Nuffert, fahl im Gesicht, durchquert den Raum auf mich zu. Die anderen, von dem kleinen Zwischenfall eher belustigt, gruppieren sich nach der Tür, als wäre Aufbruch angesagt, der Gastfreundschaft zu viel getan, man sammelt sich noch kurz um den kauzigen Schleiermacher, dessen Stimme so markant das Gespräch bis zum Schluß in Gang hält.

Madame Nuffert nimmt meinen Arm. Verübeln Sie es uns nicht, Henriette, sagt sie leise, das Mädchen hat keinen Nerv für das Gesellige. Ihr fehlt der starke Arm, die strenge Regel, es tut mir leid. Sie sieht mich an, um Nachsicht bittend.

Es ist ihr nichts nachzusehen, Madame, ich habe ihr nichts zu verübeln, verstehen Sie, es ist schon gut.

Die Titusperücke schwankt leicht, die Schultern unter dem hübschen Kleide sind angespannt. Sie bekräftigt ihren Standpunkt, indem sie den Verlust ihres Mannes beklagt, der immerhin Einfluß auf des Mädchens Haltung hatte und in dessen Gegenwart dergleichen nie vorgekommen. Übertrieben scheint mir, den geringen Anlaß so zu werten. Ein nichtiges Nachspiel um zwei Mädchenknie, von den lächerlichen Bemerkungen ganz abgesehen, die niemand außer uns gehört. Und was ist daran auszusetzen? Frösche, nichts als Frösche, ein Korb mit Fröschen auf einem glänzenden Parkett.

Mein aufgeputzter Jüngling, das bunte Halstuch neu gebunden, den Rock bis zum letzten Knopf verschlossen, geleitet mich auf die Straße, nachdem ich noch ein dutzendmal versichern mußte, dem überdrehten Mädchen auch ja nichts übel nachzusagen. Da stakst er, der Storch in himmlischen Strümpfen. Die Frösche sammeln sich vor den Kutschen. Man sagt adieu und verspricht, dem Abend kein Nachtbein mehr anzuhängen. Gehen wir alle auf demselben nach Hause.

Das bunte Halstuch macht einen artigen Diener: Müller, gnädiges Fräulein, das war's, was ich noch sagen wollte; Sie finden meine Aperçus zu allen möglichen Gelegenheiten in den Gazetten.

Dem Handkuß wär ich gern entronnen. Langsam fährt die Kutsche an, es ist nicht weit. Die ganze bunte Versammlung verblaßt, als ich nach dem Billet greife.

Den späten Abend finde ich den Vater in der grünen Stube vor, mit gerötetem Gesicht, die Augen glasig, die Hände nervös mit der Pfeife beschäftigt, der ganze Mann so schrecklich bleich und ungewöhnlich zittrig.

Vater, bitt ich, rede, was ist Dir, so zu zittern? Den Tag hab ich nichts gefürchtet, nichts Trauriges gehört, im Gegenteil, Heiterkeit beschwingt mich, ich ahn nichts Böses, sprich!

Er schickt mich hierhin und dorthin in meine Kammer, in die Küche, er bittet, viele Kerzen anzubrennen. Alle die da sind. Das ganze Haus soll leuchten bis unters Dach, auch vor dem Hause Kerzen, wenn möglich noch im Hofe.

Er sagt's mit solchem Ernst, daß ich nicht widersprechen kann, nicht fragen, was das zu bedeuten hat, nicht Umstände machen, die ihn noch zusätzlich erregen, ohne zu begreifen, tue ich, was er mir aufgetragen. Bald strahlt jeder Winkel, ich wußte nicht, daß wir so reich an Lichtern, daß auf jedem Treppenabsatz, jedem Sims eine Flamme mit kleinem Scheine wackelt. Auf meinem Bette liegen schwarze Röcke, Strümpfe, Leibchen, ein Tuch, ein seidenes Mieder, das Fenster ist verhängt, was soll die dunkle Verkleidung? Ein winzig Gerinsel kreuzt mir durch die Adern, zieht mir den Busen zusammen, der ahnungsvolle Schreck stockt mir die Arme, Beine, greift mir den Nacken an.

Der Vater in der Tür hebt sachte seine Hand, gib mir ein Licht, verschließ die Kammer, alle Türen, sieh nach den Fenstern bei der Manitius, geh in die Küche und hole uns ein wenig Milch, schau auch nach den Fenstern im Flur, vergiß nicht jedes Loch zu stopfen, vermeide einen schrägen Weg zu nehmen, nimm dich in acht, deinem Bilde zu begegnen, Kind, was sage ich, die Galle kommt mir hoch. Du weißt ja nichts, bist nicht von dummen Geistern verfolgt, alten Träumen, Hirngespinsten, Klageliedern alter Weiber, dich schreckt kein Aberglaube, keine finstre Macht wie mich in diesem Augenblicke. Er nimmt mich bei den Händen. Geh in die Küche, wärme Milch und bring ein wenig Honigbrot. Ich habe nichts gegessen den Tag, nur böse phantasiert und nichts geschafft, dumpf ist mir der Kopf und hohl der Bauch.

Lichter in der Küche, das dünne Feuer im Herd. Eine Ewigkeit brauch ich, die Milch zu kochen, Butter auszustechen, Honigbrot zu schneiden, wie stumpf das Messer. Rasch das Feuer hochziehen, drosseln. Mit dampfendem Krug erschein ich vor dem Vater. Das Billet, es drückt mich, hebt mich, wie kann ich es vergessen, welches Gewicht hab ich in der Hand, gegen den Vater aufzukommen? Der Vater nimmt ein Schlückchen Milch, ein wenig Brot und bittet mich ihm zuzuhören. Die Lichter brennen um uns her wie an einem Festtage, und es dauert noch eine Weile, bis er sich in Worten faßt. Ich sitze still, das Billet im Schoß, und höre folgende Begebenheiten:

Den Abend vor meiner Verheiratung mit deiner Mutter bat mich ein altes Weib auf dem Markt um einen Taler, einen ganzen Taler. Sie wurde grob, als ich mich weigerte, sie riß nach meiner Hand und hielt sie gegen das Licht.

Viel Kreuz, sagte die Alte, wirst du tragen, ein trauriges Geschick seh ich, kein gutes Weib bekommen, kein anständiges Leben haben, deine Kinder werden an Lieblosigkeit sterben, und auf deinem Haupt wird bald kein Haar mehr sein.

Schon gut, sagte ich barsch, schon gut. Sie muß ja dergleichen erfinden, weil ich mich nicht spendabel zeige, keinen Taler verschenken kann so mir nichts dir nichts einer Unbekannten.

Mach nur so weiter, knurrte sie. Es sieht bös aus in der Welt, warum sollst du es dann besser haben, he? Stellst du dich gut mit deinem König, Bürger, bist du im Amt, dann wirst du bald keines mehr bekleiden, denn jedem wird, ich seh es kommen, der Rock entrissen, und dann wird sich zeigen, wer er ist.

Sie spricht in Rätseln, gute Frau, ich habe keine Zeit, den

Abend zu verschwatzen. Ich muß noch fort, also laß sie mich in Ruh.

Die dachte aber nicht daran, war wie eine Klette an meinem Bein. Ich zerrte sie weg, und sie jammerte, fluchte das Blaue vom Himmel alles auf mich herab, beschimpfte mich, nannte mich einen Geizkragen, in dessen Schatten der Arme verrecken könne. Aufgebracht rief ich nach einem Gardisten und bat ihn, mir die Frau vom Leib zu halten. Der griff nach ihrem Arm. Sie schrie. Nur einen Taler, nur einen Taler für meinen Sarg.

Das fuhr mir in die Glieder. Ich lief zurück und sah gerade den Gardisten die Frau mit dem Gewehrkolben in den Dreck stoßen. Halt still, rief ich, sie ist doch nur eine Bettlerin und hat nichts weiter getan.

Aber er stieß noch einmal zu ohne Grund. Ich wollte der Frau aufhelfen, suchte nach ihrer Hand, die schlaff am Boden lag, und zog sie hoch, bat den falschen Retter um Hilfe. Der weigerte sich und meinte, das sei nicht seine Aufgabe, und ich wüßte ja was ich täte, und ließ mich stehen. Die Frau rührte sich nicht. Ich sprach sie an, schrie sie an, aufzustehen, verbrachte eine gute Stunde bei ihr, bis ich begriff, daß sie vor Schreck gestorben war. Entsetzt suchte ich nach einem Medikus, nach einem Pfarrer, einem Karren, der sie fortschaffte, und hörte von den Leuten, daß sie bekannt dafür war, jeden zu erschrecken mit ihrem bösartigen Gerede. Ein altes Bauernweib, von irgendwoher getrieben, das früher auf dem Markt Federvieh feilgeboten und für ihren Lehensherrn Garn gezupft hatte. Jedem habe sie übel mitspielen wollen, und ich solle mir kein Gewissen machen um ihren Tod. Als alle Formalitäten abgewickelt waren und ich die Amtsstube des Dorfschulzen verließ, konnte ich lange keine Ruhe finden, und lief aufgeregt in eine Schenke, trank viel, spielte Karten, gewann, verlor. Am Ende verlor ich, wurde aber ein wenig ruhiger.

In der darauffolgenden Zeit erzählte ich deiner Mutter von dem Vorfall, auch weil ich annahm, daß sie für solche Weiber nicht viel Sinn übrig hatte, und sie lachte über mich und meine

Nöte, sagte nur, Bettelhex, und der Teufel sei der Giftschleuder gnädig.

Mit der Zeit vergaß ich, konnte sogar wieder ruhig schlafen. Es gab so viel anderes, was mich in Atem hielt, die Anstellung in Graudenz, Reisen nach Königsberg, die Leidenschaft deiner Mutter für die Pferde, dann das Kind, die neuen Verhältnisse, der Abschied vom Hause, die Trennung von Madame Keber, die Veränderung, die unsere Übersiedlung nach Berlin mit sich brachte, kurz, ich habe nie wieder der Alten gedacht bis heute.

Hier unterbricht er, steht auf und gibt mir einen Brief von der Manitius, den ich herzklopfend verschlinge, wohl schon ahnend, was er enthält.

Graudenz, den 30ten November 1798

Mein lieber Keber!

Sage es nur gleich unserem Mädchen, daß ihre Mutter nach einem bösen Erwachen ins Sterben kam und noch im Tode alles um sich herum in Grund und Boden stampfte. Ihr Zorn war unbeschreiblich. So beschimpfte sie ein altes unschuldiges Weib, das niemand je zu Gesicht bekommen hat, an ihrem Unheil Schuld zu haben. Erst hätte die Unbekannte dich verhext und dann ihren Leib, das Kind, ihr ganzes Leben. Wir können uns darauf keinen Reim machen und nehmen an, daß sie schlechte Träume hatte, in ihrer Härte allen Mitmenschen gegenüber den eigenen traurigen Schatten an die Wand malte, die Vergangenheit ein für allemal auf diese Weise aus der Welt zu schaffen. Sophie grübelt noch und kann nicht fassen, daß sie so unbeugsam mit dir und dem Kind haderte. Eine Frau, die nicht einmal Gott vertraute, keinen Pfarrer sehen wollte, und eben noch duldete, daß ich ihr die Tasse zum Munde führte. Dies waren saure Stunden, und ich wünsch sie niemandem. Am Ende war ich voller Mitleid, was sie erst recht nicht hinnahm, mich aus dem Zimmer schickte, und sie so ganz allein in ihrem Bett ihrem Fieber erlag. Wir werden sie nach ihrem Wunsch auf der Koppel begraben, denn die Familienruhestätte war ihr immer ein Grausen. Ich habe keine Geduld, länger zu bleiben als nötig, umarme meine gute Jette.

Frau Manitius

Mir bleibt die Luft weg nach diesen Zeilen voller Bitterkeit auf meine Gebärerin. Doch bekümmert mich ihr Tod wenig, verspür ich nicht den leisesten Hauch der Trauer. Und sogleich wird es mir eng im Busen, sehe ich den Vater so aufgelöst, bange ich um die Seele meiner Ziehfrau.

Der Vater stützt sich gegen mein Pult. Ich erkenne ihn fast nicht wieder. Peinlich rührt mich sein haltloses Schluchzen an. Deine Mutter hat es nicht verwunden, stöhnt er, allein gelassen zu werden. Gewiß hat sie das nicht verwunden, denn ihr Eigensinn benötigte die sanfte Hand des Gatten, ihr Ungebundensein die Anhänglichkeit des Kindes. Alles habe ich ihr fortgenommen. Meine Hand aus dem Feuer der Hoffnungen gezogen, mich nicht verbrannt wie sie. Das alte Marktweib starb durch mich, wie Deine Mutter durch mich vom Fieber aufgezehrt wurde. Meine Schuld, meine Schuld, meine übergroße Schuld.

Hin und her geht sein Schritt.

Die Lichter Henriette, sieh nach den Lichtern. Sie müssen bis zum Morgen brennen, ich besteh darauf. Sollen wir uns in Trauer schmücken ohne Schuld?

Er läuft hinaus, prüft selbst die abgebrannten Wachse, entzündet neue, jammert, pocht mit den Fäusten gegen alle Türen, stürmt zu mir, packt meine Hände.

Kind, ich hab es kommen sehen, gewußt, herbeigesehnt, das Unheil heraufziehen lassen, in dem festen Glauben, richtig gehandelt zu haben, vernünftig in deinem Sinne. Aber im Grunde nur den meinen im Auge gehabt, in meinem Sinne eigennützig entschieden, ungeachtet der Frau, deren Wesen ich nicht kannte. Ohne Selbstzweifel habe ich über ihren Kopf hinweg Unrecht für Recht erkannt.

Er fällt auf einen Stuhl, beugt den Nacken, rührt sich nicht, kauert, führt im stillen die Anklagen weiter und weiter. Wie schäm ich mich, ihn so zu sehen. Der nie ein voreilig Urteil über jemanden gesprochen, niemandem böse war, gegen jeden armen Wicht sich hilfsbereit gezeigt, in die Bresche sprang, die Fränze vor Verunglimpfung bewahrte, sie aufnahm wie eine Tochter. Um sie wird mir arg weh, ihre Hand fehlt mir in der meinen. Ihre weichen Zöpfe, ihr sanftes, kluges Wesen. Auf Madame Keber mag ich mich nicht besinnen. Siedend lähmt mich die Erinnerung an ihr Erscheinen, zu flüchtig die töchterlichen Regungen, mir ihre Gegenwart jetzt vorzustellen. Nach den Lichtern soll ich sehen, die Milch, die wir kaum getrunken, forträumen, das Brot. Die Hände gehen, die Füße bleiben. Ich steh am Pult, die Zeit vergessend, und wie gerufen, ist Griot zur Stelle, noch bleich, vom Vater abgefärbt, Vernunft, so hoffe ich, in seinem Zauberkasten.

Was Griot, sagt dir dies Trauerspiel, sieh den Mann da auf dem Stuhle. Er macht ein Wesen um die kalte Seele, setzt sich ins schiefe Licht. Komm Griot, nimm meine Feder, schreib schnell auf, den Einfall, bevor er blaß wird von den Ereignissen, mach so viele Zettel, daß der kahle Baum im Hof sich nicht mehr kennt. Wenn wir schon Wache halten sollen die Nacht, mir aber mehr nach Glück ist und ganz anderer Wehmut. Ich kann den Vater nicht so sitzen sehen. Griot schneidet mir Gesichter. Weiße Blätter fliegen durch den Raum. Für jeden Ast, für jedes Ästchen eine Botschaft.

Mein Mütterlein ist tot. Es lebe die Ziehmutter!

Griot, Griot, das geht zu weit.

Mein Mütterlein in ew'ger Ruh. Ich schließe alle Türen zu.

Verhäng die Spiegel, Bilder, Wände, daß sie mich nicht bei meinen Händen faßt und mich mit sich zieht.

Hinab, hinab ins feuchte Grab.

Griot, das ist verwerflich. Den Ernst vermiß ich, die kluge Eingebung, Rat und Tat, was soll ich tun diese Nacht?

Mein Zauberer schweigt, der Vater rührt sich nicht vom Fleck. Die Lichter zittern.

Der Glaube versetzt Berge, flüstert Griot.

Der Irrglaube die Seele, kratzt die Feder.

Die Totenwache halb verschlafend in Träumereien, traf ich einen Mann und fragt ihn nach dem Weg zu einer Pfarre. Ich war in diese Gegend vorher nie gekommen und wußt nicht mehr, wie ich aufs freie Feld gelangt, in schwarzem Kleide und traurigen Galoschen, das Tuch mir um die Schultern fest geknotet, den nassen Himmel über mir. Nach Potsdam wollt ich laufen zu Castor und wußt nicht wie und warum. Der Mann in einem weiten Regenumhang mit freundlichen Augen bot mir seine Begleitung an und sagte: Es ist nicht weit, nur noch ein Stündchen. Sie haben es ja fast allein gefunden, doch bitt ich Sie, wenn wir den Rest des Wegs gemeinsam gehen um Ihren Namen, sonst will ich nichts zu meiner Unterhaltung.

Meinen Namen kenn ich nicht, aber ich habe andere zur Hand, die ich Ihnen nennen kann. Soll ich Ihnen die Namen Gottes verraten, die mir am liebsten sind? Da ist der Name Gottfried, der so einhergeht Schritt für Schritt, und jedem eine gute Weile zusagt. Einen Wirt kenn ich mit diesem Namen, er schenkt den besten Wein aus und hat für jedermann ein freundlich Wort, auch läßt er gutes Brot backen. Wie wärs mit Traugott, dem man selten begegnet und von dem man sich erhofft, daß er keinem schade. Es gibt da einen Juden in der Stadt, der das Geldgeschäft betreibt und sich, des Vertrauens seiner Schuldner gewiß, diesen Namen zugelegt hat. Ein dritter Name kommt mir in den Sinn, der sich leichthin sagt und viel verspricht. Gotthelf. Aber Gotthelf kenn ich keinen, oder man geht ihn suchen. Vielleicht bin ich auf diesem Wege, suche ihn und ruh nicht eher, bis ich ihn gefunden. Enger knote ich mein Tuch und hoffe, meinen Begleiter gottgefällig unterhalten zu haben, achte nicht, ob er Schritt hält, bin sorglos und seh Potsdam schon näherkommen.

Kind, was redest du da, sagt der Vater, du bist doch wach und redest mit dir selbst.

Ja, ja, sag ich, halb wachend, an Castor dacht ich. Er muß rasch herbei. Den späten Morgen lege ich die schwarzen Röcke an, das Schnürleibchen, das seidene Mieder, die schwarzen Kleider der Freude. Was quäl ich mich, bin doch nicht frei von Schuld und Trauer? Dem Vater will ich zu Gefallen sein, nicht meiner unbekannten Luftschifferin. Die tausend Augen, die mich beobachten, haben schon immer vom Himmel aus zugesehen, wie ich ohne mütterlichen Beistand Daumen um Daumen heranwuchs.

Bestell die Kutsche, Henriette. Halt, das Billet von Vogel, das Billet. Ich betrachte mein Bild im Spiegel. Die fahlen Wangen, das aufgelöste Haar. Nein, so kann ich nicht aus dem Haus oder doch. Ich nehm das Tuch, eile noch ans Pult, drei Zeilen, rasch, dem guten Vogel eine Nachricht.

Lieber Vogel!

Mit Ihrem Billet im Herzen muß ich schnellstens fort, es ist so viel und wenig gleichzeitig geschehen. Madame Kebers Ende hat mit einem Mal den Vater ganz verwirrt. Ich muß nach Potsdam Castor holen, daß er uns im Hause Trost gibt. Nicht auszudenken, was geschieht, bitte haben Sie Geduld.

Henriette.

Anfang Januar 1799

Meine Freude im Leid, meine Haut hat sich gewendet. Der Himmel ist heller dies Jahr. Ich war säumig im Findebuche geraume Zeit, unfähig mit der Feder Herz und Verstand an die Geschehnisse zu heften. Die Trauer im Hause preßte mich nieder. Da war erst kein Auskommen mit dem Vater bis zum Weihnachtsfeste. Die Manitius verbarg ihren Kummer um der armen Mutter Seele vor ihm. Zu sehr getroffen fühlte er sich von seiner Schuld. Wir taten in allem bloß unsere Pflicht. Daß sich die geistlichen Herren die Türe in die Hand gaben, hat unser Gewissen nicht eben erleichtert. So aufgeklärt sie auch mit dem Vater sprachen, ihre fromme Berufung verloren sie doch nicht aus dem Sinn. Der lang gehegte Vorwurf, Madame Keber bis zum Ende ihrer Tage allein gelassen zu haben, war unser täglich Brot.

Am Weihnachtsabend dann durchbrach ich das schwarze Eis und richtete in meinem Eigensinn und viel Unterstützung meiner Ziehfrau die Verlobung mit Louis Vogel aus. Dem Vater kamen bittere Freudentränen, und wir feierten ein ruhiges Fest mit Castor, unserem guten Freund. Wie lobte er meinen leichtfüßig betriebenen Schritt in den Ernst des Lebens, lachte und wollte mir angeregt vom Weine, die Fabel von den Furien ins Gedächtnis rufen, zur Erbauung, daß meine schwebend leichte Gestalt nicht vergesse, hin und wieder den Boden zu berühren. Aber was um himmelswillen haben die Furien mit mir gemein, rief ich, mich undeutlich darauf besinnend.

Erzählen Sie, bat Amöne, was hat es damit für eine Bewandtnis?

Amüsiert von unser beider Heftigkeit lehnte er sich zurück, verdrehte angestrengt die Augen und begann mit hochtrabender Stimme: Meine Furien, sagte Pluto zu dem Boten der Götter, werden alt und stumpf. Ich brauche frische. Geh also,

Merkur, und suche mir auf der Oberwelt drei tüchtige Weibspersonen dazu aus. Merkur ging. Kurz darauf sagte Juno zu ihrer Dienerin: Glaubst du wohl, Iris, unter den Sterblichen zwei oder drei vollkommen strenge, züchtige Mädchen zu finden? Aber vollkommen strenge! Verstehst du mich? Um der Liebesgöttin Hohn zu sprechen, die sich, das ganze weibliche Geschlecht unterworfen zu haben, rühmet. Geh hin, und sieh, wo du sie auftreibest. Iris ging.

In welchem Winkel der Erde suchte nicht die gute Iris. Und dennoch umsonst. Sie kam ganz allein wieder, und Juno rief ihr entgegen: Ist es möglich? O arme Keuschheit, arme Tugend!

Göttin, sagte Iris, ich hätte dir wohl drei Mädchen bringen können, die alle drei vollkommen streng und züchtig gewesen, die alle drei nie einer Mannsperson gelächelt, die alle drei den geringsten Funken der Liebe in ihren Herzen erstickt. Aber ich kam leider zu spät.

Wieso, fragte Juno. Wieso?

Eben hatte sie Merkur für den Pluto abgeholt.

Für den Pluto? Und wozu will Pluto diese Tugendhaften?

Zu Furien.

Nein, empörte ich mich, nein! Weder huldige ich der Juno noch dem garstigen Pluto.

Aber vielleicht der Liebesgöttin, warf der Castor ein.

Auch nicht der Aphrodite, beharrte ich. Ich huldige mir selbst und meinem zukünftigen Gatten.

Amöne begann sich wild zu drehen. Sie nahm solche Botschaft bloß zur Ermunterung, klatschte begeistert in die Hände. Auf blauen Strümpfen wirbelte sie für mich einen halsbrecherischen Walzer, riß den spintisierenden Castor von seinem Stuhle; es hätte nicht viel gefehlt, und sie wäre mit ihrem Tänzer, der Liebesgöttin zu Gefallen, die Himmelsleiter emporgestiegen. Ich holte mir den Louis zum Tanze, dann den Vater, dann meine Ziehfrau. Wir bildeten einen Kreis und fielen in einen Reigen, umarmten einander, als würde so viel gute Zeit sich nie wiederholen. Einen Augenblick lang sah ich Amöne mit aufgelösten Haaren am Halse Castors, ihre Stirne feucht von so viel Ausgelassenheit.

Den späten Weihnachtsabend zählten mein Bräutigam und ich das Linnen für unseren Hausstand voll Übermut. Heimlich begaben wir uns des Nachts auf meine Kammer, und ich war froh, daß Vogel vertrauensvoll seinen Arm um meine Schultern legte. Wir schlossen einen mündlichen Vertrag über beiderseitige Zärtlichkeit. Keine Stunde, die wir zusammen sein können, darf vergehen, ohne einander mit den Augen, mit den Händen berührt zu haben. Vogel zweifelte daran, daß man ihn erfüllen kann, da wir nicht immer allein sein werden. Ich war so selig, endlich einen Menschen gefunden zu haben, dessen Hand ich nach meiner Lust ergreifen und so lange in der meinen drücken konnte wie ich es aushalte. Dessen Nähe und Wärme meinem Häutchen nah und für den ich mir alle erdenklichen Spiele ausschmückte. Ich sah Vogel den Moment mit Wonne von der Seite, von hinten, während er sprach, dabei auf und ab ging, ans Fenster trat, dem kahlen Baume in der Finsternis zunickte und mich damit meinte, den Rücken spannte, vor Erwartung auf den Zehen wippte, die Arme mal auf dem Rücken kreuzte, mal auf der Brust. Ich platzte vor Neugier, meine Eroberung die Nacht zu machen, seine Stirn zu küssen und den Nasenrücken, den Mund, die Hände.

Sie sind ein überspanntes Kind, sagte er, und wollen alles auf einmal. Alles, wiederhole ich, was ist das? Lassen Sie mich doch um Sie herumtanzen und singen. Ich werde Ihnen vorspielen, auch die schönsten Psalmen, wenn Sie wollen. Ich singe gern den Rosenmond und habe guten Atem für eine lange Partie. Ich muß singen, daß Sie heiter werden und in Ihrem nachdenklichen Ernste nicht ganz versinken. Er setzte sich artig auf meinen liebsten Stuhl, nahm mich bei den Händen, legte sein Gesicht hinein.

Alles wollen Sie, sagte er wieder, als hätten Sie bisher nichts bekommen.

Die Rede erstaunte mich.

Ach, liebster Louis, im Überschwang möcht ich heut den Globus fassen. Er zog mich zu sich auf den Schoß.

Dann lieber mich, lächelte er, und noch mal mich.

Wir lagen der umarmten Welt zu nachtdunklen Füßen.

Dreikönig 1799

Den Über-Über-Übermorgen sehe ich Vogel auf zwei Stündchen am Herd. Er beobachtet mich bei der schönsten Arbeit und findet offenkundig Gefallen daran. Da rühre ich in einer unergründlichen Suppe, die von der Manu angefangen wurde, und in deren Tiefen niemand vordringen kann. Sie ist für die Ewigkeit gedacht und soll ganz klein einkochen und vom Rühren immer weniger werden, wie ich im Dampf verschwinde. Es behagt dem Landschaftssyndikus Vogel, Mademoiselle Keber in diesem Hausputz zu sehen: weißes Häubchen, grauen Schurz über dunklem Rock, die Backen erhitzt, daß man von Wangen nicht mehr reden kann. Er ereifert sich über mein Tun, will den Finger in die brodelnde Brühe tauchen, kosten, sich verbrennen, umfängt mich in der Taille, dreht mich durch die Küche in den Hof und zurück, als hätte er ein Los gezogen und wüßte vor Leichtsinn nicht, wohin mit dem Gewinn. Dann sitzt der Vogel brav am Tisch, die Hände ineinander gehäuft, darunter das große Glück versteckt. Von seinem Berufe berichtet mir der Mann, liest mir wie ein Protokoll sein Ansehen unter den ständischen Beamten. Daß er das Jahr mit 750 Talern auskommen müsse, doch gedenke er beim Kurator, wenn es an der Zeit ist, um Kandidatur für den Rentmeister nachzusuchen. Dies sei eine besondere Sache mit den Kassen, lacht er. Die Biergeldkasse zum Beispiel will der Kurator selbst in die Hand nehmen, um den Rentmeister einzusparen, und nun liegt es an dem jetzigen Landrentmeister Müller und mir, ihn davon zu überzeugen, daß eine solche Einsparung einen großen Nachteil für den Stand bedeutet und man darauf rechnen müsse, daß das Brauwesen beim König protestiere.

Ich rühr den Arm mir aus dem Leib und hör mit einem Ohr die Kassen klingeln, und mit dem Auge bin ich auf dem Grund der Suppe und fische nach dem Herzen eines Stiers. Das andere Ohr gehört mir nicht, liegt bei dem Manne auf der Brust. Denn eine gute Suppe, sagt Frau Manitius, bringt die Wonnen der Liebe zum Kochen. Den guten Vogel ficht meine Lust an. Er ist von mir so eingenommen, daß er mich gar nicht sieht, nur atmet, was er gleich schmecken wird, den Mund zu voll nimmt mit Lobhudeleien auf meinen ausdauernden Arm und den Arm des Herrn Müller, auch der Herr von der Marwitz wird mit verrührt, der Keber darf nicht fehlen. Es sind der Herren noch viele, die in die Suppe kommen und von der Suppe kosten. Ich steh für alle ein, und statt des vielversprochenen Kusses gibt's ein Löffelchen Hitze auf die Lippen, ein Löffelchen Kanzleigeschichten, gut gewürzt, oder fehlt noch etwas Salz? Den Augenblick sehn ich herbei, da meine Künste am Herde einerlei. Die Wirtschaft in den Wind geschrieben, und wir dasitzen und uns nur ansehen wie wir sind, den Anfang mit den Händen tasten, ungeschickt und vor Erwartung leer. Kein Laut mehr über unsere Lippen kommt, nur Regung. Vogel entführt mir einen Arm, die Hand, die Finger, streicht sie glatt, hält sie in der seinen, das Gesicht verschlossen, die Augen ruhelos im ganzen Raum. Ich muß noch fort, seh Sie den Abend wieder, halt Sie fest, wenn ich jetzt geh – und geht.

Ein Abwarten ist in der Luft, Geduldsspiele um ein wenig Glück. Ich schenke mir Verlangen, ein seidenweißes Atlaskleid, Gebinde für das Haar, an Schönheit hab ich nichts zu leiden, die Lippen spitz ich, den Mund verzieh ich, und Lieder kommen mir in den Sinn. Die schwarzen Röcke häng ich in die Kammer, das Schnürleibchen, das Mieder, die warmen Tücher, die kindlichen Freuden, die nahtlos vernarbte Haut, die oftmals gewendete Spindel, das rastlos gezupfte Garn für das Linnen zu säumen, so viel Tugend, mein Leichtsinn, mein Vergnügen, den kahlen Baum, meine Lethe, meine Wiege, mein Hyazinthbeet, Manus Sorge, ihre Wohlfahrt, Fränzes Gram und Abschied, mein Hohlstich durch Hand und Herz, den Kleinen Wall und Garten bis zum langen Gras am Ufer, den Heimweg und den Findling, das vielgeliebte Pult, Nicolas Schwerters Rockaufschlag, seine Weisheiten im Zeigefinger, die letzten Blätter meines Findebuchs, mein Quell in der Wüste, noch nicht entdeckt. Ich sperr die Kammer zu. Die ausgewachsene Tochter Kebers ordnet nach Verlust die Tage.

7ter Januar 1799

Keiner weiß es, keiner hats gesehen, keiner mich gekannt bei meinem Ausflug in die Nähe des Katzensteigs, zur Letzten Straße. Neugierig, von Unruhe gepackt, komm ich nicht eher zur Ruhe, bis alles aufgeschrieben. Eine Närrin traf ich auf meinem Weg, ein irrlichterndes Geschöpf mit großem Hut, darunter eine schwarz gelockte Perücke, in einem Kleide, das die halbe Brust entblößte. Sie riß mich fort in eine schwach erhellte Kaschemme, in der es nach Bier und Wein und faulem Dunste roch. Sie zerrte mich an einen Tisch zu einigen noblen Herren, die ich vorher nie gesehen. Es mögen Reisende gewesen sein, der eine gar Franzose. Sie setzte sich ohne Zieren auf den Schoß des Fremden und turtelte mir vor, ließ sich küssen, tätscheln und liebkosen, daß mir schwach wurde in den Knien. Der andere, der mein Erstaunen sah, nahm ohne Scheu meinen Arm, zog mich an seine Brust. Wie wild riß er mir das Tuch vom Kopf, öffnete mein Mieder, mein Leibchen, war ganz von Sinnen nach meiner Brust, gab mir Wein und Wasser. Ließ mich nach meinen Wünschen toben. Ich tobte, wie ich es vorher nie erdacht, zusammenphantasiert, halb wach, halb trunken. O Gott, an Fränze verlor ich meine gute Gesinnung, meine allzu sehr geregelte Freude. Ich schwamm und schwelgte in Ausgelassenheit. Kroch über den schmutzigen

Boden in eine dunkle Ecke und fühlte das Laster, unter Menschen zu sein, fremde Haut an der meinen ohne falsche Scham, gar Verlegenheit, Anstand und wie die braven Sitten sonst noch heißen. Mein Kavalier nahm sich alles heraus, wovon ich keine Ahnung, kein Wort bisher vernommen. Wir lagen übereinander und außer Lippen, Zungen, fiebrigen Fingern, hochgestellten Beinen, Umarmungen spürte ich keine andere Welt. Es nahm mir die Sprache, den Kopf, den vernünftig gezogenen Verstand. Ich schaukelte, schaukelte mich aus dem Sinn, bis es heller wurde, die Stimmen mit dem heraufziehenden Tage dünner. Plötzlich saß ich allein auf einem Stuhl, in mein Tuch gehüllt, meine Röcke, mein Leibchen, das Mieder ordentlich gebunden. Die Schuhe an den Füßen, das Mädchen, dem ich so willig gefolgt, vor meinen Augen. Sie zeigte mir die Zähne ohne Lachen, und ich sah, daß sie alt war, tausendmal älter als ich, dürr wie eine Wachtel, das Gesicht von der Schminke ganz verwischt. Offnen Mundes starrte ich sie an, weder Mut zu seufzen noch mich zu erheben. Einen Katzensprung war dieser Augenblick von meinem Dasein entfernt, einen Katzensprung. Im Haus lag alles still, ich ging auf leisen Sohlen zu meiner Kammer hin, entledigte mich aller Kleider, schlüpfte in mein Bett und war am Leben.

(späterer Nachtrag)

Dann hab ich mir ausgedacht, noch einmal meinen Leib mir vorzuführen. Springe aus dem Bett, schlüpfe in die unschuldige Atlasseide, öffne das Mieder vor dem Spiegel, zeige ein wenig von dem unbedeckten Fleisch, entfache zartes Feuer für die verborgene Glut. Es bedarf gar keines Fremden, so schamlos an sich selbst zu werden; welch eine Entdeckung, bevor die Unschuld weicht, die feine Seide einen rosa Hauch von Morgenröte bekommt. Noch lache ich benommen in den Tag, hab keine Furcht und kein Gewissen, bin angefüllt mit leisem Spott bis in die Zehen, ruhig bei dem Sturm in meiner Brust und zuversichtlich, daß meine Zukunft voller Liebe ist.

4ter Februar

Die Manitius bescheinigt mir ein engelgleiches Aussehen, durchsichtige Wangen, eine gewisse erwartungsvolle Haltung, den leichten Schritt der glücklich Schwebenden. Sie probiert den Schleier schon auf meinem Haar, legt ihre Hände gegen meine Stirn so zart, daß ich sie kaum spüre, und redet stockend von ihrer Brautzeit, ihrem Gatten, an den sie treue Erinnerung bewahrt, daß er ihr nie zu nahe getreten, von feiner Gesinnung war, ihr freie Hand gelassen, alles so einzurichten, wie sie es am liebsten hatte. Bevor er ins Feld hinausgeritten sei, habe er ihr zum Abschied zugerufen, daß sie bei einem Siege, und sei er noch so winzig, gemeinsam eine Reise nach Italien unternehmen wollten. Nach Italien, wiederholte sie mit fester Stimme. Und mit diesem Versprechen sei sie fröhlich zurückgeblieben bis heute und wüßte noch wie gestern, daß er glaubte, bei seinem Regiment gut aufgehoben zu sein, und daß sie alle im tiefsten Innern hofften, die französische Revolutionsarmee zu schlagen – denn für einen König seinen Kopf hinzuhalten, war eine andere Sache. Sie kämmt mir das Haar mit kräftigen Strichen, wickelt sich Locke für Locke um den Finger. So viel Haar, bemerkt sie, eine Perücke würde die ganze Pracht erdrücken.

Nur einen Tag lang muß ich eine haben, sag ich, einen Tag eine andere vorstellen mit glatter Strähne in meinem Brautgewande.

Taubenstraße, im Coffeehause 15ter Februar

War in Krauses Etablissement ein chinesisches Feuerwerk angekündigt. Schwirrten aufgeregte Stimmen in der Luft. Redeten alle durcheinander. Flogen Worte wie ›aufsässiger Zossener‹ durch den Raum. Konnte man mit Mühe verstehen, daß es um den Seidenspinner ging. Sagte einer am Nebentisch:

Man hat ihn gefangen. Ein anderer: Das ist ein Gerücht. Ein dritter erzählt von einem verdienstvollen Gelehrten, dessen Verlust Deutschland auch nach den Wirrnissen um Mainz noch jetzt betrauert. Entgegnet ein Biertrinker: Dem Seidenspinner solle man die Zunge ausreißen. Bekomme ich schließlich die Geschichte des Gelehrten zu hören.

Dieser schrieb vor einigen Jahren einem Berliner Buchhändler, er bedürfe, um sich, von anderen Schulden frei, einen neuen Lebensplan zu entwerfen, der Summe von 1500 Talern. Er wisse wohl, daß sein Adressat sie nicht aus eigener Tasche ziehen könne, bitte ihn aber, sie ihm auf sechs Jahre, auch gegen hohe Prozente, zu verschaffen. Der Buchhändler beriet sich darüber mit einem Freunde. Man entwarf ein Zirkular, in dem man, ohne den Gelehrten zu nennen, wohlhabende Menschenfreunde einlud, die Summe aufzubringen. Der verstorbene geheime Rat Wölmer unterschrieb es und nahm selbst eine Aktie von 100 Talern, der Graf Herzberg und ein hochverehrter Herr Minister taten sich zusammen, auch jüdische Handlungshäuser waren bereit, die Summe zu vervollständigen. Es versteht sich, lächelt der Berichterstatter, daß Männer, die sich entschließen konnten, ihr Geld einem Unbekannten vorzustrecken, keine eigenen Interessen damit verfolgen würden. Und es seiner Redlichkeit überließen, ob er je zurückzahlen werde. Einige Jahre später kündigte ein neuer Zirkular den Tod des Unterstützten – Georg Forsters – an, mit der Anzeige, daß die Summe aus seinem Nachlasse zusammengebracht werden könne. Einstimmig schenkte man sie seinen Kindern, endigte der Sprecher.

Trifft der Wirt Vorbereitungen, das Feuerwerk in Gang zu setzen. Kommen immer mehr Neugierige. Sehe ich glücklicherweise Amöne unter dem Haufen Leute, leuchtend rot bezopft. Stehe ich auf, renke mir den Hals aus, ihr Zeichen zu geben. Lächelt sie mir entgegen, das Herzchen, winkt mit dem Sammetbeutel in der Hand. Sitzen wir schließlich am Tischchen vor Zichorie und Schokolade und können unser eigenes

Wort nicht verstehen. Begnügen wir uns weiterhin mit Handzeichen. Auch haben wir die Augen ständig anderswo. Versuche ich trotzdem eine Anspielung auf meine Hochzeit. Willst Du meine Brautjungfer werden?

Empfange ich ihre Zustimmung aus ihrem Beutel. Reicht sie mir die goldene Kordel für mein Brautkleid. Beginne ich zu lachen und schnüre sie mir vorsorglich um den Hals.

Nicht um den Hals, ruft sie aus, das bringt Unglück. Entwindet sie mir den kostbaren Strick, legt ihn in Schlingen zwischen sich und mich.

Macht es mir einen Stich in der Brust bei dem Worte Unglück. Bin ich doch selbst nicht sicher, das Glück zu finden, das ich mir erhoffe. Habe ich so viel auf dem Herzen, Amöne zu fragen und bekomme kein Wort heraus. Reden andere über unseren Tisch hinweg. Und wieder erbost man sich über den Unruhestifter, den Jakobiner mit dem Schlangenlederbeutel und dem Blutgeruch.

Haben sie ihn wirklich entdeckt, frage ich.

Amöne lacht: Ja, sie haben ihn gefangen als einen Bettelmann, die rote Mütze unter dem Hemde verborgen. Es geht schon durch die Stadt, und alle wollen ihn gesehen haben, schreit sie. Wie er von den Gardisten weggeführt, sich einen Schabernack mit seinem Auftritte machte. Gestohlen soll er haben. Gänse, Ziegen, Hühner. Auf dem Markte dann sie angepriesen mit lauten Rufen nach dem Fallbeil: Kopfab Gans. Kopfab Hahn.

Wir werden ihn vermissen, bemerkt ein Zuhörer. Jetzt, wo die liebe Seele Ruh hat.

Endlich sehen wir das Feuerwerk, hören es, laufen hinaus, betrachten einen nachtschwarzen Blütenhimmel, stehen dicht beieinander, daß mir warm wird ums Herz.

Der lieben Seele Ruh! Der Vogel kommt den Abend auf meine Kammer unangemeldet, stürmisch, Hals über Kopf, mitten in meine Lektüre. Alles haben wir, sagt er außer Atem. Eine Wohnung, einen lichten Hof. Ein paar Schritte sind es nur zum Friedrichstädter Markt, der Lustgarten ganz nah. Das Blut stocke mir in den Adern, wenn das kein Glück ist. Er reißt mich voll Überschwang aus meiner Schmökerei in seine Arme. Ich spüre seinen klopfenden Hals, die zupackenden Hände wie am Anfang. Ein Beben erschüttert unsere Leiber. Er walzt mit mir durch meine Kammer, drückt mich heftig gegen die Wand und preßt mir den Mund mit feuchten Lippen. Greift mir unters Brusttuch, flüstert auf mich ein:

Diesen Kuß Henriette, viele, die ganze Nacht. Ich bin den Tag so närrisch auf Sie gewesen. In Gedanken schlecht beisammen, nur immer hoffend, Sie zu sehen. Ihre Augen, Ihren Mund, die Locken, Ihren leichten Schritt zu mir hin, zu mir.

Louis!

Und dann die liebe Seele, ruhelos. Die Nacht steht Castor vor der Tür. Ich gesteh dem Vater auf der Treppe, daß der Vogel in meiner Kammer schläft. Fast zerstreut nimmt er es auf und geht dem Freunde schnell entgegen. Ich folge stumm. Der Vogel ist mein Mann, jetzt. Castor bittet um Vergebung, die späte Stunde. Es ist der Bettelmann, der Umstürzler, der Jakobiner, der ihn nach Berlin gelockt, der unstete Kopf, der blinde Held, für den er bitten muß bei dem Minister. Auf ein Wort Keber, wir müssen dem Menschen beistehen, er muß freikommen, koste es was es wolle.

Er ist ein Dieb, bemerkt der Vater, ein geringerer Held als Sie ihn achten, mein Freund.

Doch dies wird ihm nicht zur Last gelegt werden, Keber, sie werden einen Hochverräter aus ihm machen, und ihn geißeln für seine Volksreden. Erinnern Sie sich, was er sagte, mit welcher Kenntnis er von der Frankennation gesprochen. Zur Brüderlichkeit aufgerufen, eine freie Verfassung gefordert, gegen die Despoten der deutschen Länder gewettert; nicht dumpf und aufrührerisch, wie in den Gazetten zu lesen war. Gedenken Sie des düsteren Bildes, welches er von Europa entworfen; in wenigen Sätzen anschaulich darstellte, mit welchen Mitteln die Fürsten ihre Ausbeutung der Völker durch geschickte Gesetze verdunkeln. Denken Sie daran, daß wir einen fortschrittlichen jungen König haben und schlechte Ratgeber, windige Hofschranzen. Sie wissen, was die Feldzüge gegen Frankreich gekostet haben. Die Staatskassen in Preußen sind leer. Der aufwendige Soldatenstaat kann kaum noch Finanzoperationen unternehmen. Und dies enthüllt ein Mann, der bloß Vernunft mit Löffeln gefressen. Ich verlange, daß man ihn verteidigt. Er stopft die Tabakspfeife, geht auf und ab. Es ist kalt, sagt er, und wärmt die Hände vor dem Kamin.

Keber fühlt sich überrumpelt und zuckt ergeben die Schultern. Das ist eine überspannte Lage, sagt er, lassen Sie uns ausgeschlafener davon sprechen bei Tag.

16ter Februar

(Ein Märchen)

In B. lebte ein rechtschaffener Mann mit seiner Familie. Er arbeitete in der Manufaktur eines reichen Juden von früh bis spät. Seine Frau und seine beiden kleinen Kinder mußten ihm bei der Arbeit helfen, damit sie alle genug zu essen bekamen. Eines Tages fand der Mann durch Zufall oder Fingerzeig, wer weiß, ein Buch auf der Straße. Er ging beglückt in seine Behausung, entzündete ein Licht und fing an, in dem Buche zu lesen. Dieses Buch enthielt zahlreiche Beschreibungen ferner Länder und Menschen, die in noch ärmeren Verhältnissen lebten als er. Aber der Ton der Schriften war so gehalten, daß er darin eine Empörung gegen die Armut und Sklaverei entdeckte und seiner Frau daraus vorlas. Nachdem er das Buch gelesen und wieder gelesen hatte, beschloß er, seine Arbeit in der Manufaktur aufzugeben und mit dem letzten Gelde in eines der beschriebenen Länder zu reisen. Die Frau und die Kinder schickte er zu seinem Bruder, einem Lehensbauern, wo sie allemal zu essen hatten und ein wenig auf dem Felde für ihren eigenen Unterhalt beisteuern konnten. Er versprach seinem Bruder, der Frau und seinen Kindern, innerhalb eines Jahres zurück zu sein.

Er machte sich also auf den Weg nach Frankreich, eines der erwähnten Länder in dem Buche, das gerade vom Siege gegen den König und die Fürsten taumelte und um sich herum die übrige Welt in Angst und Schrecken versetzte mit seinem Ruf nach Freiheit, Gleichheit, Brüderlichkeit. Der Mann fühlte sich voller Tatendrang und wollte alles über die Ereignisse wissen: wie der König geheißen, die Königin, die Fürsten, die neuen Herren im Staate, die Bürger, das Reich, das man Republik nannte. Bereitwillig erzählten ihm der Schuster, der Schneider, der Färber, der Seidenspinner, der Schlachter, der Bauer und der Lehrer, jeder von seiner eigenen Revolution. Köpfe rollten durch das Land, die Sklaverei war abgeschafft, der Preis dafür waren ein riesiger Friedhof und die Legenden zahlloser Helden und ihres Opfermutes. Dabei lachten alle und berieten sich jeden Tag neu, was zu tun sei, versammelten Bürgerräte und Bauernräte, die neu gewonnene Freiheit in mutige Gesetze einzuschmelzen.

Der Mann schrieb seine Erlebnisse auf, ließ sich die Schriften von Marat, St. Just und Robespierre übersetzen. Er wanderte durch Paris und sah viel Ausgelassenheit, begegnete gastfreundlichen Menschen, die ihm zu essen und zu trinken gaben. Er sah die Richtplätze, er hörte Reden und begegnete an einem sonnigen Märztag einem Landsmann, der ihm viel von seinen Eindrücken, Gedanken und zukünftigen Ideen für eine deutsche Republik erzählte. Sie trafen sich von diesem Zeitpunkt an regelmäßig in einer Schenke und verhandelten die Revolutionen der kommenden Jahre von Petersburg bis Neapel und vor allem in den deutschen Ländern. Sie redeten oft bis tief in die Nacht. Dann kam der Tag, da mußte der Mann aufbrechen, um sein Versprechen, seine Familie wiederzusehen, einzulösen. Am liebsten wäre er bei seinem klugen Freund geblieben, der lange Artikel über die neue Verfassung und die Gesetze Frankreichs schrieb. So machte sich der Mann auf die Heimreise, guten Muts, voller Ideen, mit der Absicht, seinem Freunde aus B. nach Paris zu berichten. Welche Hoffnungen begleiteten ihn auf dem Wege nach Hause, mit wieviel Träumen von einer neuen Gesellschaft gelangte er an die Grenzen und sah die alten Verhältnisse ihn empfangen. Argwöhnisch nahmen ihn die Soldaten ins Visier. Seine rote Mütze ließ man ihm, vielleicht auch deshalb, weil sie nicht überall von den Grenzhütern erkannt wurde.

In B. angekommen, fand er alles so vor, wie er es verlassen hatte. Die Manufaktur, die traurigen Gesichter, Herren und Knechte. Durch wie viele Zeiten war er inzwischen gerast, von welchen Sternen aus hatte er die Erde gesehen. Er holte Frau und Kinder zurück, die sich voller Erwartung in seine Arme warfen und glaubten, nun würde alles seinen alten Anfang nehmen. Da aber beschloß der Mann, sein Handwerk nicht wieder aufzunehmen, hieß seine Frau vor den Toren der Stadt bei einem Schankwirte ausharren und eilte, die rote Mütze auf dem Kopfe, in die Stadt, vor das Gefängnis, wo viele alte Mütterchen, Frauen, Kinder der Gefangenen an den Toren standen mit ihren Körben, in denen eine Wurst oder Brot steckte für die Ärmsten hinter den Mauern. Der Mann baute sich aus herumliegenden Brettern ein Podest, sprang hinauf und fing an laut zu rufen, zu reden, zu brüllen. Von Frankreich schrie er, der Nation, die die Fesseln abgeworfen, die Gefängnisse gestürmt, die Angeketteten befreit, die Mauern niedergerissen, den Adel vertrieben, den König gefangengenommen und aufs Schafott geführt. Mit Engelszungen lockte er mehr und mehr Leute herbei, hob die Hand, die Stimme und forderte seine Zuhörer auf, die eigenen Bande der Verstrickung mit der Herrschaft zu durchschneiden. Ehe Soldaten kamen, ihn zu fassen, war er fort, und das ging so ein gutes Jahr. Er redete, versammelte eifrige Gefährten um sich, schwang die rote Jakobinermütze und verschwand. So sehr sich die Obrigkeit bemühte, ihn zu fangen, so wenig Erfolg hatte sie, da der Volksredner, wie man ihn inzwischen nannte, Freunde und Helfer gefunden, die ihn und seine Familie mit Nahrung, Unterkunft und Kleidung versorgten. Da seine Reden jedoch keine Veränderung bewirkten, man sich im Gegenteil langsam über ihn lustig machte, ließen ihn die ungeduldigen Mitläufer und gutwilligen Anhänger bald im Stich. Um sich nicht selbst schuldig zu machen, zwangen sie ihn aus der Stadt hinaus, wo er sich im Walde und bei Fischern einige Zeit verstecken konnte. Er fing an zu stehlen, das Nötigste für sich, die Kinder, die Frau, ging als Bettelsmann auf den Markt, wo man ihn eines Tages entdeckte. Bevor man ihm dann den Prozeß machen konnte wegen Aufruhr, Umsturz, riß er sein Hemd in Streifen, knotete dieselben sorgfältig aneinander und erhängte sich. Bei seinen Sachen fanden sich jenes Buch über die Ungerechtigkeit in anderen Ländern, seine Notizen und überall verstreut das Wort Freiheit.

Später sah man im Vergnügungspark jener Stadt ein Weib an einen Baum gelehnt, fahl und bleich, zwei Kinder auf dem Schoße, zwei neben sich. Den beiden kleinen reichte sie vor allen Leuten links und rechts die Brust. Der Anblick war überaus rührend, und viele Menschen gingen vorüber und gaben ihr Münzen, Brot, sogar Butter in einem Fäßchen und Wein. Nur wenige wußten, daß sie die Frau des Träumers von einer gerechteren Welt war, die hier ihren Kindern zeigte, wie es wirklich um sie und die Welt bestellt zu sein schien.

Markgrafenstraße, den 9ten März 1799

Wem habe ich etwas mitzuteilen, dem Vater, Amöne, Castor, der Frau Manitius? Heute sind mir die bekannten Gesichter fern. Das Haus, die Wohnung, ein ordentlicher Garten lassen an nichts fehlen. Mein Einzug in Vogels Leben überrascht mich selbst am meisten. Ich stehe da, betrachte den Hausstand, das Brautkleid, die weiße Atlasseide, die goldene Kordel, die schon liebe Gewohnheit, Ereignisse niederzuschreiben. Ich habe die Kommoden gefüllt mit weißen und purpurnen Tischtüchern, bestickten Servietten, Häubchen, Leibwäsche, Miedern, Strümpfen. Im Spinde gibt es kaum noch ein Plätzchen für die Marseiller Seife, die ich einem Reisenden abgekauft, hin und her trage, erfüllt von ihrem fremden, intensiven Duft. Unser Salon, so muß ich die Stube der festen Familienzusammenkünfte wohl nennen, ist so großzügig geschnitten, daß sich Tischchen, Stühle und Sofa darin verlieren. Mein Pult und mein Klavier gehören in eine andere Zeit. Dennoch sitze ich vor meinem Findebuch, drehe die Seiten um und tauche gelegentlich die Feder in die Tinte. Meine Feder ist nicht meine Feder. Sie ist ein Geschenk Vogels, ungewohnt zu schreiben, fügt sie sich nur widerspenstig meinem Strich. Die alte liegt zerbrochen am Kleinen Wall. Der Salon, aufs sorgfältigste ausgestattet, nach meinem Wunsche mit Tapisserien an den Wänden, ist mir noch nicht Heim genug. Die Decke ist holzgetäfelt und auf dem Boden unter jedem Schritt das fein verwebte Garn eines Teppichs in zartgrüner Anlehnung an die Wände. Allein mit meinem Salon zuweilen bis in die Nacht; ist es Vogels Herz, das hier an meine Türen schlägt, da ich mit leerem Magen auf meiner mir ebenfalls noch fremden Kammer liege und jedem Tone nachgehe, der von irgendwoher zu mir dringt. In den folgenden Wochen erwarte ich ein seltsames Erbe aus Graudenz: Dörte und die Treblin. Frau

Manitius hat sie bewegen können, zu uns zu ziehen, doch weiß ich nicht recht, wie ich sie beide annehmen soll, da sie doch so viele Jahre treu bei Madame Keber ausgeharrt haben und mich ganz gewiß mit der einen oder anderen Anekdote aus der Vergangenheit behelligen werden.

Mein lieber Vogel hat sich nach unseren ersten glücklichen Abenden in der Markgrafenstraße in sein Kollegium begeben, die liegengebliebene Arbeit aufzunehmen, und ich habe jetzt selten Gelegenheit, ihn zu sprechen. Bin ich noch vor wenigen Wochen erschrocken, meine Morgen schon in die Wirtschaft und den Haushalt zu stecken, beklage ich den Augenblick mein Alleinsein von früh bis spät. Unbegreiflich, daß ich die Gesellschaft meiner Ziehfrau bis zur Ankunft der häuslichen Hilfen ausgeschlagen habe, die alte Vertrautheit aufgab mit dem Tage, da ich Vogel hierher folgte; seltsam auch, daß ich den Vater kaum aufsuche, nicht vor Sehnsucht nach meiner lieben Kammer zerspringe, aber jeden Moment auffahre, nach meinen griesgrämigen Puppen zu sehen, die auf meinem Waschtischchen sitzen und sich ewig in die trüben Gesichter blicken müssen. Eigentümlich, die Kindheit nicht zu vergessen, mein Morgen- und Abendrot mit ihnen noch immer zu teilen. Sogar Vogel macht manchmal Witze in der Frühe und nennt mich ein kleines Mädchen, das im Ernst nur nach dem Spiele schielt.

den 12ten März

Den Mittag erscheinen Vogel und Rentmeister Müller zum Essen. Ich vergesse, daß ich Hausherrin bin und lasse die Männer ständig nach der Küche laufen, das Brot zu holen, das Bier, das Salz. Mein Tisch ist so gedeckt, daß alles fehlt, und wir lachen herzlich über meine Bewirtungskunst. Dafür gibt es Blumen und Apfelsinen, die ich mit viel Lust auf der Tafel arrangiere. Müller lobt das anregende Bild, wagt aber nicht, nach einer Frucht zu greifen. Auch gut, da nichts zerstört wird durch Wegessen.

Den Nachmittag halte ich die Hände im Schoß, unschlüssig etwas anderes zu tun. Der Salon bleibt leer von mir. An der Wand hängt das Bild einer jungen Braut: Henriette Vogel. Daneben der Bräutigam, so ernst, daß mir bang wird: Friedrich Louis Vogel. Beide starre ich an, als wär ich ihnen nicht bekannt, die Ahnen meiner Zukunft.

Den Abend bringt mir ein Kutscher einen Brief von Mademoiselle Nuffert. Ich halte ihn in der Hand und betrachte eine blaue Tinte. Sie liebt im Gegensatz zu mir die Farbe des kühlen Himmels. Ihre Feder scheint zu kratzen, mehrmals ist der Name Vogel nachgezogen, unmutsvoll: Madame H. Vogel. Das bin ich. Markgrafenstraße 64. Ich lese:

Die Hochzeit, das Frühjahr, das vergeht in kleinen raschen Schritten. Ich ahne, daß ich nicht zur rechten Zeit das Papier malträtiere. Briefe sind nicht meine Sache, und doch soll es diesmal sein. Sie sind mir so entschwunden auf weißen Brautfüßen. Ahnen Sie, wie sehr ich unsere kleinen Treffen mal hier mal dort vermisse? Sie haben jetzt andere Sorgen als Ihrer Jungfernschaft nachzutrauern, verzeihen Sie den Ton. Mein mangelnder Anstand wird bei Ihnen gewiß keine Verlegenheit erregen. Mir kam es so in den Sinn, Ihnen rasch zu schreiben, daß ich mich nach Ihrer stillen Trauung in St. Nicolai aus Langeweile mit einem jungen Dichter zusammentat, der mich rasch lehrte, jeden Gedanken ob anständig oder unanständig, zum Ausdruck zu bringen. Welche Anstrengung. Wir waren unentwegt auf Nachtgesellschaften, bewunderten Madame Levin unter ihrem Vogeldache, Herrn Schlegel, die Unzelmann, hörten meinen Verehrer rezitieren, waren beim Spiel und Amüsement keine Nacht vor dem Morgen zu Haus. Aus dem Schlaf des Himmels in den Tag des Schlafs und so fort. Die Stunden vermischten sich, und eine Nacht war wie die andere. Man redete so viel von der Freiheit des Geistes, vom ungebundenen Menschen, und jeder schien doch an den anderen gebunden. Manchmal waren die Gesellschaften auch so, daß niemand ein Wort sagte, ein Auserwählter etwas vorlas oder stumm die Tassen gehoben und gesenkt wurden, das Schlucken von Kaffee oder Tee und Wein lauter war als die Rede. Einmal tanzte ich mein berüchtigtes Rondo und war fortan die Tanzfee, die Teepuppe, das Marionettchen. Mein Kavalier taufte mich danach. In einer Nacht verlobten wir uns voll des Weins unterm Mond im Lustgarten. Drei Nächte später entlobte ich mich im Fieber und nachdem ich auf Strümpfen heimgekommen war und mir den Zorn Madame Nufferts auf mein Haupt gezogen hatte. Henriette, Sie sehen, ich bin ein unordentliches Geschöpf, tauge nicht für den Ernst der Zeit, alle reden von Kriegen, Truppen, Feinden und dem Mangel an Geld. Ich habe zu essen und esse wenig, weil mich jede gedeckte Tafel gleich zum Erbrechen reizt. Was soll das, wenn man selbst frißt und trinkt und mit gleichem Munde die Armut beklagt? Mich fröstelt meine unnütze Natur.

Ihre Amöne Nuffert.

P. S. Schreiben Sie nur ja, daß ich nicht verhungern muß!

P. P. S. Mein Dichter hat mir kürzlich von Werther gelesen, ich habe Tränen gelacht, obwohl doch so viel reine Liebe gar nicht menschlich ist und einem den Hals zuschnürt. Dann wieder schien es mir nur recht, daß man die unbescholtene Lotte leben ließ und ihren selbstzerfressnen Herzensbuben durch Dichterhand zum Helden erhob. Doch nein, ich habe kein Herz für Heldentaten von eigener Hand am eignen Leib.

Berlin am 15ten März

Liebste Amöne!

So ein Einfall, mir zu schreiben, mein Gassenduft, meine Brautjungfer mit den Zottellöckchen. Wie gut ich Sie mir auf den Parketts der hochwohllöblichen Gesellschaften denke – berüchtigt für ein Rondo –, ich schätze auch den Walz aus Ihrer Hüfte, wenn sich ein passender Kavalier dazu gesellt oder sich die Röcke von allein drehen. Sie werden mir schon nicht untergehen, Freundin, im Takt Ihrer Schwärmereien, wie sollten Sie bei so viel guten Menschen in Ihrem Kreis? Sagen Sie mir nur gleich, ob es Sie amüsieren würde, mich auf die eine oder andere Zusammenkunft mitzunehmen? Es dürstet mich nach Geselligkeit.

Den Augenblick, der schon eine Zeit währt, bin ich allein in meinem respektablen Salon. Es wird noch eine Weile andauern, bis wir hier soweit Fuß gefaßt haben, die eigene Vorstellung zu geben. Vogel ist den lieben langen Tag auf dem Amte und ich in Geschäften zu Haus. Denken Sie sich meinen Zustand nicht als einen nur dem eigenen häuslichen Tun verschriebenen. Ich könnte vieles anstellen, was nicht zur Wirtschaft paßt, lege aber unschlüssig die Hände in den Graben, weil sich mein Leben so anders fügt und ich schon jetzt Zerstreuung suche. Man könnte auch sagen eine Aufgabe. Nehmen Sie es einer geneigten Freundin nicht allzu übel, daß sie sich mit sich selbst gerade langweilt. Unsicher bin ich mir außerdem noch über einen anderen Umstand – wenn es denn einer ist –, möglicherweise guter Hoffnung zu sein, doch dauert das noch seine Zeit. Ihr P. P. S macht mich neugierig. Habe ich doch den Roman um Werther nicht zur Hand und nicht gelesen. Mein guter Schwerter hatte nicht so viel Zutrauen zu meinem Charakter, ihn mir zu empfehlen. Dieser Tage werde ich ihn mir von Hitzer besorgen lassen.

Ihre Henriette Vogel.

Dienstag

Die Stille im Hause hat einen zweistimmigen Klang. Des Gatten und meine freundliche Rede. Vogel will in einem kleinen Rahmen Müller einladen, und Herrn von der Marwitz, den Kriegsrat Peguilhen, Frau Eberhardi. Ich habe alle Hände voll zu tun und wäre gern von mehr Hilfe umgeben.

später

Endlich besucht Castor mich den Mittag. Wir nehmen ein kleines Gastmahl ein, beten zuvor (was ich so lang nicht getan, mir aber in Gegenwart meines Potsdamer Pfarrers leicht fällt, ja mir Halt gibt und vertraut ist). Er lobt meinen guten Geschmack, die Helligkeit im Salon, aber es kommt kein rechtes Gespräch in Gang. Vielleicht weil wir nie allein waren, es sticht mich, nach allem möglichen zu fragen. Ihn ängstigt die Stadt als großer Hort der Armut, und ob ich dies nicht sähe und fühlte. Die Titelmänner in ihren Kanzleien, Kollegien hätten derweil ein rauhes Fell bekommen, sähen die Not, begriffen sie aber nur, um sie mit Verordnungen zu gliedern, damit sich leichter bestrafen läßt, anstatt das Elend an seiner Wurzel zu lindern. Auch in den Predigten seiner Berliner Amtsbrüder Spalding und Teller spiegelten sich darüber Zorn und Furcht. Unter 150 000 Einwohnern in Berlin wird man bald die Kartoffeln durch die Anzahl der Familienmitglieder teilen müssen und die Geheimen und Oberen Räte werden bloß noch den Hunger zu verwalten haben, seine Folgen und die Begräbnisse. Im Amtskleid sehe ich Castor durch die Gassen gehen und Dreier austeilen, sowie Brot, aber er vermag nicht viel, da seine Pfarre den Klingelbeutel ebenfalls hoch hängen müsse. Ich erbiete mich, für das Armenhaus die Suppe zu bereiten, wenn mir Vogel den einen oder anderen Taler dafür läßt – aber wie verteilen, wie die Armen von den Schmarotzern unterscheiden?

Castor sagt, daß so feine Unterschiede nicht den Kern der Sache träfen, da Schmarotzer ebenso arme Schlucker seien, die nur weniger demütig ihrem Schicksale entgegenträten und sofort das Ansehen derjenigen schädigen, deren Ellbogen stumpf und deren Rücken krumm geworden seien. Es ist keinesfalls menschenfreundlich und widerspricht dem Denken und Handeln des wahren Christen, die Elenden in gute und schlechte einzuteilen. Leiser Mißton und Ungeduld beenden unser kurzes Beisammensein.

Mitte April

Jetzt ist es heraus! Heute morgen, Vogel erwartete sein Frühstück, da erbrach ich mich, mitten im Salon. Er erschrak und nahm mir das Geschirr aus der Hand, welches ich krampfhaft festgehalten, während mich vom Magen her ein Schütteln überkam und mir bittere Galle aufstieg. Ich liege in meinem grünen Gift und bebe. Der herbeigerufene Medikus hält meinen schwachen Puls für ein untrügliches Anzeichen. Ja, sagt er zu Vogel, sie ist guter Hoffnung. Vogel trägt mich auf mein Bett, öffnet mir das stramm geschnürte Mieder, küßt mir die nasse Stirn, die Hand. Jette, flüstert er, ist's wahr? Was soll ich sagen ohne jeden Tropfen Blut in meinen Adern, mich wälzen vor Glück? Mich ängstigt der bittere Geschmack auf den Lippen und der seltsame Widerspruch von der guten Hoffnung in einem frierenden Leib.

Ich bin krank vor Scham. Die Hebamme faßt in meine Eingeweide nach der Birne, als wäre sie reif zum Rausreißen. Ihre harten Finger sperren mir den Mund, ich verschlucke den Schrei, verschließe den Schoß, widerwillig unterwerfe ich mich dieser Prozedur. Der Vater wartet im Salon auf einen kleinen Wink. Ich schicke die Hexe hinaus, kleide mich an, lege mir mein liebstes Tuch um die Schultern, begrüße den Keber, als wandle ich auf Glas. Er ist so blaß, daß ich ihn beruhigen muß. Vogel hat aus gegebenem Anlaß die Gläser mit Wein gefüllt. So sitze ich zitternd auf meinem Stuhle, tröste zwei Väter, und wünsche mir nichts sehnlicher denn ihren Trost, aber sie klappern mit den Mündern wie die Störche, das reizt mich zu lachen, zu trinken mit trübem Sinn.

Kein Auftritt ist mir fremder als dieser. Mademoiselle Nuffert im schönsten Kostüm an meinem Bette, mit Blumen für meinen Tod. Aber nein, kichert sie, faß dich mein Herz, du bist durchsichtig wie die Nymphen im Brunnen, so zart hab ich dich nie gesehen, Augen wie Wagenräder und Schultern von Marmor. Sie neigt ihr Gesicht nahe meinem, ist süß und unleidlich, reißt mich hin und her.

Auf ein Fest werde ich dich tragen, meine Fee, meine Elfe, lächelt sie.

Ihr unsinniges Geschwätz hebt mich aus meinem feuchten Linnen, führe mich ans Ende der Welt, Närrin.

Ach, wenn es das gäbe, ich wäre mit Riesenschritten dahin, kokettiert sie. Wie leicht du bist, und du würdest mit mir kommen? Sie hält meine Hand. Krank bist du nicht, vielleicht ein wenig elend, du solltest ein Schüsselchen Brühe nehmen und Gemüse und weichen Käse, dazu Wein, du würdest wieder zu Kräften kommen ganz von selbst, rede dir nichts ein. Sieh, was ich dir mitgebracht habe! Sie entfaltet den Werther. Ich habe nur noch Augen für diesen unverhofften Trost.

Lies mir daraus, bitte ich.

Lesen, ich und lesen, weißt du nicht, daß ich so schlecht darin bin und mich beinahe schämen muß bei jedem Wort auf der Zunge?

Lies trotzdem, nur ein kleines bißchen, bloß den Anfang, bloß eine Passage, die dir wert ist, mit Bedacht gelesen zu werden.

Sie geht herum, widerwillig schlägt sie die Seiten auf, blättert und läßt gleich darauf die Stimme erschallen, springen, singen, seitwärts hüpfen. Dann bleibt sie stehen, nimmt den Mund voll, überschlägt sich ohne Stockungen, ich achte mehr ihrer Posen und verpasse staunend die ersten Briefe Werthers an seinen Freund Wilhelm. Plötzlich fängt sie mich mit einem Satz: »Da fühl ich so lebhaft wie die übermütigen Freier der

Penelope Ochsen und Schweine schlachten, zerlegen und braten.«

Da fühl ich so lebhaft, echot es in mir, wie meine Freundin Amöne ihr kleines Licht unter einen noch kleineren Scheffel stellt und mir weismachen will, daß sie vor allem die Worte nicht über die Lippen bringt, es sei denn, sie hat mir bis jetzt einen Bären aufgebunden und alles erfunden, was da steht. Lachend fallen wir uns in die Arme.

Werther, sagt sie, macht den Leser eigentümlich sehnsüchtig, sie wisse nicht wonach und wohin. Die unstillbare Liebe zu Lotte, und das sanfte Murmeln von Bächen, die säuselnden Weiden, Wiesen und Wälder, in denen sich der so Verliebte ergeht, sperren der Sehnsucht einen Saal auf, in dem man mit leeren Händen sitzt und auf etwas wartet, was keinen Namen hat. Sie habe immer und immer wieder das Geheimnis dieses Unglücklichen, der ja im Grunde eine glückliche Natur ist mit all seinen Einbildungen, ergründen wollen, und so viel Geheimnis gar nicht gefunden, da er dem Leser überall seine Wünsche, Hoffnungen, Gedanken, Beobachtungen offen darstellt, und nur Odem des Glücks im Unglück den Raum erfüllt. Er ist ein Romanheld, den man nirgends antrifft und der deswegen so viel Aufmerksamkeit auf sich zieht, und obgleich sein Ende die Sehnsucht nach einem anderen Dasein weckt, hält man am Schlusse zufrieden inne, als sei er gar nicht zu Tode gekommen, nur ein wenig entrückt.

später

Die Nacht hindurch den Werther gelesen. Mit Kopfweh. Noch im Zweifel über die klugen Absichten des Jünglings. Denke immerfort, ob die reine Seele Lottens ihm nur zur Spiegelung seiner Eitelkeiten gereiche. Frage mich andererseits, ob ihre weibliche Tugend nicht eine Last, ihre fromme Gesittung, lusttötender Brauch, die vollkommene Liebe so zu preisen, bloß Spiel mit dem Feuer?

Rasend hämmert mir das Blut in den Schläfen. Ansehen mag ich mich nicht, träumen will ich nicht. Im Bette liegen leid ich nicht. Herumlaufen vermag ich nicht. Mein Leichtsinn, mein Vergnügen liegen bei meinem weißen Atlaskleide in der Kommode. Meine Quell in der Wüste sind dumpfe Wörter. Meine Treue, meine Untreue sind in guter Hoffnung unter dem Dache Vogels. Mein Langmut, meine Ungeduld von einem Trauring umschlungen.

den 5ten Mai

Die Treblin und Dörte machen uns ihre Aufwartung. Ich erkenne sie sogleich wieder. Vertraute, die mir gar nicht vertraut sein können. Wie gern laß ich mich den Augenblick davon täuschen, daß sie eigentlich zu mir gehören wie die Rockschöße meiner Frau Manitius. Die Freude des Wiedersehens bereitet mir hingegen Verlegenheit. Stehen doch die beiden Frauen ganz artig und bescheiden da, ihre Dienste in unsere Sache zu stellen, im vorhinein von uns willkommen geheißen, und sie geben bloß nicht zu erkennen, daß sie sich meiner nur vom Hörensagen erinnern. Da war der Hof, nahe Graudenz. Die weitläufigen Räume, hellen Kammern, der Ausblick auf die Koppel, der Haushalt meiner leiblichen Mutter.

Während Vogel die Treblin in die Küche führt, höre ich mich der Dörte von der Keberin Rosenstrauch erzählen, gleich beim Hause, nach der Wildnis hin.

Welcher Rosenstrauch, Madame, ich weiß nicht?

Ach ja, Dörte, es kam mir nur so in den Sinn, unwichtig. Schauen wir lieber nach den Zimmern.

Ich gehe mit ihr herum, wacklig auf den Beinen vom langen Ruhehalten. Die Kammern, die Wirtschaftsräume, Salon und Flur werden sorgfältig inspiziert. Hier eine Kommode in Augenschein genommen, im Salon der braunrote Ton der Schabracken gelobt. Die Dörte beugt das Knie: Es ist ein schönes

Haus, sagt sie, und eine Freude für unsereinen, es rein zu halten.

Ihre Bereitschaft, mir im Hause zur Seite zu stehen, nehme ich unverzüglich an, wenngleich wir uns erst kennen lernen müssen, und noch nicht wissen, was wir voneinander haben werden. Alten Gewohnheiten zufolge, mache ich nicht viel Aufhebens davon, unsere Angelegenheiten – die Wirtschaft betreffend – zu erörtern. Es kommt mir jedoch vor, als wisse sie bereits das Wesentliche und bedürfe nur meiner Instruktionen, ihre gewohnte Arbeit fortzuführen. Auch die Treblin schickt sich an, dem Landschaftssyndikus Herrn Louis Vogel und seiner Frau ihre Dienste anzubieten. In herzlichem Einvernehmen sitzen wir dennoch unvertraut beieinander und betasten uns vorsichtig mit Blicken und Fragen.

14ter Mai

Diese unerklärliche Müdigkeit jeden Morgen, die unvorhersehbaren Wackersteine in der Brust, das leichte Fieber, kaum daß ich die Füße auf den Boden bringe. Ich kann doch nicht mein Leben im Bett verbringen. So guter Hoffnung, wage ich fast nicht zu glauben, dabei ein Kindchen zu erwarten. Dörte verwöhnt mich den Tag lang. Auf leisen Sohlen bringt sie mir die Milch, mein Morgen- und Abendrot, Frau Vogel nach wie vor liebt ihren Kindertraum.

Dörte, hört sie das Gras wachsen, den Kauz rufen, die Kutscher schnalzen, die Räder, die Pumpen, Stimmen im Garten, hat sie Neuigkeiten für mich?

Nee Madame, ein Brief ist allenthalben abgegeben worden, ein Brief, weiter nichts.

Für mich?

Da ist er Madame, bei der Milch, ein Brief, und wenn Sie sich in den Salon begeben wollen, stehen da Blumen. Der Herr Vogel hat sie geschickt. Weiter nichts, niemanden höre ich im Garten unken.

Berlin am 1ten Junius 1799

Meine liebe Freundin auf ihrem Wartelager!

Der Zufall bescherte mir Louis Vogel unter den Linden in Begleitung eines überaus charmanten Herrn Müller. Wir tauschten Höflichkeiten, und ich fragte nach Ihrem Befinden. Vogel lächelte: Ruhe ist Madame Vogels Pflicht.

Dies erschien mir in einem doppelten Sinne auch die Aufforderung in sich zu bergen, mich vorerst von Ihrem Lager fernzuhalten, denn ich war schon auf dem Wege, bei Ihnen hereinzuschneien, schreibe nun stattdessen, was ich zu Ihrer Unterhaltung selbst erzählen wollte. Die Mode, diese amüsante Göttin des Tages, geht im Moment hier ebenso buntscheckig auf und ab wie in Paris und London. Dies hörte ich von Cosimo, dem Schneider der Unzelmann. Und noch mehr. Die Mode hat sich nicht allein die Farbe auf den Wangen der Mädchen und Damen, sondern auch die Farbe der Häuser und Paläste unterworfen, streicht bunt an, was sonst einfarbig war, und tyrannisiert den Zuschnitt der Galawagen wie den Zuschnitt der Roben. Sie haben lange nicht daran teilgehabt, daß ich wie zu einer Fremden plaudere und nichts anderes will als plaudern. Aber nicht allein über diese äußeren Dinge hält die Mode ihr wankelmütig Zepter, sogar das Eigentum des Geistes tastet sie an, und die Produkte der Genies müssen ebenso ihren Stempel tragen wie die Phantasien der Schneider und der Weiber.

So ereiferte sich jüngst Ihr ehemaliger Kavalier unserer längst vergangenen Soiree – Sie erinnern sich sicherlich seiner unmöglichen Pantalons und spitzen Stiefel –, daß die Damen den Schnickschnack mit den Accessoires zu weit trieben. Lassen sie sich doch auf goldene Gürtel den Namen Kant gravieren, um ganz der Vernunft zu huldigen. Sogar Goethe umfing auf diese Weise, auf silber geprägtem Bindegurt, die Taille unserer genielosen Madame Unzelmann.

Wenn schon solcher Unsinn, mokiert sich besagter Kavalier,

warum dann nicht auch der gute Utz und der allgegenwärtige Gleim Gnade bei den Schönen fänden? Sei es drum. Man liebt eben nicht alle Genies. Muß sich doch der gewaltige Jean Paul auf dem Hutband einer üppigen Kopfbedeckung gerieren und einer Dame zu Häupten sein, die wahrscheinlich nie ein Wort von ihm gelesen.

Auch auf die Buchhändler hat die neue Mode ihre Wirkung nicht verfehlt. Verlangen sie nämlich von ihren vielfältigen Dichtern, daß sie schreiben sollen wie Jean Paul, denn nichts ließe sich besser unter die Leute bringen als die Nachahmungen der Kolporteure. Mein Dichterfreund behauptet weiter, daß die Mode auf das Berliner schreibende und lesende Publikum in jüngster Zeit einen sichtbaren Einfluß ausübe. Kaum hatte Friedrich Wilhelm II. die Augen geschlossen, so sah man an allen Brücken und Ecken Satyre wie Pilze aus der Erde wachsen, die eine Menge von Pamphlets gereimt und in Pose, eins immer schlechter als das andere, feilboten. Die Begebenheiten um eine bekannte Dame, Wilhelms Mätresse, gaben diesen Leuten reichen Stoff. Eine ungeheure Flut von Anekdoten, satirischen, witzigen und witzig sein sollenden Biographien überschwemmten das Publikum. Seit neuestem setzt man vor die Pamphlets Holzschnitte in bissig hartem Ausdruck, und plötzlich scheint eine neue Gewohnheit Mode zu werden, welche in London schon üblich: die Geschichte des Tages durch Karikaturen zu persiflieren. Jene gewisse Gräfin, alle Welt weiß wovon ich rede, ist inzwischen auf drei Blättern vorgestellt, von denen indes nur eines dem skurrilen Witz der Engländer nahekommt. Wie Sie sich erinnern, hatte das Publikum sich vorher lange mit einer Anekdote amüsiert, die einen grauenhaft kostbaren Nachtstuhl der Dame betraf, von welchem man die wundersamsten Dinge zu erzählen wußte. Auf diesem Stuhle, der gleich einem Throne erhöht ist, sieht man die Dame sitzen. Vor ihr steht ein bekannter Kammerherr und räuchert. Und ein anderer Mann, den feisten Kopf unter seiner berühmten Perücke, leistet ebenfalls Gesellschaft. Aus seiner Rocktasche hängt ein Zettel mit der Aufschrift: Religions-Edikt. Er befiehlt mit mächtigem Finger drei neben ihm in demütiger Stellung knienden Geistlichen, für den Fortgang des Geschäfts der Dame auf dem Nachtthrone zu beten. Hinter dem Stuhle steht ein weiterer vornehmer Herr, der sich mit einem Fächer die wohlfeilen Düfte dieser Sitzung um die Nase wedelt. Eine sehr reißerische Komposition des Dreiecks unserer durchlauchten Herrlichkeit. Die Polizei fürchtet, daß derlei Karikaturen in Unfug ausarten könnten, und untersagt den Verkauf des Blattes. Und um der Plauderei noch ein mattes Glanzlichtlein aufzusetzen, beste Henriette, hier das letzte Disputchen vom Tage. Unter die Modesache der Berliner gehört jetzt auch die Freimaurerei. Zwei der hiesigen Logen, die Landesloge und die Loge zur Freundschaft, geben dem Publikum verschiedentlich Stoff zur Erbauung, denn die Bruderliebe scheint einen Keil zwischen sie getrieben zu haben. Mitglieder der Landesloge beschuldigten kürzlich in namenlosen Schriften die Loge zur Freundschaft unerlaubter Neuerungen und suchten sie durch die Anklage des heimlichen Jakobinismus verdächtig zu machen. Dagegen verteidigen sich die Freunde entschieden und unterstellen ihren Widersachern Intoleranz, Mangel an Einsichten über ihren eigenen Orden. Wie es scheint, ist wenigstens die uneingeweihte Vernunft auf ihrer Seite.

So könnte ich noch weiter fortfahren, leider ist eine Lärmkanone im Gange, und ich will Sie ganz schnell bewegen, Ihr Lager wieder zu verlassen, Ihnen meine Kutsche anbieten für eine Ausfahrt, wenn Sie dazu Lust verspüren.

Ihre Amöne

später

Schau her, mein Fieber, schau her, meine Unrast, seht her, meine fliegenden Blätter, fasse meine unsteten Gedanken. Nimm die Wände fort, mein Bett, die Decken. Trage mich ins

Freie, Amöne. Zaubere mir einen unbehelligten Leib. Hilf mir in die Kutsche steigen. Fahre mit mir in den Tiergarten zu den Gauklern, den Ausrufern, den Kindern und Hunden. Zeige mir Taschenspieler, Komödianten, tanze mir vor!

Ach, könnt ich mich doch erheben, Wasser tragen, meine Waschschüssel füllen, das Gesicht eintauchen, die Arme, die taube Haut, das Fieber löschen.

Ende Junius Mittwoch, Donnerstag, Freitag

In unbeweglicher Zeit: die Kammer, der Flur, der Salon, die Küche, der Garten. Der Garten, die Küche, der Salon, der Flur, die Kammer. Dörte, Treblin, Vogel, Keber. Keber, Vogel, Treblin, Dörte. Mehr bekomme ich nicht zu Gesichte. Den Morgen die Milch und weichgetauchtes Brot, den Mittag Gemüse, einen Griesrand und einen Becher Zichorie, den Abend die Milch und weichgetauchtes Brot und so fort. In Vogels Armen werde ich von Tag zu Tag kleiner, werde gehalten wie ein krankes Wesen, dessen Leib von einem Kind gezeichnet ist. Den Nachmittag verbringe ich am Fenster vor meinem Pult, sortiere meine Blätter, Briefe, Schriften. Jeden Tag eine neue Idee, die Ordnung der Dinge voranzutreiben. Man sieht mich vor dem Spinde die Steckkissen hinaus und hinein legen. Bald schwach in den Knien, bald schwach im Kopf. Lasse ich mich auf mein Lager bringen, ersehne ich auf der Stelle die Rückkehr an mein Pult. Schleppe mich zur Kommode, zur Tür, an die Treppe, Stufe für Stufe, stehe im Flur. Erreiche ich den Salon, das mühsam ersehnte Ziel, kehre ich um. Ich weiß selbst nicht, an welchem Punkte angelangt ich meine Seele suchen muß.

Den Morgen träumte mir, Amöne wäre an meiner Statt Vogels Frau. Das Kind im Herzen, die Wirtschaft, das Haus, den Garten in ihren Händen. Sie wächst, wie ich täglich kleiner werde, sie nimmt zwei Becher Milch, die doppelte Menge

Gemüse, den ganzen Topf Griesrand, die Zichorie mit einemmal. Den Vogel ergreift sie in einem wilden Galopp, den Bauch hoch gewölbt, die Brust unbedeckt, die Arme um seinen Hals. Drängend ihr Leib, ihr Mund. Vogel stürzt über sie, reißt sie mit sich fort, in den Salon aufs Sofa, hebt ihre Röcke, löst das Leibchen, die Strumpfbänder, die Halsbänder, die Haarbänder, öffnet ihr Mieder und bedeckt mit dem schweren Haupt ihre Brust. In einer halben Drehung sehe ich, wie er sich den Hosenlatz aufreißt, nicht abwarten kann, lautlos schreit, sie hochzieht, hinter sich her in den Flur, zur Treppe, die Treppe Stufe für Stufe hinauf. In meine Kammer, in mein Bett, in dem ich ruhe, mit offenen Augen, Adam und Eva am Fußende, Amöne fällt auf mich und auf Amöne Vogel in verzweifelter Lage. Ein wüstes Stöhnen hebt an, ein Herumreiten auf meinem gepeinigten Leib. Publikum steht in der Tür und schaut auf das Treiben. Amöne rekelt sich in ihrem Blute. Vogel zerrt ihr das Kind aus dem Leib, um hineinzukönnen. Ein Geschrei bricht los. Wie von Sinnen helfe ich der kreißenden Frau, das besudelte Wurm zur Welt zu bringen. Vogel stößt mich beiseite im Zorn, zieht die jammernde Amöne, das winzige Kindchen vom Bette aus dem Zimmer. Die Zuschauer hinterher. Ich höre noch, wie sie trampeln und schreien, eine Geburt feiern, die ein Tod ist. Die Stirne kalt, die Augen weit offen, und im Ausschnitte der Tür erblicke ich Vogel, der von alledem nichts ahnend leise anfragt, ob er hereinkommen dürfe.

Heut Morgen sehen Sie gesund aus wie ein Fisch im Wasser, sagt er, und liest mir im folgenden die Epistel auf die eingebildeten Leiden des ewigen Hypochonders. Er bemerkt zudem, daß die hohe Zeit der Erwartung des Kindes heute nicht allgemein für Siechtum gehalten wird und nicht bei jedem Anfalle von Schwäche zu befürchten steht, daß die Frucht vor Erreichen der Reife aufbricht.

Dies spüre ich wohl. Dennoch plagt mich der auftreibende Leib, die ganze füllige Gestalt und bereitet mir Pein. Vogel ereifert sich, mir jede erdenkliche Erleichterung zu verschaffen, auf alle meine Neigungen, so weit es ihm Zeit und Muße erlauben, einzugehen, und nicht selten, so sagt er, fühle er sich durch meine übertriebene Hinfälligkeit in der Bredouille, denn es sei doch die weibliche Natur, Kinder zu gebären, zu nähren und aufzuziehen.

Gewiß, die Natur mag nicht immer gnädig sein, meine Liebe, sagt er leise, aber hier im Hause tue ich alles, was in meinen Kräften steht, Sie zu unterstützen.

Der strenge Ton, das förmliche Sie unter modernen Eheleuten drängt mich zunächst in die Kissen zurück, macht mich unsichtbar. Doch dann gesteht er mir im selben Atemzuge, daß ich ihm in meiner Zartheit und Hilflosigkeit mehr denn je aufreize, und er zu gerne bei mir liegen wolle diesen Morgen, an meinem Bauche, das fremde Pochen darin und meinen Herzschlag spüren müsse, diese Einheit und wunderliche Zweisamkeit in einem ersehne. Ungefragt schlägt er die Dekken zurück und in der selbigen Minute liegt er bei meinem hochgetürmten Leibe in Rock und Beinkleid und seinen feinen dunklen Strümpfen. Unerwartet fühle ich mich von so viel anteilnehmender Wärme umfangen und lang zurückgehaltener Zärtlichkeit, daß ich in Freudentränen ausbreche und meine Arme heftig um ihn schlinge. Die unverhoffte Nähe ist neu. Wir haben sie wohl aufgespart den Morgen zur Besinnung auf meine natürliche Aufgabe. Auch wenn ich hierüber gewisse Zweifel habe und bei allen Verweisen auf die Mutter Natur meinen Zustand als lästig und ein Unding empfinde, kann ich mich Vogels Liebkosungen nicht entziehen. Im Gegenteil, sie verbessern meine Laune, und ich sehe mich schon im Hause wirtschaften, mit Dörte lachen, nach der Kammer gehen, die dem Kindchen zugedacht ist. Sogleich plane ich eine vertrauliche Runde mit Keber und Castor, lasse mich von Vogel in die Kissen gedrückt für größere Unternehmen im Hause gewinnen. Eine Umgestaltung des Gartens ist geplant, bei der ich die Aufsicht führen soll und meine Phantasie spielen lassen kann. Kleine Lauben anzulegen und den Platz zu bestimmen, wo der junge Nußbaum gepflanzt werden soll, wenn unser Kindchen das Licht der Welt erblickt hat. Dies sind reizvolle Aussichten von meiner Lagerstatt aus gesehen. Vogels ernsthaftes Gesicht ist in Liebe und Sorge gefaltet. Seine Augen ruhen in meinen, wandern weiter zu meinem Mund, den Hals hinab, auf die Brust. Umfassen den Halbmond meines Bauches, den Schoß, und seine sanft packenden Hände um Hals und Busen veranlassen mich, mit einem Satze aus dem Bette zu springen und Bäume auszureißen statt welche zu plantieren.

Ich verlasse meine Grübelhöhle, beuge mich schwankend in die Kinderkammer, zur Stiege, gehe ohne Hast hinunter in den Salon und sehe vom Fenster aus den Garten in Aufruhr, den schwarzen und gelben Boden um und um gegraben. Wieviel Sand, Steine, Sträucher, winzige und aberwinzige Pflanzen haben sein Gesicht verändert. Einige Leute sind bei der Arbeit, unter ihnen Dörte in einem grauen Schurz, die Haare unter die Haube gestopft mit bloßen Armen im Innern des Bodens wühlend. Und sie will den Rosenstrauch nicht gekannt haben, denke ich, sie will bloß nicht davon anfangen zu erzählen. Mit welcher Lust gräbt sie sich tiefer und tiefer, die Burschen lachen mit ihr. Man könnte neidisch werden und sich danebenstellen, selbst die Hände nach der Erde strecken. Dann trägt mich der grausliche Traum vom frühen Morgen an mein Pult, und meine guten Vorsätze sind halb zunichte. Ein neues Unwohlsein kündigt sich an. Mit einiger Anstrengung kleide ich mich unter den Augen der Treblin in sommerliches Mousseline und zeige guten Willen, mich so zu fühlen, wie mir Vogel in guter Absicht vorgegeben.

Den Sonnabend

Ich erwarte die Hebamme, da mir eigenartige Aufregungen den Bauch beschweren. Sie findet aber nichts, als daß es bald so weit sei. Im nächsten Jahrhundert, krächzt sie. Welch ein glückliches Kind, da es keine Last mit dem zurückliegenden habe und nur vorwärts zu blicken brauche, und ich in Hoffnung dessen mir doch die angenehmsten Gefühle machen solle. Es wird leicht sein, das Kindchen, klein, und alles nehme seinen natürlichen Gang. Natürlich kann ich kaum mehr hören, so unnatürlich dünkt mich die Niederkunft.

Mitte November tagein tagaus

Ich atme kurz und anfällig, als benützte ich die Luft in zugeteilter Menge. Vogel ist reizend aber nervös. Auch im Amte gibt es Neuerungen für ihn, die ihm nicht günstig erscheinen. Die Hebamme kommt jetzt den Morgen und den Abend, und man erwartet jederzeit das Kind.

Berlin, den 31ten Oktober 1806

Wir haben Zugluft in Berlin. Dabei zeigt sich kein Wölkchen am Himmel. Alles geht durcheinander. Die Anstalten zu fliehen haben mir den Hausstand empfindlich verletzt. Neben vielen beklagenswerten Verringerungen desselben und Einschränkungen – da wir noch immer unter den Schäden der letzten Schlachten zu leiden haben – muß ich den Verlust einiger Blätter, ja ganzer Teile im Findebuche anzeigen, auch wenn ich das Haus wieder und wieder auf den Kopf stelle, entdecke ich sie nicht wieder. Ebenso die beiden Gefährten meiner Kindertage, Adam und Eva. Von Paulinchens Spielzeug ganz zu schweigen, die sind in einer Diligance Post unterwegs zur Frau Manitius, und niemand weiß, ob sie dahin gelangen werden. Je mehr ich über die Niederlagen in diesem sonst so freundlichen Herbste nachdenke, um so weniger kann ich mir Gedanken um den Verbleib der unwichtigen Dinge machen, mag ich sie auch noch so sehr vermissen. Ich möchte das Vergangene hüten, um die Gegenwart mir zu erschließen und der ungewissen Zukunft einen Grund zu geben.

Von Finsternissen ist die Rede, von Zugluft und Marodeuren, von Flucht, wir haben Belagerung, die königliche Familie ist geflohen seit dem 25. Oktober, und niemand kann sagen, ob sich Ruhe als Bürgerpflicht auf eine unbestimmte Zeit erhalten wird. Nach den Wirrnissen, dem Geschützendonner unweit von Berlin, keinen Sieg gegen die Franzosen, ganz im Gegenteile, die preußische Armee ist geschlagen und die Kriegskunst aufs gröbste Hauen und Stechen heruntergekommen. Wir befinden uns in Feindeshand.

Zunächst hat Vogel alle beweglichen Teile im Hause von Dörte und der Treblin zusammenraffen lassen. Berlin sei binnen weniger Tage in Franzosengewalt. Er sieht sich als erster bedroht, nimmt das Kind und bestürmt den Kutscher wie ein

Teufel, noch vor Toresschluß nach Parchwitz aufzubrechen. Unzählige haben dasselbe im Sinn. Die sogenannte Ruhe will nicht in unsere Köpfe hinein. Panisch reißen wir unser Haus auseinander, plündern uns selbst, und dazwischen steht das ratlose Kind, das von alldem nichts verstehen kann.

In Auflösung und Kopflosigkeit hinein erscheint Landrentmeister Müller, von dem ich gehört habe, daß er schon in Wartenberg sein soll, gemahnt Vogel, doch nicht überstürzt ins Ungewisse zu ziehen. Man bedürfe, nachdem sich ein Teil der Bürgerschaft und andere obere Staatsbeamte schon aus dem Staube gemacht haben, ruhiger, besonnener Leute, die die Geschäfte, die Amtsstuben und nicht als letztes das Volk, welches nicht zu fliehen in der Lage ist, in Schutz nehmen. Ausgerechnet Müller, einer der ersten Helden des Fersengeldes, die bloß von Lärmkanonen aufgeschreckt ihr Ränzlein geschnürt haben. Von woher er die Order bekommen, die Stellung im Amte zu halten, haben die Herren dann in eisiger Ruhe ohne meine Anwesenheit besprochen. Ich bin bloß hin und her geeilt, habe das Kind genötigt, stille zu sein, Dörte und die Treblin bei ihrer Arbeit nicht zu unterbrechen. Alle Spinde sind leer, meine Kammer eine Räuberhöhle, Paulinchens Stube verschandelt, jeder Fuß breit Boden im Hause ein wüster Haufen. Betäubt von allerlei Verwünschungen gegen die Staatsorgane und gegen das aufgebrachte Publikum sitze ich in der Küche nieder und lege die Hände untätig in den Schoß. Ein Kesselchen Tee für das Gemüt, ein Täßchen Milch. Es gibt im Augenblicke von allem zu wenig, ein irrender Zuspruch nach dem anderen für das brave Gesinde und der Lockruf, gen Parchwitz zu fahren, dann wieder nicht. All das macht mich unfähig, einer vernünftigen Entscheidung Aussicht zu geben.

Die allgemeine Verwirrung steigert unsere Unruhe. Schließlich stößt Keber zu uns, nahezu heiter. Alle Befürchtungen über die Einnahme Berlins zerstreute er und zwischen mehrmaligen, von Gelächter unterbrochenen Beschwörungen, alles so zu belassen, wie wir es gewohnt waren, berichtet er vom Einmarsch französischer Scharen. Wie Hunderte anderer Neugieriger sei er auf dem Rondell am Halleschen Tore gestanden und habe die Sieger empfangen wollen. Ganz in der Ferne kamen als Vorhut die Trommelwirbel, Kinder schrien vor banger Erwartung, man hatte ihnen wohl Angst gemacht. Der Magistrat stand versteinert und vollzählig beisammen, die Schlüssel der Stadt zur Übergabe bereit, Musik drang uns in die Ohren, und jeder Ton steigerte die Unruhe im Volke. Dann sah man als erstes einen Infanteristen einsam zum Tore hereinschlendern. Es war ein ausgewachsener, zerrissener Streuner, mit wirren schwarzen Locken, ausgemergelt und teilnahmslos umherblickend, ein Soldat, wie wir ihn nie zuvor zu Gesichte bekommen hatten, gewöhnt an adrette Haartracht, steife Beinkleider, Röcke und Parade-Schritt. Dieser aber hatte von alledem nichts. Sein eigentümlich gehaltener Mantel, wie auf die Schultern gesteckt, verjüngte sich zu den Beinen hin, war zerschnitten und in Fetzen, ebenso die Beinkleider von grober Leinwand verdreckt schlotterten um ihn herum, die schmutzigen Füße steckten in durchlöcherten Schuhen. Sein Auftritt war um so seltsamer, als er an einem langen Stricke einen zottigen Köter mit sich führte, der in allem seinem Herrn nachzueifern schien und mal wie ein dressierter Affe auf den Hinterpfoten seinen Schabernack trieb, ein anderes Mal in die Menge rasen wollte, den einen oder anderen Happen Brot zu erbeuten. Gewehr und schiefe Kappe auf dem zerzausten Haar dieses Vorläufers der siegreichen Feinde war dann das untrügliche Zeichen, daß es sich wahrhaftig um einen französischen Soldaten handelte und nicht etwa um einen Spaßmacher aus dem fahrenden Volke. Die Krönung seiner Erscheinung war ein Laib Brot, das er auf sein blinkendes Bajonett gespießt hatte, am Pallasch hingegen baumelte eine Gans. Kurioserweise trug er statt der Feldzeichen auf seiner kecken roten Kappe einen blechernen Löffel und erheiterte so, im ganzen betrachtet, wohl jeden der Umstehenden.

Keber läßt sich, von seiner eigenen Rede animiert, auf einem Stuhle nieder und wird umgehend ernst. Was für eine Idee, der Stadt zu fliehen und den unordentlichen gallischen Haufen Hab und Gut zur Plünderei zu überlassen? Sie werden uns wahrscheinlich noch die Haare vom Kopfe fressen und gar manche Kontribution aufstellen, aber sie werden auch ihre natürlichen Barrieren haben, wenn wir ihnen würdig und gefaßt entgegentreten. Wir sind redliche Unterlegene und sollten uns verantwortlich für unsere Niederlage zeigen. Lieber ein armes, geschändetes Preußen als eine dekuvrierte Nation ohne Eigenart! Dieser Hund von einem Franzosen hatte so viel Ehr im Leib und war so durch und durch sein eigener Herr, daß ich uns nur allen raten kann, vielmehr raten möchte, ihm mit selbigen Stolze zu begegnen.

später den Abend

Pauline weint in ihrer Kammer, zu viel Aufregung hat sie bange werden lassen, und ich sitze bei ihr, sie zu halten, sie zu liebkosen, die Tränen fortzuküssen, die nassen Wangen zu trocknen. Mir ist so beklommen, weil wir unverrichteter Dinge ausharren, Vogel ruhelos auf der Stelle tritt, entschlossen zu bleiben, weil er dem Landrentmeister sein Wort gegeben hat, die eigenen Pläne hintan zu hängen und sich den folgenden Morgen auf dem Magistrate einzufinden, um weitere Order in Empfang zu nehmen. Dörte und Treblin geistern herum, die Dinge wieder an ihren Platz zu bringen, zunächst dem Kinde die Ruhestatt zu bereiten, das Nötigste herbeizuschaffen, wenigstens äußerlich für ein wenig Behaglichkeit Sorge zu tragen. Dörte ist rührend zu dem Kinde. Die Treblin kann ein wenig Brot und Gries auftreiben und steht am Herde bei dem Feuer. Gern würde ich meinem Paulinchen etwas singen, doch stockt mir die Stimme im Halse. Gerade erinnere ich ein Rätsel, das ich ihr, nachdem sie keine Tränen mehr hat, aufgebe. Ich zwinge mich zu einem gleichmütigen Tone, und sie spürt wohl, daß ich sie zu beruhigen gedenke damit.

Woher die Sonne nehmen, wenn der Mond sich versteckt?, sagt Pauline, ein Rätsel will ich gern, wenns kein einfaches ist.

Ich habe es nie geraten, erwidere ich, es stammt von der Frau Manitius und geht so:

Ich bin ein sehr verachtet Tier
Doch schaff ich vielen Vorteil dir
Die Ruh befördert dir mein Kleid
An einem deiner größten Feste
Bin ich die liebste Kost der Gäste
Ein schlechter Teil von mir bringt Streit
Oder die Unsterblichkeit.

Paulinchen wiederholts und legt den Kopf mir auf den Arm. Einmal vom verachteten Tier, vom Kleid, vom Feste, noch einmal Streit – Unsterblichkeit. Zu schwer, befindet sie, zu schwer für die Nacht – es wird ja nicht gar ein Franzose sein.

Nein Kind, ein Mensch ist kein Tier, das rat ich dir, mehr kann ich jetzt nicht dazu sagen, auch darfst du dich damit nicht plagen, nimm dir die Ruh und schlaf recht schön, den Morgen werden wir dann sehn.

2ter November

Ehrende Armut – glänzende Schande, so heißt es, seit die Rauhbeine sich unter uns gemischt, alles in Beschlag genommen, das Zeughaus, die Kanzleien. Vor dem Schlosse auf und ab paradieren, Voltigeurs und goldbeblechte Offiziere. Der Kaiser der Franzosen soll eine Revue im Lustgarten abgehalten haben, von der viel geredet wird. Der Vogel berichtet mir, daß dieser Draufgänger die Friedensgöttin vom Brandenburger Tore holte. Nicht auszudenken, wer oder was noch alles in die Hände von Marodeuren fällt. Aber wir haben knappe Vorräte und nichts zu erwarten, da die Kassen überall leer sind. Meine Mitgift, ein Säckel Courant, wird uns die Mäuler nicht stopfen, es sei denn, Silber statt Mehl wird unsere

Nahrung. Über das Feldlager der Bärenmützen und der Sappeurs erzählt man sich Romantisches. Diesen Platz zu betreten, war vor kurzem noch bei Strafe verboten. Ein Heerlager; Zelte unter freiem Himmel, beißender Feuerschein, die Waffenputzer, Flammenschürer mit ihrer gelassenen und ruhigen Hochachtung für ihren bürgerlichen Kaiser, der sich im Schlosse einquartiert hat, in den Gemächern unserer angestammten Könige, und seine Dekrete nach allen Gegenden Europas aussendet.

Ich soll im Hause bleiben, bis der Vogel Klarheit hat, wie es weitergeht. Er läßt uns den Tag über allein, schickt gelegentlich einen Botenjungen mit einem Billet zur Beruhigung, daß ihm nichts widerfahren sei und die Verhandlungen mit den französischen Offizieren nur immer fortdauerten, denn es geht um die leeren Ständekassen. Mit nichts seien sie aufzufüllen als mit Tresorscheinen statt harten Reichsthalern. Wer Silber hat, gibt es nicht an, will sich nicht plündern lassen. Wie lange?

später

Meine Seele indes interessiert den guten Louis den Abend herzlich wenig. Wir sind in einer desolaten Stimmung, und die Belagerung tut ihr Übriges, daß wir nicht offen miteinander reden.

Vogel appelliert bloß an meine Pflichten im Hause, bemerkt, daß ich ihm und Pauline Schaden zufüge mit meinen Launen. Von meiner mangelnden Bereitschaft, ihm beizuwohnen einmal ganz abgesehen. Als ich ihm entgegenhalte, daß mir die Hausfrauenpflichten durchaus geläufig seien und ich mich meines Wissens nicht schuldig gemacht hätte, in meiner Sorge um Paulinchen, hingegen nach den ehelichen Genüssen, just in dieser Zeit, mir nicht gelüstete, zieht er sich in verletztes Schweigen zurück. Dann tritt er vor mich hin und nimmt im Zorne meinen Arm.

Daß Sie es wissen Madame Vogel, ich tue alles für Sie und habe meine liebe Müh, Ihnen das Leben angenehm sein zu lassen und zwar zu allen Zeiten. Erwarten Sie aber nicht, daß ich mich wie ein verliebter Matador vor Ihnen in den Sand werfe nach so vielen gemeinsamen Jahren. Sie ahnen sicher, daß ich mich Ihnen verpflichtet fühle. Hüten Sie sich jedoch, mich für Ihre Zurückhaltung und Ihre Wehleidigkeit verantwortlich machen zu wollen.

Damit bin ich entlassen und sehe mich auf meiner Kammer, meinem Bette, in ausweglosem Zwiespalt. Wie kann ich dem pflichtbesessenen Vogel erklären, daß in den Jahren unseres Zusammenlebens eine Wende eingetreten, die mich innerlich von ihm entfernt hat? Wie ihm andeuten, daß die unzähligen Überfälle des Nachts, die rohe Gewalt hinter verschlossenen Türen, ohne Licht, ohne Worte, ohne Zartgefühl, meine Empfindungen aufs äußerste verletzt haben? Wie ihm begreiflich machen, daß ich keine Zuneigung mehr für ihn, keine Begierde verspüre, seit er mir in einem düsteren Augenblicke den Hals mit seinem ganzen Gewichte zugedrückt und mich mit jäher Macht genommen? Mir Wunden zufügte, die mit Ermahnungen nicht zu heilen sind.

Ich verschließe meine Kammer die Nacht, die Faust in meinen Leib gepreßt.

4ter November

Paulinchen spricht im Fieber. Dörte wickelt das arme Ding in kühles Linnen. Sie bemerkt nichts und läßt wie trunken alles mit sich geschehen. Ich sitze Tag und Nacht bei dem Kinde, in meinem Mute schwankend. Den Abend erscheint Mademoiselle Nuffert, das hübsche Gesicht verweint. Nach dem Grunde befragt, gibt sie Einsilbigkeiten von sich. Ihre Mutter sei arretiert, weil sie den Wüstenwanderer und Bezwinger der Pyramiden, den winzigen Beherrscher aller übrigen Könige,

Fürsten und Mächte einen Nassauer genannt hat, dem man bloß Magenkrämpfe wünsche. Jetzt schnieft sie an meiner Schulter und hegt im Grunde Groll gegen ihre Mutter, weil doch die Franzosen so wunderlich viel Leben in unsere Akkuratesse bringen.

Wunderlich viel Leben? Sie nehmen's uns, Amöne, was für eine dreiste Haltung!

Ich seh keinen Krieg, sagt sie mit saurer Miene.

Sehen und nicht sehen ist mir einerlei. Wie bekomme ich Mehl, Butter, das nötige Gemüse und etwas in den Topf für das Kind? So himmlische Ansichten machen mich weder ruhig noch satt, geschweige Paulinchen, die mehr auf Erden schwebt denn im Himmel.

Amöne betrachtet die Fiebernde, Dörtes geschäftige Hände, wandert auf und ab, gibt keine Ruhe, faßt sich nicht, trumpft mit dem Fuße gegen die Dielen, paukt mit den Armen die Wand. Da ist keiner, den ich zu Rate ziehen kann, mault sie. Kein Mann! Keinen einzigen Herrn weiß ich, der mir jetzt seine Hilfe anböte. Madame Nuffert arretiert!

Wir werden Vogel um Vermittlung bitten, sage ich, noch besser den Landrentmeister oder den Magistrat.

Sie haben sich einquartiert im Hause, lächelt Amöne, ein bildschöner Offizier mit seinem Gefolge von drei rauhen Burschen in bunten Röcken. Er ist gefällig aber ungnädig, was Madame betrifft. Er hat sie verhaften lassen. Henriette, in unserem Salon gehen blanke, schwarze Stiefel lautlos umher. Sie haben überall hin Wein gelagert, und einer der Burschen treibt in der Küche seltsame Dinge. Stelle dir vor, er kocht und macht so leichtes Gebäck, wie ich es nie im Leben gegessen, ein Bäcker, ein Traiteur, der aus ein paar Schuhsohlen eine Pastete zaubert.

Du übertreibst.

Nein, ich bitte dich! Schon gut. Er heißt Bellarmes und ist so artig, daß ich wollüstige Gedanken bekomme.

den 11ten November

Herr Adam Müller, des Landrentmeister Müller Sohn, Louis' Schulfreund aus dem Köllnischen Gymnasium, macht uns nach mehrmaligen Vorankündigungen seinen Besuch. Ein sprühender, vor Temperament berstender Kopf, der meinen Louis um und um wirbelt, vor Freude ihn wiederzusehen, daß dieser mit hochrotem Haupte dem Müller an die Brust fällt. Worauf dieser von Vogel abläßt und sich manierlich über meine dargebotene Hand beugt. Das Töchterchen indes durch die Luft wirft und sogleich verkündet, eben ein solches Wesen wie Pauline von einer so herrlichen Frau, sei sein innigster Wunsch. Er hat mich kaum angesehen und macht mich auf eine Weise verlegen, wie ich es partout nicht leiden kann. Doch fehlen mir den Moment die Worte, ihm mein Befremden darüber auszudrücken. Bevor ich mich noch zurückziehen kann, hängt das gerade gehätschelte Kind am Halse des Unbekannten und läßt sich auf beinahe anstößige Weise von ihm herzen und liebkosen. Mit pochenden Schläfen entreiße ich ihm das Kind. Unbegreiflich für Pauline, die anfängt zu klagen. Mochte man einem Mädchen überschwengliche Gefühlsäußerungen zubilligen, weil es ungeübt ist, die Sitten und Anstandsregeln zu beachten, konnte man doch einem ausgewachsenen Manne, dem diplomatische Fähigkeiten zugeschrieben wurden, ein so unziemliches Benehmen nicht gestatten. So stehen wir fürs erste in betretener Erwartung vor dem Gast, und Pauline, deren Unschuld bei diesem Auftritte die Herren offenkundig rührt, sieht mich mit großen Augen an, daß ich mich von einem Moment auf den anderen besinne und in ein nicht enden wollendes Gelächter ausbreche, ob meiner so kleinmütigen, inneren Vorhaltungen.

Vogel, der die Sache teils amüsiert, teils mit der ihm gebotenen Reserviertheit betrachtet hat, nimmt schließlich den Freund bei den Schultern, heißt ihn auf das herzlichste willkommen, befragt ihn nach seinen Vorlesungen und Studien in

Dresden und geht mit ihm in den Salon. Sie stehen mitten vorm mannshohen Spiegel zwischen den Fenstern, fahles Licht zu Häupten, Sonnenflecken zu Füßen und ergeben ein so harmonisch disputierend Gespann, daß ich angetan von dem Bilde mit Paulinchen den Raum verlasse.

14ter November

Unverhofft treffe ich Müller bei einem Vergnügen im Lustgarten wieder, welches unsere Belagerer für das Publikum arrangiert.

Pauline folgt mit Begeisterung den Kunststücken eines Tanzbären, der an einer Kette tapsige und höhe Sprünge nach einer schiefen Quetschmusik vollführt. Sie bemerkt kaum den Charme unseres Kavaliers, der noch vor kurzem ihr Herz bestürmt hat und will nur immer den Kopf wiegen und in die Hände klatschen, dem Bären zuliebe. Ich lasse Paulinchen in der Obhut Dörtes, da beide nichts anderes im Sinn haben, als jenes drollig braune Ungetüm.

Wir gehen ein paar Schritte in der Sonne. Mit keinem Worte erwähnen wir den Mißklang unserer ersten Begegnung. Oder doch? Ich knote an meinem Tuche herum wie ein schüchternes junges Ding, spreche unaufgefordert über den Hausstand, das reizende Kind, den besonnenen Vogel, auf den immerwährend Verlaß ist, vor allem jetzt unter den Augen des Feindes. Müller nickt bestätigend.

Auf Vogel sei immer Verlaß gewesen, seit sie einander kennten. Er bedauert mit leichtem Lächeln, die Familie gleich bei seinem Eintritte echauffiert zu haben.

Aha, es geht also doch nicht ab ohne glühende Wangen, und ich betrachte mir zur Beruhigung unsere Fußspitzen in zu leichten Schuhen für die Jahreszeit.

Der gute Louis sei ja beinahe unverändert, lacht er, wenn auch ein wenig stattlicher geworden, seit sie einander zuletzt gesehen. Er berichtet, daß er unweit unseres Hauses bei seinem Vater aufgewachsen sei, in vertrauter Gegend zwischen dem alten Friedrichstädter Platz und der Akademie, sein Knabenrevier, sein Leuchtkäferfangterrain, die Juniusstätte erster Verliebtheiten. Er spricht vergnügt und poetisch reimend von seinen Reisen, seinen Bekanntschaften, seinem Freunde Theremin, der ihm sein Haus angeboten und ihn mancher Gesellschaft in Berlin zugeführt.

Paulinchen trennt uns mit wildem Gejohle: Der Bär ist los, der Tanzbär stürmt das Schloß!

Wir stehen beieinander und lachen mit dem Kinde.

18ter November

Ich bin für niemanden zu sprechen den Tag. Darauf schweigen alle mit mir. Sogar Paulinchen. Sie malt mir ein Bild mit Blumen, und schiebt es mir unter die Türe in meine Kammer. Dörte möchte dauernd reden, da es ständig an den geringsten Kleinigkeiten im Hause fehlt. Doch interessiert es mich ausnahmsweise heute nicht, und sie macht einen Mund, so schmal wie ein Bindfaden, weil sie einmal nicht von ihren Streifzügen durch die Geschäfte der Händler berichten kann.

Dörte rühmt sich nämlich, mit den windigen Tresorscheinen, die wir für die Wirtschaft täglich von Vogel ausgehändigt bekommen, wahre Wunderwerke zu vollbringen. Für sie ist es eine große Tat, uns wenigstens einen Teller Hirse bereiten zu können und dem Kinde hin und wieder einen Oktoberapfel zuzustecken.

Ich bange um meinen inneren Frieden. Nicht der Feind im Lande hat mich aufgestört, die unruhige Zeit, die Not. Spür ich doch mit jedem Tage, den ich fortlebe, die Leere in mir.

Die Worte, die mir aus dem Munde kommen, sind niemandem Bestimmten zugedacht. Sie füllen nur den Raum, verbrauchen sich wie die Luft darin. Und dann wieder nehmen sie mir den Atem, da ich keinem Menschen zu enthüllen wage, daß ich in meinem Dasein keinen Sinn sehe, an meiner dumpfen Seele leide. Ich verbringe Stunden in dieser Lage und weiß nicht, ob ich sitze, stehe oder liege.

Paulinchens Blumen blühen blau. Ich lege das Blatt in die Kommode, zwischen die Falten meines weißen Atlaskleides.

20ter November

Im Zirkel unserer Freunde wurde den Abend kleines Gericht über Adam Müller gehalten. Ich wußte nicht, daß er bei seinen Vorlesungen in Dresden hin und wieder ins Kreuzfeuer der Kritik geraten, und Castor ergriff die Gelegenheit beim Schopfe und sagte ihm auf den Kopf zu, daß er Verwirrung gestiftet habe mit einer überaus kenntnisreichen Vorlesung über die deutsche Poesie, aber daß zu viel diplomatisches Geschick und Ironie den Inhalt an vielen Stellen verschleiere. Auch müsse dann wieder überschwengliche Phantasie und eine gehörige Salve Idealismus im Spiele sein, aus einigen jungen Dichtern Revolutionäre zu machen, die jedoch nichts anderes in Händen hielten als Federkiel, Tinte und Papier, ob dies nicht eher ihm, Müller, dazu diene, die Revolution im Kopfe, nicht auf der Straße abzuhandeln. Franz Theremin, mit Müller ebenso bekannt wie Vogel, verteidigte den Freund und bemerkte: Daß nicht Müller zugeschrieben werden könne wenn mit Goethes Wilhelm Meister und Novalis Fragmenten eine neue Revolution, wie in Dresden, ausgeklatscht wurde. Es sei dem Guten gar nicht in der Weise eingefallen, noch unterlaufen, wohl aber habe er beide Werke in ihrem Werte für die Zeit gewürdigt und sich erhofft, sie könnten mehr bewirken, als nur schöngeistige Erbauung. Müller, der gleich eine Neigung für Castor hatte, hob die Hand und schalt sich einen Luftikus der Poesie, der seine Vorstellungen einzelner Werke nur allzu gern mit den Zeitereignissen verknüpfe und mit Wonne im Federkiel das Bajonett, im Papier das Kampffeld erblicke. Dies sei sehr wohl von Idealismus geprägt und keinesfalls Ausdruck tiefsinniger, historischer Forschung.

Frau Eberhardi, unsere Freundin und Patin Paulines, stand den Moment zwischen allen Stühlen und verlangte eine den äußeren Verhältnissen angemessene Unterhaltung, da sie von alledem nichts verstünde und man doch mehr von den Ereignissen und Feldzügen jenes Bonaparte reden solle, weil sich ja in unseren zerrissenen Landen die französischen Horden ausbreiteten wie eine Seuche.

Aber, aber, warf Peguilhen ein. Wer wird denn gleich den Teufel mit dem Bonaparte an die Wand malen? Ein Sieger habe immer etwas Tollkühnes und mache ein Wesen um seine Größe. Die französischen Horden, verehrte Frau Eberhardi, sind auch nicht wilder als die preußischen in entsprechendem Feindeslande. Dies müsse man hinnehmen wie die Niederlage selbst.

Sie mit Ihrer Soldateska, wetterte die Eberhardin, verteidigen doch jeden Feind, macht er sich nur gut in der Kriegskunst. Ihnen sind Belagerung und Not kein Graus. Brüten Sie doch von frühe bis spät über Schlachtplänen, als gäbe es nichts anderes auf dieser Welt.

Peguilhen lächelt. Unsere Gäste lachen. Ihre Stimmen gehen durcheinander. Man läuft im Salon hin und her, nippt am Weine.

Gelegentlich begegne ich Vogels Blicken und halte ihnen stand. Es rührt mich, daß er sich um meinetwillen bemüht, ein aufmerksamer Gastgeber zu sein, und sogar Pflichten übernimmt, die sonst mir obliegen, nämlich für das leibliche Wohl der Freunde zu sorgen.

Mit dem Kriegsrat Peguilhen verbindet mich seit einiger Zeit eine seltsame Freundschaft. Wir waren den Sommer oft an den Nachmittagen im Garten und philosophierten über den Krieg, auf den er sich tatsächlich verstand. Von einzelnen Feldzügen schwärmte er mir vor, die er mitgemacht, einem Fähnrich Gansow, der ihm das Leben gerettet, und den er seit jenen Tagen in der Marsch aus den Augen verloren habe; er wolle nicht eher ruhen bis er ihn wiedergefunden, um seinen Dank abzutragen. Frau Eberhardi, die im Grunde das geruhsame Verweilen im Plaudertone liebt, fragte schließlich Adam Müller nach den Eindrücken, die er in Berlin gesammelt, und war mit einem Male versessen darauf, zu erfahren, was er vom Theater und vor allem von »unserem« Iffland halte. Wenn man Adam Müller tatsächlich diplomatisches Geschick nachsagte, so traf er hierbei ins Schwarze, denn das Theater in Berlin unter Ifflands Direktorium war ihm eine extraordinaire Pose aber kein Theater mehr. Die Gerüste nämlich, die man Theater nennt, seien während des politischen Zwischenstadiums, in welchem wir leben, wegen der Unentschiedenheit unseres Schicksals und weil man es doch nicht ganz eingehen lassen könne, einem betriebsamen Fabrikanten in Pension oder Pracht gegeben worden, dem Iffland. Unsere Freundin begann an ihrem Beutel zu nesteln, beförderte ein Fläschchen zutage, öffnete dasselbe und roch daran. Ganz offenkundig fühlte sie sich durch Müller in Bedrängnis gebracht. Wollte sie doch, da sie das Theater so liebte und unterstützte und dem rührigen Iffland aufs innigste verbunden war, nur Löbliches aus dem Munde des Fremden, auf den man auch in Berlin einige Stücke hielt, hören. Die leichte Kritik dagegen verstimmte sie. Entschlossen jedoch, die kleine Attacke hinzunehmen, lächelte sie ihm zu und bat ihn, in seinen Beobachtungen fortzufahren und sie nicht zu schonen um des lieben Friedens willen, denn sie wolle auch andere Meinungen hören, da sie aus dem Munde eines Kenners des Theaters sicher anregend und vielleicht sogar nützlich seien. Man könne es drehen und wenden wie man wolle, hob Müller an, er habe in Iffland seit einiger Zeit weibliche Züge entdeckt, zuförderst sein zufriedenes Verweilen am vaterländischen Herde. Selbst das romantische Element, mit dem er sich gelegentlich schmücke, sei beinahe verschwunden. Immer mehr beschränke er sich auf vaterländische Bösewichter und ökonomische Verbrechen. Immer seltener kämen die Oheime aus Indien auf die Bühne, immer weniger schicke er einen Cervantes ins Publikum. Sein Fach sind die bemoosten Strohdächer, die notwendigen und angenehmen Meiereien und Kornfelder Brandenburgs, sowie alle reizenden Täuschungen, Wahrscheinlichkeiten und Illusionen Preußens. Aber kaum noch gehe es ihm um leidenschaftlich gepfefferte Dissonanzen. Überall herrsche nur eine höhere Bühne und Anbiederei an die Obrigkeit. Vielleicht, beschließt Müller seine Anmerkungen, verkenne ich aber die rettende Idee, und man benötige gerade jetzt ein patriotisches Theater.

Frau Eberhardi hatte dem letzten Teil der Glosse wohlwollend zugehört. Dazu gebe es sicher noch mancherlei zu sagen, lächelte unsere Freundin versöhnlich. Vor allem, daß die Mittel, ein Theater zu führen, auch Einfluß auf die Stücke nähmen und man lieber einen Egmont in gotischen Dekorationen spiele als den Cervantes im spanischen Gewande, da man für die Kostüme und Masken kaum mehr zur Verfügung habe als ein Marktweib Binsen zur Auslage ihrer Gemüse auf der Köllnischen Straße.

Man bildete danach kleine Grüppchen und ich geriet zwischen die Herren Müller und Theremin, fühlte mich in angenehmer Umgebung, plauderte mit leichten Unterbrechungen, mal hierhin eilend, mal dorthin lächelnd wach in meiner Gastgeberinnenrolle bis in die frühen Morgenstunden. Peguilhen und Castor saßen noch am Fenster, als Paulinchen im langen Hemde inmitten der ersten Sonnenstrahlen stand und eiligst auf meinen Schoß kletterte, sich anschmiegte und sich von Castor ein »Erwach-du-schöner-Tag« vorsingen ließ, die Herren mit übernächtigten Gesichtern einstimmten, sodann aufbrachen, mir links und rechts die Hände küßten.

Dienstag

In den folgenden Tagen befinde ich mich häufig in Adam Müllers Gesellschaft. Erinnere dunkel, was wir besprachen, da ich mich allein von seiner Anwesenheit so eingenommen sehe und nur immer meine, sie genüge, meine Seele fliegen zu lassen. Ganz gleich, ob wir über die Künste reden, über die Wissenschaften, die Politik und den Krieg. Daß wir einander zugetan sind und es mir schmeichelt, kann ein jeder sehen, wenn ich mit einem Veilchenbukett am Hute neben ihm im Tiergarten auf und ab gehe, oder eine Soiree besuche, auf der er stets zum Mittelpunkt avanciert und mir glühende Blicke zuwirft, daß die ganze Komödie eigens dazu diene, mir Eindruck zu machen. Sogar Amöne gratuliert zu diesem vornehmen Kavalier. Ein Engländer, tituliert sie ihn, ihm fehlen bloß die gelben Strümpfe und das schottisch gemusterte Wams, in der ganzen Haltung jedoch sei er so strahlend kühl, daß es jeder Dame ein Vergnügen sein müsse, diese heftige Distanz mit einigem Herzensgeflüster zu überwinden.

25ter November

Den Abend fange ich nichts an, bin ohne Lust. Ich sehe mich vor den Bergen unseres Hausstandes, als sei noch immer an Flucht zu denken, obgleich niemand mehr davon spricht. Die Treblin waltet in der Küche, schichtet das Holz um den Herd. Es ist so kalt geworden dies Jahr, so früh kalt. Auch sie ist Tag für Tag in den Gassen bei den Bäckern, das beinah verdorbene Mehl beizubringen. Paulinchen liegt rückfällig geworden, fiebrig in ihrem hochgetürmten Bette, und Dörte, unser aller emsigstes Bienchen, wechselt ihr die Tücher, und gleichzeitig hilft sie mir, die Ordnung im Hause wieder herzustellen. Zum Glück haben wir bisher keine Einquartierungen französischer Soldaten und gebe Gott, daß es so bleibt, mir würden die Haare grau werden, müßte ich mich auch noch um einen Haufen Rauhbeine bekümmern. Einen glücklichen Ausgang hat Madame Nufferts Verhaftung genommen, ohne daß Vogel oder der alte Landrentmeister Müller tätig werden mußten. Amöne hat ihrem Offizier so lange die blanken Stiefel geleckt, bis er mit einem Fingerschnippen eine gut gelaunte Madame Nuffert aus ihrer Gefangenschaft befreite. Dabei hätte sie, wie sie laut lachend erzählte, noch lange arretiert leben mögen. Alle Augenblick sei ein geschürzter Küchendiener in der Zelle erschienen und habe ihr die wundersamsten Menus mit viel leichtem französischen Wein aufgetragen, Kaffee serviert und schaumig gerührte Desserts. Sie habe sogar Lektüre erhalten, französische versteht sich. Aber dies alles sei im ganzen gesehen dem Verhältnis zu den Okkupanten eher dienlich und amüsant gewesen.

29ter November

Ich werde das Haus vorderhand nicht mit der Straße vertauschen. Dörte soll meine Schuhe hinten in die Kammer stellen, daß ich sie nicht sehen muß. Ich werde so tun, als gebe es vor dem Hause weder Welt noch Menschen. Meine Nerven sind so dünn, daß sie vor dem leisesten Windhauch, einer fremden Stimme oder dem Geschrei auf den Plätzen zu zerreißen drohen. Befragt danach, weshalb ich so durchscheinend geworden, gibt es weder zureichende Erklärungen noch besondere Kümmernisse. Ich fühle mich müde, im Busen stumpf, steif in den Gliedern, von immer wiederkehrendem Wunsche bedrängt, ganz zu erstarren.

Ich sitze über der Leinwand und monogrammiere für Paulinchen Stunde um Stunde die Aussteuer. Säume die Ränder, sammele Stich für Stich und Faden für Faden zukünftger Haltbarkeit. Befestige entgegen meiner trüben Aussicht die Erwartung, mein Kind wachsen zu sehen. In manchen Stunden hocken wir auf meiner Kammer in stillem Einvernehmen, das Mädchen mit einem Lappen und den ständig sich spreizenden Kreuzstichen beschäftigt, Dörte am Fenster, die Hohlsäume ausziehend und jeden gewonnenen Faden sorgsam um den Finger wickelnd.

Die Stürme der letzten Tage haben endgültig den Winter gebracht. Ein derber Frost knistert in den Mauern, und rauher Nebel weicht den ganzen Tag nicht mehr von Bäumen, Dächern und Wegen. Eine Ruhe, die nicht von der Zufriedenheit herrührt, herrscht im Hause. Louis erscheint die Abende sehr verspätet im Salon und dirigiert den Haushalt von seinem Stuhle aus. Er läßt sich von der Treblin sein Essen auftragen, erkundigt sich nach den Vorräten, gibt Listen aus, was man jetzt bei den Kolonialwarenhändlern bekommen kann, und es sind immer dieselben Listen oder dieselben Güter zu täglich neu ausgefertigten Kursen. Dann verteilt er die Tresorscheine, die nichts wert sind. Nur hin und wieder bekommt man dafür einen Schock Eier oder zwei Hände voll Kartoffeln. Man spricht davon, daß die Last der Einquartierungen vermindert ist, obwohl noch ein Korps von 10 000 Mann die Stadt beherrscht, sogar von heiteren Gesichtern und großer Vielfalt in den Straßen ist die Rede, doch ist eine gänzliche Verarmung der Stadt und des Landes nicht zu vermeiden. Die Treblin berichtet von der Familie eines Schreiners, der man alles geplündert, ihnen die Vorräte genommen und sie dem Verhungern preisgegeben. Sie sollen ohne Klagen ihre geräuberte Wohnung verlassen haben und im Tiergarten bei Wind und Wetter biwakieren. Dabei sind sie so schwach geworden, daß der Magistrat mit Unterstützung der Franzosen, die doch eben noch ihr Hab und Gut weggeschleppt, ins Armenhaus verbracht, wo sie, auf die Hilfe des Publikums angewiesen, ganz demütig ausharren.

Dörte, die kaum den Mund aufbringt und stets ihr ja Madam, nein Madam, wird gemacht Madam, schon gut Madam, herbetet, läßt sich herbei, unsere Sticheleien mit einer kleinen Schnurre zu untermalen. Ihre schwerzüngige Art zu sprechen reizt denn auch Paulinchen, sie gelegentlich nachzuäffen. Heiter schiebt unser kleines Mädchen die Kreuzstiche zur Seite und klatscht in die Hände. Fürs erste ist Dörte verstört, da sie beiläufig das stille Tun aufzulockern hoffte und die erhöhte Aufmerksamkeit ihrer jungen Schutzbefohlenen nicht sonderlich würdigt und vorerst verstummt. So vergeht eine ganze Weile, und Pauline nimmt die Handarbeit wieder auf, plappert vor sich hin. Wann wir zum Jahrmarkt gehen, will sie wissen, welche Kunststücke zu erwarten seien, welcher Riese sie auf die Schultern nähme, damit sie den Wetterhahn auf dem Kirchturm begrüßen könne. Dörte erzählt dann doch von der Koppel. Wie eines Tages ein Franzose, ich weiß es noch wie heute, bei der Madame Keber vortrat, ein eleganter Herr, um den viel Wesen gemacht wurde. Man parlierte nur noch, sogar die Bediensteten befleißigten sich ausgewählter Worte, weil dieser Herr, dessen Namen ich schon damals nicht behalten konnte, Madames wildesten Hengst erwerben wollte. Aber Madame zierte sich. Auf einmal wechselte sie die Kleider, trug seidene Röcke und ein purpurnes Mieder. Alles war in heller Aufregung, und der seltsame Gast quartierte sich auf einige Tage bei uns ein. Es gab eine Tafel, wie ich sie selten erlebte. So etwas wurde sonst nur zu Festtagen gereicht. Wein ward herbeigeschafft, und die oft unwirsche gnädige Frau – verzeihen Sie, Madame – schien von einer Liebenswürdigkeit, die keiner je vorher bei ihr vermutet hatte. Selbst Mademoiselle Sophie sah sich vor einem Rätsel. Jener Fremde, so erfuhren wir, war ein Royalist und den Schrecknissen in Frankreich durch Zauberhand entkommen. Er war so reich, daß er alle preußischen Provinzen hätte kaufen können, zudem wurde er mit Herr Graf angeredet. Zwei Tage verbrachten die Herrschaften bei den Pferden, und der edle Mensch hatte es nur auf ein einziges Tier abgesehen, das Madame Keber aber nicht so ohne weiteres hergeben wollte. Denken Sie sich, Madame Keber wollte ihren so umworbenen Hengst mit einem kühnen Aufsitzen besteigen, um dem Herrn ihre Reitkunst vorzuführen, die Eleganz des Trabens. Da warf dieser wilde Gaul seine Herrin mir nichts dir nichts ab, und sie stürzte in ihrem herrlichen Reiterkostüme in den Dreck.

Pauline lacht, läßt den Lappen fallen und ruft, Dörte, das hat sie mir schon so oft erzählt, daß ichs auswendig weiß!

Laß sie doch zuende erzählen, dummes Kind, lache ich, mir hat Sie noch nie davon gesprochen. Du mußt wissen Linchen, daß ich meine Mutter, deine Großmutter kaum gekannt habe. Sofort senkt Paulinchen den Kopf, halb schuldbewußt, halb amüsiert, und fächelt mit dem Nähfinger. Sie soll es ganz leise der Mutter flüstern, sagt sie zu Dörte, ganz leise, damit ich summen kann. Aber Dörte verstummt. Meine Ermunterungen können sie nicht mehr bewegen, in der Geschichte fortzufahren.

Den späten Abend sitze ich an meinem Pulte. Vogel liest mir halblaut Berichte zur Lage der Stadt, die vom Magistrat erhoben worden sind. Die Not im Volke sei so groß, daß man beim Minister eine Eingabe zu machen gedenke: Die Einlösung der Kriegsschuld mit der Bitte um Stundung aufzuschieben, und man ihn, den Minister, ersuche, die Verhandlungen hierüber auf höchster Ebene zu führen.

Es ergehe weiter ein Dekret an die Stände, alle privaten Mittel der Allgemeinheit zur Verfügung zu stellen, da man dem Elend nicht mehr Herr würde. Die französischen Offiziere haben bereits angedroht, die Executive auszuüben und alle Unternehmungen, Handlungshäuser zu zwingen, ihre wenigen Güter abzuliefern, wie seinerzeit die Bevölkerung alle Waffen im Lustgarten auf einen Haufen werfen mußte.

Aber die Ständekassen sind doch schon geleert, werfe ich ein.

Denken Sie an Ihre Aussteuer, Madame, in Ihrem Spinde, das Silber, darum geht es. Die privaten Reserven des gesamten Mittelstandes.

Ich beschließe, meine Silberlinge im Hofe unterm Holzstoß zu verstecken.

2ter Dezember

Den Morgen sehe ich Castor wieder. Aber wie! Er stürmt unser Haus, den Flur, den Salon, will weder eine kleine Erfrischung annehmen, noch sich zu mir setzen.

Sind Sie von den Furien gejagt, wage ich zu scherzen. Oder ist Ihnen ein böser Geist auf den Fersen?

Meine liebe Henriette, ich bin gekommen, meinen Abschied zu nehmen. Seien Sie nicht aufgebracht, daß ich Ihnen eine Erklärung für mein Handeln schuldig bleiben muß. Meine Freundschaft für Sie, Ihren Vater und Louis Vogel ist ungebrochen, aber ich werde mich von allem offiziellen Leben ganz zurückziehen. Auf mich wartet nach so langer Amtszeit die Ruhe des Alters, der Gebrechen und der Starrsinn. Sie verzeihen mir den unangemeldeten Auftritt, aber ich möchte im Sinne meines Entschlusses keine große Sache daraus machen und meine Kanzellitaneien auch schon beenden. Ich gehe nach meiner göttlichen Gartenlaube in Lehnin, mich von all den Jahren zurückzuziehen. Ruhe, sagt er mit Nachdruck.

Ja, erwidere ich, ja, lassen Sie mir wenigstens die Möglichkeit, Sie dort zu besuchen?

Er lächelt. Es gibt keine Chaussee, nur ein paar Pfade. Es ist mir das liebste Dorf. Ich hoffe im Herzen, daß Sie bald wieder in besseren Zeiten leben. Da draußen laufen nur ein paar Gänse herum, wenige Schafe, keine Kuh, die Bauern sind arm, und mein Anwesen ist so winzig, daß es nicht einmal dem liebsten Gast ein Verweilen bietet.

Castor, rufe ich aus, Sie können sich doch nicht so aus dem Staube machen!

Ich kann, sagt er. Madame Vogel, es ist wirklich die allerhöchste Zeit. Als er fort ist, entdecke ich auf meinem Pulte unser geliebtes Psalmenbüchlein – o Gott Du mein Hirte.

Es will mir nicht in den Kopf, unseren allgegenwärtigen Freund mir nichts dir nichts auf dem Altenteile zu wissen.

Will er den Schafen von Gott reden, den Gänsen predigen, die Leier zupfen und auf den Tod warten?

Bestimmt will er das. Und je länger ich es mir vorstelle, um so wärmer wird mir im Busen, schlägt mir der Klang der Leier freudig aufs Gemüt.

Harre der Sense, klingt es, da es Herbst geworden, die

Schneide über jedem Haupte schwebt. Unsichtbar, aber nicht unspürbar. Wie oft hab ich schon ihre Klinge geleckt.

Im Garten steht plötzlich ein Bursche in abgerissenen Kleidern. Ich rufe Dörte, ihm ein Stück von unserem wenigen Brote zu bringen.

Berlin, 3ter Dezember, den Christmonat

Meine liebe Frau Manitius!

Meine Lethe, meine Wiege, Sie ahnen wohl, daß ich Sie Ihrer aufrechten Haltung wegen in unseren Angelegenheiten immer bewundert habe und bis heute Ihre Entscheidung, die Familienbande nicht zu durchschneiden, mich in Sicherheit wiegt. Ich habe Ihnen ja oft in der Vergangenheit von Paulinchen, meinem Engel, geschrieben, und Sie versäumten nie, Ihre Anteilnahme an ihrem Leben und Aufwachsen unter Vogels und meinen Fittichen kundzutun. Sie gaben Taufgeschenk und erste Wiege und schickten sogar Ihr altes Rätselbuch, damit das Kind – wie ich – die Frau Manitius gut im Gedächtnis behalte. So bedanke ich mich für die letzte Sendung herrlicher Leckereien für die Weihnachtstage, ein Wunder, daß sie angekommen sind in den unsicheren Zeiten. Gibt es doch nirgendwo in Berlin ausreichend Zutaten für das von mir so sehr geschätzte Marzipan und die wundervollen Pfeffernasen. Paulinchen, die lange krank war von den Aufregungen der letzten Wochen, wird vor Freude an die Decke hüpfen, und auch in ihrem Namen sage ich nochmals allerherzlichstem Dank. Im gleichen Atemzuge hoffe ich, daß unsere seltsame Kiste mit den tausend Kleinigkeiten für das Kind bei Ihnen eingegangen ist. Sie werden ja der Liste und meinem kurzen Billet entnommen haben, daß wir ursprünglich die Absicht hegten, vor den fremden Gewalthabern in Sicherheit zu gelangen, und ich mit dem Kinde in diesem Zusammenhange eigentlich gedachte, die Weihnachtstage bei Ihnen zu verbringen. Jetzt aber sieht alles ganz anders aus. Vogel hat sich entschlossen, im Gegensatz zu vielen anderen Employés, sein Amt nicht zu verlassen, und das bedeutet für das Kind und mich, bei ihm zu bleiben und abzuwarten, wie sich die Dinge hier entwickeln. Vater ist bei allem vorsichtigen Debattieren über die Okkupation der Stadt durch die Franzosen der Auffassung, daß es nicht schlimmer werden kann, und dies müssen wir, so schwer mir dabei zumute ist, aushalten.

Ich habe nie ein Hehl daraus gemacht, daß mir die Kriegskunst unbegreiflich und das Hinschlachten unserer besten Männer unverständliches Gesetz ist, wenngleich ich ein Einsehen habe, daß nationale Eigenheiten und Interessen gegnerisches Blut in Wallung bringen können. Ich schrieb Ihnen ja von unserem Freunde, dem Kriegsrat Ernst Friedrich von Peguilhen, mit dem ich so manches Mal darüber diskutierte und gegen die Aufopferung der Söhne unseres Landes mich ereiferte. Ich behauptete, alle kämpferische Energie, die unseren Boden mit Blut tränkt, wird denselben vergiften. Jeder vergossene Blutstropfen, jede geweinte Träne um den Verlust eines Soldaten fordert bis in alle Ewigkeiten immer nur mehr Opfer. Worauf der Kriegsrat meine weibliche Tugend lobte und mir von dem kämpferischen Wolfe berichtete, der mehr als zweihundert Feinde nach und nach besiegt und ihre armen Seelen in das Reich des Verderbens gesandt. Was Wunder also, daß der Wolf endlich einmal unterliegen muß. Ich verstand, daß mit dem Wolfe Bonaparte gemeint war, und wollte wissen, wie er sich denn einen Triumph über den Wolf vorstelle. Er lachte und sagte: Die zweihundert Feinde, über die er nach und nach gesiegt, waren Schafe und Esel. Doch eines Tages wird der Eisbär sich aus dem Froste erheben, und der Wolf wird sich die Zähne an ihm ausbeißen. Aber es sei eine Kunst, den Wolf so lang zu reizen, bis er sich erkühnt, den Eisbären anzufallen.

Castor hat seinen Abschiedsbesuch gemacht. Nun wird er in sein Dreiseelendorf ziehen, nicht so leicht erreichbar sein und mit seinen armen Bauern die Kaldaunen teilen. Obwohl da, wo er hingeht, nicht einmal eine Kuh für einen Tropfen Milch sorgt, geschweige denn einen Topf mit ihrem guten Fleische füllt.

Von Vogel habe ich Ihnen noch nicht viel mitgeteilt. Er ist so rechtschaffen wie eh und je, ganze Tage bis in die Abende hinein im Amte, zu retten, was wir bereits verloren glaubten. Aber dem Magistrat ein hilfreicher Buchhalter, obgleich die Verluste ganz unbestreitbar die Einnahmen erdrücken. Auch verlieren die Bürger in der Stadt nach und nach ihren Besitz, die Kontribution für den Unterhalt der in Berlin stehenden Truppen soll so hohe Summen ausmachen, wenn ich es recht weiß, nahezu sechs Millionen Taler, daß niemand eine Ahnung hat, wie sie je zusammenkommen sollen. Auch das Blockade-Dekret gegen England wird so manche Last bedeuten und uns spüren lassen, wer der Herr im Lande ist. Zum Glück haben wir noch ein wenig Tee auf Vorrat, aber über die anderen Verluste kann man nur ins Klagen verfallen, und dies soll heute nicht geschehen.

Lassen Sie mich zum Schluß noch herzliche Grüße von der wackeren Frau Treblin und der emsigen Dörte an Sie ausrichten. Beide sind bei allem äußeren Übel doch recht wohl und schaffen es, mit viel Phantasie und Artigkeit dem Mangel im Hause abzuhelfen. So hat die Treblin, weiß der Kuckuck woher, gutes Mehl aufgetrieben, nachdem wir bis vor kurzem noch mit schlechtem vorlieb nehmen mußten. Sogar einen Sack Kartoffeln, und nicht die kleinsten, hat sie herbeigeschafft. Sie singt sogar in der Küche und weiß immer einen Ausweg, wenn alle Gassen gesperrt sind. Sie kennt die Gegend inzwischen besser als ich und ist so sparsam, daß es manches Mal weh tut, mitzurechnen.

Jetzt hoffe ich noch, daß Sie sich in guter Gesundheit befinden, und grüße Sie in Ihrem fernen Königsberg viel tausendmal, umarme Sie den heiligen Weihnachtsabend in innigem Gedenken.

Ihre Henriette.

Der Mond geht durch seinen aufsteigenden Knoten, und ich kann keine Ruhe finden zur Stunde. Ein mehrstimmiger Schlaf zieht durchs Haus, und während ich das Fenster öffne, den winterlichen Himmel anzusehen, und die kalte, stille Luft in meinem Kopfe Klarheit schafft, werden die Wände bewegt, die glitzernden Tische, Stühle und Simse, kommen mir die Gegenstände näher als am Tage, reden zu mir. Der Tisch sagt: Abschiede haben etwas Beruhigendes. Man sitzt um mich herum, rückt das Täßchen, das Tellerchen, läßt die Arme über mir schweben. Leicht berühren Finger meine Oberfläche, trommeln Fäuste auf mich ein, scharren Schuhe an meinem Fuße, gehen aufgeregte Beine unter mir zusammen.

Der Stuhl spricht: Abschiede mag ich nicht leiden. Werde ich doch davon malträtiert. Mal ists eine nervöse Hand, die mich ergreift, mal ein Bein, welches mich umwirft. Gehen Herzen auseinander, fliegen Adieus hin und her, mag niemand mehr ruhig sitzen auf mir. Die Wände hallen wider: Abschiede sind eine Lust. Denn geht der eine und der andere, erscheinen viele neue, die verlassenen Gemüter zu trösten. Bestaunen meine Schönheit, berühren aufmerksam mein ebenmäßig Angesicht, reden zu mir hin, streichen an mir entlang, bis sie gelangweilt sind und wieder gehen. Ich bin für Abwechslung und zarte Bande, für Widerrede, Wut, Enttäuschung. Erst in diesen Augenblicken werde ich ganz gewürdigt und komme zu meinem Recht.

Auch der Mond, den ich befrage, deutet mir an, daß Abschiede die Herzen beleben. Gestern Castor, jetzt Adam Müller, die Zeit bleibt nicht stehen. Die Herzen wandern.

Der Mond sagt: Der gescheite Kavalier Müller, der Ihnen den Kopf verdreht, sich geschwätzig aufgespielt, eitel Klugheit vorgeführt, die Dame Vogel entgegen Anstand und Sitte in seinen Bann gezogen, liebt es, verehelichten Damen den Hof zu machen. Seine wachsamen Augen sind überall. Ziert sich die unverstandene Henriette, windet sich aus seinen Armen, begehrt das offene Gespräch mit dem Ehegatten, lacht der Vielbegehrte entrüstet auf und zieht sich verstimmt zurück.

Dabei war die Schmach an mir, ruf ich ihm zu. Mich hat er beschämt, gedemütigt, mir verweigert, in seinem Beisein mich ihm und Vogel zu erklären. Eilig verließ er unser Haus und ward für Tage unauffindbar. Wo ich auch nach ihm forschte, erhielt ich ausweichenden Bescheid. Der Herr Müller arbeite an einem Buche.

Der Herr Müller sei in wichtigen Geschäften unterwegs. Herrn Müller haben wir lange nicht zu Gesicht bekommen, etc. Herr Müller ließ mich zappeln, bangen, fragen. Und den Tag vergeß ich nicht, als er sich angekündigt, in Begleitung von Franz Theremin und einer Mademoiselle Haza, aufgeputzt wie ein Gockel, vor Vogel und mir die Vorzüge seiner neuen Freundin pries. Theremin nahm als Tröster meine Hände. Vogel entschuldigte sich die Minute, und ich befand mich in der Falle, schambedeckt.

Abschiede sind Hoffnungsschimmer für neue Anfänge, flüstern die Wände, Tische, Stühle. Der Mond geht durch seinen aufsteigenden Knoten vorbei an meinem Fenster in ein anderes Haus.

10ter Dezember

Ich trage neue Kleider. Lasse mir die Haare von Dörte kunstvoll frisieren. Probiere vor dem Spiegel zwischen den Fenstern ein paar Tanzschritte, tändele mit meinem Bilde. Ich bin nicht sicher, daß mir nach Geselligkeit zumute, singe mir aber Mut zu, noch eine Weile Freude zu haben an meiner Schönheit. Dörte bewundert meine Locken, die weiße Stirn, die dunklen Augen.

Sie sehen traurig aus, Madame, jemand hat Ihnen etwas ins Herz getan.

Ja, ja, antworte ich. Es schlägt mir einen falschen Rhythmus.

Wir lachen.

Auf Vogels Schreibtisch entdecke ich einen Brief von Adam Müller aus Dresden, wohin der Sausewind zurückgekehrt und sich artig bedankt für die freundliche Aufnahme in unserem Hause. Ich lese:

Mein vortrefflicher Freund!

Denk Dir, wir sind bei Sturm und Regen hier wieder gut durchgerüttelt angekommen, den Sack voller Neuigkeiten auspackend, und was finde ich in meinen Strümpfen – den grauen, fest verbackenen märkischen Sand. Ich streu ihn statt des Siegels dir zwischen die Zeilen aus. Sei vielmals bedankt für Gastlichkeit und Gespräche, Teuerster. Leider vergaß ich, dir, vielmehr deiner Frau das Geschenk zu machen, welches ich eigens meinem Freunde Herrn v. Kleist in Dresden abgejagt hatte und all die Zeit mit mir herumgetragen; wohl fand ich nicht die rechte Gelegenheit, es ihr nahezubringen. Sei es des Inhalts wegen oder weil ich den Mut nicht fand, diese geheimnisvolle Novelle mir selbst vom Herzen zu reißen. Ich tue es hiermit im nachhinein und bitte Dich herzlich, auch Mad. Vogel meiner aufrichtigen Freundschaft zu versichern und ihr ein schauerliches Vergnügen zu wünschen mit der beiliegenden Lektüre. Rasende Stürme auch jetzt,

adieu. A.

12ter Dezember

Noch immer habe ich keinen Schritt vor die Türe gesetzt, mich nicht sonderlich an den Vorbereitungen im Hause für die Heilige Nacht beteiligt. Ich bin Tag für Tag mit nichts beschäftigt. Lese hin und wieder meinem Kinde eine Fabel oder erfinde ein Märchen noch vor dem Aufstehen, sie zu überraschen. Erst neulich entdeckte ich meinen alten Zauberer Griot aufs neu, er kam mir in ihrem Beisein unerwartet von den Lippen.

Sie fragte: Wer ist das, lebt er, ist er tot, hast du ihn gekannt?

Ich habe ihn mir ausgedacht, die Zeit über vergessen und eben wieder in Erinnerung gerufen. Er begleitete mich und beschützte mich vor Riesen, Zwergen, düsteren Gestalten, Räubern oder feindlichen Soldaten. Er hatte eine wispernde Stimme und die Gestalt eines himmlischen Wesens. Mir schien er der rettende Geist zu sein an allen möglichen Orten. Er saß während des Unterrichts an meinem Pulte, begleitete mich zum Kirchgang und flüsterte unziemliches Zeug in Castors Ohr. Er mischte Vaters Spielkarten und saß der Frau Manitius auf der Schulter. Manchmal, nachts in meinem Bette hielt er Zwiesprache mit meinem Schutzengel. Ich ließ ihm jede Narretei und war froh, wenn er mir den geeigneten Augenblick zur Seite war, sein Mäulchen spitzte und ausrief: Griot ist hier, Griot ist dort, Griot ist da, Griot ist weg, hier sitzest du und bist perplex! Aber Griot war nicht nur ein Fidibus, ein Schalk, ein Raunen hinter der Türe oder ein Federwisch, er verstand es auch, mir rasch und besonnen Fabeln aufzutischen, die ich meinem Lehrer hersagen mußte, und saß mir kichernd im Ohre, daß es mich fürchterlich juckte. Seelenruhig konnte ich mit seiner Hilfe meine Aufgaben erfüllen und teilte huldvoll jedes Lob mit ihm. Da ich nun größer und größer wurde, mußte auch Griot mitwachsen, und er wuchs und wuchs zu einem stattlichen Geist heran. Nur daß ich mit der Zeit dem Zauber nicht mehr so viel Aufmerksamkeit schenkte. Und da ich immer seltner seiner bedurfte und keinen Gebrauch von seinen Kunststücken mehr machte, fing er an, sich anderswo umzusehen. Eines Tages fand ich einen Sperling, der aus dem Nest gestürzt war und den ich liebevoll pflegte, bis er wieder fliegen konnte. Kurz darauf lag im Hofe am Kleinen Wall ein Hase mit gebrochener Pfote. Als sie unter meiner Obhut ausgeheilt und der Hase eines Tages verschwunden war, saß prompt ein wenig später eine schnatternde Elster vor meinem Fenster, und es schien, daß sie Einlaß begehrte. Ihre

Stimme, ihr Flügelschlagen, ihr zutraulich glitzerndes Auge waren mir so vertraut, und ich öffnete das Fenster mit dem Rufe: Griot ist hier, Griot ist dort, Griot ist da, Griot ist weg, hier sitzest du und bist perplex! Die Elster, kaum hatte sie mich vernommen, flog auf, so hoch, so weit, daß ich sie bald nicht mehr sehen konnte. Nachdem ich ihr lange nachgeblickt hatte, fielen meine Puppen Adam und Eva, ohne daß ich sie berührt hätte, von meinem Bette. Ich hob sie sogleich wieder auf, setzte sie an ihren Platz und verwunderte mich, daß sie so ganz anders aussahen als zuvor. Adam blickte mich mit schwarzen Augen an, und Eva hatte plötzlich einen seltsam gespitzten Mund. In beiden lag ein Wesen, welches ich nie vorher in ihnen gesehen. Als ich sie gerührt an mich drückte, vermeinte ich ihr Seufzen zu hören. Ich nahm sie beide und stellte sie vor den Spiegel. Das konnten sie offenkundig nicht vertragen. Nie hatten sie sich selbst gesehen. Sie ließen die Köpfe sinken und waren fortan nicht mehr zu bewegen, auch nur mich anzusehen. Erst da begriff ich, daß Griot mir alle diese Zeichen gegeben, mich seiner stets weiter zu gewärtigen, aber er verschwand. So viel ich auch nach ihm suchte und ihn beschwor, noch einmal zu erscheinen, als Kamel oder Löwe oder Esel, Huhn, was immer mir gerade einfiel, er war von dannen, und ich erwachsen, wehmütig, wußte, daß ich meine Kindheit hinter mir gelassen.

Paulinchen springt herum und versucht es selbst, doch ohne rechte Überzeugung: Griot ist hier, Griot ist da, Griot ist weg, ich bin die Hex und mach krächz, krächz.

31ter Dezember

Hier wird das neue Jahr nicht erwartet. Es ist kalt vor der Türe. Vogel begrüßt unsere Gäste. Hier wird die Fortdauer eines schmerzlichen Verlustes gefeiert, dies heruntergekommene Preußen den Franzosen übergeben, daß sie es sich ganz zu eigen machen die Nacht. Die Eberhardin nickt bestätigend, ein kleines Diadem auf dem Lockenkopfe. Der Kriegsrat hingegen sieht kein Hindernis, Orden und Tressen auch in dieser Stunde aufblinken zu lassen, beim Schein der Wachslichte. Amöne, in heiterer Gelassenheit, feiert heute ihren Abschied von uns. Sie wird auf Reisen gehen die kommenden Monate. Die Schweiz besuchen, nach Italien fahren wie es jetzt in Mode gekommen ist. Teils macht es mich traurig, teils froh. Überhaupt bin ich in einer fatalen Laune. Überreiche der Freundin als Geschenk jene Novelle, die mir Adam Müller zugedacht. Nicht ohne Absicht gebe ich weiter, was mir seit ich die Geschichte gelesen das Herz so absichtsvoll beschwert. Es geht darin um eine hochgestellte Frau in Italien, eine Witwe mit mehreren Kindern, die in den Wirren einer Schlacht und der Eroberung der Festung ohne ihr Wissen in andere Umstände kommt. Amöne nimmt das Heft an sich und küßt mir freudestrahlend die Hand.

Dörte und die Treblin im Sonntagsstaat flankieren das festlich gekleidete Kind. Sogar Keber hat sich für die letzte Nacht im Jahre in seinen schwarzen Sammetrock gehüllt. Vogel und ich beschließen den Kreis, er mit spitzen Kragen und ich in gotisch gemustertem Tuche um Hals und Schultern, um den Augenblick nicht ohne Würde verstreichen zu lassen.

Auf allen öffentlichen Plätzen brennen die Feuer der französischen Truppen. Der Lustgarten, ein Höllenspektakel. Geschütze lärmen an den Stadttoren. Der Himmel, fahl von auffahrenden Leuchtsalven, schickt Schnee. Die Sylvesternacht finden noch Umzüge statt, mit schweigenden Menschen und einzelnen Gruppen fremder Soldaten. Die preußischen Garden stehen wieder an der Pappelallee, vorm Schloß, unter französischer Befehlsgewalt. Auch auf dem Puppenplatze in Charlottenburg sind sie postiert und dürfen nicht den kleinsten Finger rühren. Wir nennen es die Franzosenzeit, die uns das Blut verdünnt und den Wein sauer macht in den Gläsern. Es geht das Gerücht, daß der König aus seinem Exil ins Schloß zurückkehren wird. Doch stehen die Sterne nicht günstig für Frieden und Waffenruhe aufs Jahr.

(Die Jahre 1807, 1808, 1809
fehlen im Findebuche)

30ter April 1810

Wo steht mir der Kopf seit der Erschaffung der Welt, seit der Sündflut, seit Christi Tode, der Zerstörung Jerusalems, seit der Einführung des julianischen Kalenders, der Einführung des neugregorianischen Kalenders, des verbesserten Kalenders, seit der Erfindung des Geschützes und des Pulvers, seit der Erfindung der Buchdruckerei, Entdeckung der neuen Welt, seit der Erfindung der Ferngläser, der Pendeluhren, seit der Erhebung des Königreichs Preußen, seit Friedrich Wilhelms III. Königs von Preußen Geburt, seit Antritt seiner Regierung, seit der Belagerung Preußens, seit der Entdeckung des Übels in meinem Leibe?

Ich liege da den Morgen von einem heftigen Anfall im Kreuze niedergeworfen und erwarte den Medicus Benjamin. Dörte nimmt mir das Kind ab und bringt es zur Schule, holt es wieder ab. Sie gehen auf Zehenspitzen herum, weil jeder Laut in meinem Kopfe zerspringt. Der Medicus betritt meine Kammer, breitet seine Utensilien aus, setzt sich das Okular auf die Nase, nimmt freundlich lächelnd meine Hand, fühlt den Puls und erkundigt sich nach meinem Befinden. Wispernd zählt er den Anschlag des Bluts, tastet vorsichtig meinen Leib, verweilt mit festem Griffe auf meinem Bauche und prüft die Lage der Gebärmutter, die ihm bei jedem seiner Besuche klumpiger erscheint. Ich habe einen Klumpen in mir, der aus sich selbst wächst und mich drückt.

Immer wieder ordnet Benjamin Umschläge an, damit die Entzündung, wie er das Gewächs nennt, zurückgehe. Desweiteren muß ich das Bett hüten, leichte Kost zu mir nehmen und mich aller Genüsse enthalten. Er setzt sich zu mir, hält meine Hand in der seinen, tröstet mich mit immer denselben Worten, daß ich, weil noch jung an Jahren, auf Heilung hoffen könne und er von Frauen weiß, die mit viel heftigeren Entzündungen ein hohes Alter erreicht hätten.

Mir ist das Innerste faul geworden. Wer mag da leben, wie ich lebe? Alt werden in Schwachheit, geplagt von den Gedanken an ein sieches Lager?

Nein, sag ich, nein. Falle in einen stumpfen Halbschlaf und höre das Klappern der messingenen Geräte, das Zufallen der Türe, höre leise Stimmen auf dem Flure, Paulines trippelnde Schritte, Dörte, die Treblin, Vogels festen Tritt.

2ter Mai

Gewöhnlich speisen wir um zwölf. Zuerst wird das Kind zur Ordnung gerufen. Dörte sieht ihr auf die Finger, den Kragen, die Haartracht, während Louis bereits am Tische sitzt. Meistens beten wir laut, Vogel murmelt. Meinem Zustande entsprechend gibt es vor dem eigentlichen Mahle eine gebundene Suppe, die das Kind mit langem Gesichte verabscheut. Ich kann es ihm nicht verdenken. Selten nehme ich von den derben Gerichten, die Vogel und Pauline mit Begeisterung verschlingen. Die Gespräche sind ebenfalls unbekömmlich. Der Landrentmeister in spe räsoniert über die tausend Verordnungen von oben. Obwohl er viel Hochachtung für den Kanzler und dessen neues Steuersystem aufbringt, hält er doch wenig davon, daß die Stände den direkten und indirekten Zins solange allein entrichten bis jedermann in seinem Gewerbe erfaßt und zur Kasse gebeten werden kann. Er, Vogel, fühle sich bloß für die Ständekassen verantwortlich und könne für eine solch schwierige Übergangszeit weder Geduld aufbringen noch den nötigen Zins einfordern.

Es ist lächerlich, sagt er, daß die Stadt nur so von brotlosen Staatsdienern wimmelt, die alle nichts Besseres zu tun haben, als jedem Gewerbetreibenden auf die Einnahmen zu schielen und dem Handschuhmacher sowie dem Bauern die ungewohnte Zinslast aufzubürden. Es müsse nach einer anderen Lösung gesucht werden, den Steuersäckel zu füllen. Auch werden es die Stände nicht hinnehmen, mit dem Gewerbe in einen Topf geworfen zu werden.

Einerlei sind mir diese Geschäfte. Ich möchte Vergnüglicheres hören und muß mich fügen in die Reihe der nichtsnutzigen Weiber, die den armen Louis noch mehr erregen als des Kanzlers neue Tugenden. Hier ein Rendezvous mit dem Theater Madame, dort eines mit den geschmückten Circen im Schatten der Genies von der Universität, da ein Herzchen, dort ein sprühendes Frauenzimmer und alles protzt mit leeren Kassen!

Ich rühr mich nicht bei meinem Teller, dem wenigen Brot, verzehre fast nichts. Dafür stopft das Kind sich die Backen voll mit ungezügeltem Temperamente. Dem Herrn schwillt der Brustkorb, sein Magen birst. Die Dame nimmt ein Fingerhütchen voll. Das Kind verschlingt dreimal so viel. Diese Reihenfolge behauptet sich seit Jahr und Tag.

Der Treblin ist solches das Natürlichste von der Welt. Aber am liebsten sei ihr die Belagerung gewesen, schwärmt sie, da habe sie alle Hände voll zu tun gehabt, hoch geachtet von dem sauren Vogel, vergöttert von mir. Jede Mahlzeit wurde geheiligt, jeder Bissen gezählet. Jetzt fließen wieder Milch und Honig, sagt sie. Das ist gut so, doch nichtswürdig.

Mürrisch wird die Alte.

Auftragen, bittet Vogel, die Stimme anhebend. Abtragen.

So geht das den Mittag und krampft mir den Magen.

den Nachmittag

Überraschend erscheint Peguilhen mit einem runden Mandelkuchen zur Freude Paulinchens, die ihn sofort kleinmachen will. Wir sitzen zwischen den Fenstern, und ich höre aus seinem freundschaftlichen Munde, daß er mich mit einem kleinen Feste zu erheitern wünsche.

Und raten Sie, liebste Henriette, wer noch dabei sein wird?

Die Nuffert, Frau Eberhardi?

Gewiß, gewiß, ich meine einen bestimmten Herrn.

Ach, Herr Kriegsrat, es gibt so viele Herren, die mir alles versprechen und nichts halten.

Einer davon ist es, und Sie müssen mir die Hand geben, dennoch zu kommen den Abend.

Wir witzeln eine Weile über die Cliquen auf unserem schlechten Pflaster, leichtherziger allerdings als Vogel dies tut. Und am Ende offeriert er mir die Herren Müller und Kanzelanwärter Theremin. Das überrascht mich nicht. Habe ich den verehrten Adam Müller mit seiner Sophie bereits genossen.

Tut es Ihnen leid, und werden Sie da sein?

Wenn mich mein Rücken nicht im Stich läßt, ja doch, ja.

Wir spielen einen flotten Tarock, den Müller in allen möglichen Kreisen eingeführt hat, mit unserem Mandelkuchenmädchen und ehren ihn damit über die Maßen, weil wir ganz ernst bei der Sache sind. Später erwarte ich meinen Medicus, daß er sich mit meinem Rücken beschäftige, der so lahm ist und mir durchschlägt aufs Gemüt.

den Abend

Benjamin schweigt sich zunehmend aus. Mal ist es eine Entzündung der Gebärmutter, mal eine der Nerven. In meinem Rücken fuhrwerken seine klopfenden Finger. Ich spüre den Schmerz auf den Lippen und schlucke ihn herunter. Vor dem Arzte will ich nicht mehr leiden als sonst. Ich versuche in seiner Gegenwart nicht dazuliegen wie eine frisch geschlagene Flunder mit offenem Munde keiner Regung fähig.

Sagen Sie mir Benjamin, was Sie denken und nicht, was Sie aus Höflichkeit verschweigen. Was hat es auf sich mit dieser Entzündung, wenn es denn überhaupt eine ist?

Er wiegt den Kopf hin und her, nimmt das Okular von der Nase, rasselt mit seinen blitzenden Instrumenten, dem Schüsselchen für das Blut, den essigduftenden Lappen, sieht mir in die Augen, weicht ihnen aus, läßt einen Seufzer fahren, erhebt sich, tritt ans Fenster und steht eine Weile stumm.

Wenn ich es wüßte, würde ich es Ihnen sagen. Auf Vermutungen gebe ich nichts, gnädige Frau. Doch bitte ich Sie, sich weiterhin zu schonen. Die Entzündung im Innern Ihres Leibes scheint mir eine Folge Ihrer überreizten Nerven zu sein. Ich sagte Ihnen schon, daß die Erregungszustände, von denen Sie mir berichtet haben, nicht nur auf Ihr Gemüt herniederdrükken, sondern eine Schädigung der allgemeinen Gesundheit zur Folge haben können. Aber jetzt bin ich schon bei den Vermutungen und kann Ihnen keine andere Auskunft geben. Er nickt mir zu, nimmt seinen Kasten mit den Gerätschaften und verläßt die Kammer.

Wenig später erscheint Dörte mit fröhlichem Gesichte, in der Hand eine Schale bitteren Tee, die Benjamin verordnet hat.

So bin ich angewiesen, wieder zu ruhen und bei flackerndem Lichte Erbauliches zu lesen. In alter Anhänglichkeit an Castor halte ich es mit der liebenswerten Minna v. Barnhelm und dem schlauen Luderchen Franziska, das Lessing so hübsch konzipieret. Etwas Neues fehlt mir. Ich kann doch nicht immer darum bitten.

Vogel ist sehr beschäftigt mit dem Edikt des Kanzlers über die Finanzen, welches die Reorganisation des armen Preußens begründen soll, und worüber er so in Aufregung geraten.

den Morgen

Daß ich gleich wieder schreiben muß, die Träume halten sich sonst nicht. Im Hause ist alles ruhig, das Pult aufgeräumt, die Federn in Reih und Glied, das Papier artig gebündelt. Gleich gesellt sich meine Fee zu mir, meine nächtliche Gefährtin auf den Spuren eines Gelages, als ich in den Armen unseres guten Freundes Peguilhen lag. Erst zum Tanze aufgefordert war, dann im Schmerze auf der Bahre lag. Er sich über mich gebeugt, das Gesicht voller Hingabe. Nie habe ich ihn derart erlebt, zurückhaltend, ergeben. Er führt mir die

Hand an sein pochend Herz und drückt mir den Mund mit huldvollen Küssen. Ich erinnere mich keines solchen Gefühls für den Kriegsrat. Dies wäre mir nie eingefallen, man muß es erst träumen.

5ter Mai

Sogleich beim Eintritt in das Haus Peguilhens gedenke ich meines Traumes und lache die versammelte Gesellschaft auseinander. Vogel tadelt mich mit den bekannten vorwurfsvollen Blicken, die meine Unvernunft bezeugen sollen und meinen unangemessenen Ton. Die italienisch angehauchte Amöne zeigt so runde Schultern, daß ich mich neidisch an ihren Hals werfe und vor Vergnügen juchze. Erst dann bemerke ich meinen alten Verehrer Adam Müller nebst Sophie, die sehr erhaben dasteht und von oben herab eine Konferenz der grauen Herrenröcke abzuhalten scheint. Sie selbst ist ganz in blaue Seide gehüllt und nimmt mich freudestrahlend in die Arme. Wie geschnürt sie ist, wie kann sie mit einem so malträtierten Brustkorb lachen? Müller von ihr gezähmt, benetzt mir ergeben den Handrücken. Er wirkt verändert, sorgenvoll, aber elegant wie eh. Der Kriegsrat im Schlepptau der Eberhardin erweist mir seinen Dank, daß ich gekommen. Vogel und Müller verschwinden, kaum daß sie einander begrüßt, in einer Ecke, die heiligen Aufgaben und Abgaben im Staate verhandelnd. Theremin erscheint in der Türe mit einem traurigen Manne, der kein Wort sagt. Theremin dagegen ist in einer guten Verfassung und leicht gerötet im Gesicht. Er lobt Schleiermacher und nochmals Schleiermacher, die jungen Genies, die neue Universität, den Geist der Zeit. Amöne rätselt wieder die Herren aus. Dabei hat sie sich einen winzigen Knallfrosch in roten Strümpfen mitgebracht und behauptet, daß er der beste Damentänzer von Berlin sei.

Der schweigsame Herr, ein bekannter Dichter, hält sich an

einem Täßchen Kaffee fest. Man erzählt sich, daß sein jüngstes Werk, ein Ritterstück, vom Theater abgelehnt worden sei. Die Eberhardin weiß es aus erster Hand. Sie ist hin und her gerissen zwischen dem engherzigen Herrn Iffland, der es abgewiesen, und dem sonderbaren Verfasser Herrn von Kleist. Seine Novelle, die Marquise von O, die mir vor Zeiten das nächtliche Grauen bereitete, habe ich noch gut in Erinnerung. Aber der Verfasser ist nicht ansprechbar den Abend und zieht sich früh zurück. Wie hätte ich ihm von seiner Erzählung reden sollen, dem seltsamen Liebeshandel aus verlorener Ehre und gerettetem Stolze, da mir die Schrift damals unter Merkwürdigkeiten zugegangen ist und ich dieselben ganz mit ihr verwebe.

Als Kleist so lautlos gegangen, Theremin mit seiner Redekunst bei Amöne keinen rechten Anklang gefunden und sich die gerade Umworbene mit ihrem flinken Galan noch auf ein Tänzchen ins Ballhaus verabschieden will, tritt Müller aus dem Erker hervor wie ein Schauspieler:

Keiner verläßt den Saal, ruft er, wie der Polizeipräsident Gruner, wenn er einem unerlaubten Akte der Verschwörung auf der Spur zu sein glaubt.

Aller Augen richten sich auf Müller, außer Sophiens, welche dieselben senkt und Schuhspitzen studiert.

Müller beklagt unvermittelt die Neuerungen im Staate. Er muß sich mit Vogel besprochen haben und lobt die sanfte, gelenkige Hand des Kanzlers, welcher in seinem Bestreben, allseits Gerechtigkeit walten zu lassen, neue Ungerechtigkeiten herbeiziehe.

Was soll uns die allgemeine Besteuerung im Lande für Vorzüge bringen, wenn jedermann zur Kasse gebeten wird? Der Gutsherr wie der Landmann? Wenn dem einen das Grundeigentum durch die Zinslast genommen wird und dem Bauern so hohe Abgaben bescheret werden, daß er vor Kummer ins Gras beißen muß? Es ist zudem frivol, die Stände nicht zu achten und alles Volk über einen Kamm scheren zu wollen. Land und Leute untereinander aufzuteilen wie die Schächer unter dem Kreuze Christi Mantel.

Gemach, Gemach, mein lieber Müller, unterbricht Peguilhen den Redner. Wollen Sie den Damen dozieren oder uns allen über Ihre »Elemente der Staatskunst« referieren? Wenn es denn so ist, nennen Sie uns Zeit und Ort und Absicht. Aber bitte machen Sie aus unserem kleinen Feste für Madame Vogel, der es gar nicht wohl ergangen die letzte Zeit kein Auditorium für ihre Kritik.

Der Kriegsrat hält inne, und wir alle pflichten ihm bei, was dem ernannten Herrn Hofrat Müller nicht schmecken will.

Ich komme schon zum Ende, sagt er, rasch noch diesen Satz: Vogel und ich werben für eine Schrift, die sich mit der Neuordnung befaßt und dem Kanzler vorgelegt werden soll. Wir sind froh für jeden wachen Kopf, der sich zu uns gesellt und der die Neuordnung nicht hinnimmt, als handele es sich um höhere Gewalt. Und dies gilt auch für das Weibervolk, welches ja seit neuestem von seinen Rechten und seiner Würde spricht und seine Talente nicht mehr nur in den Dienst der Familie stellen will. Die schöne Weiblichkeit will mehr sein als ihrer natürlichen Bestimmung folgen, dann soll sie sich auch mit den Dingen befassen, die ihr zu mehr Recht und Würde verhelfen.

Als er geendet, stehen alle betreten da. Was verteilt dieser eitle Narr nur für Schelte rechts und links, beleidigt alle Welt, versetzt seiner Sophie einen solchen Hieb, daß sie nicht mehr weiß, wie viele Schuhspitzen sie gezählet?

Mein lieber Adam Müller, versetze ich dem Redner, meine Würde im Hause mag gering geachtet werden, auch mag ich Ihren politischen Ausführungen mit Unverstand gefolgt sein, ich frage Sie dennoch: Wer von Ihnen hier Anwesenden würde mir gestatten, ein Handwerk zu erlernen, das außerhalb weiblicher Tugend und Kenntnisse von Rang ist? Von welchen Rechten reden Sie?

Hierauf wird es noch stiller im Raum, der Wein scheint dünn in den Gläsern. Vogel durchschreitet das Zimmer, nimmt mich bei der Hand und zieht mich mit sich fort. Ein betrübliches Ende. Und wie gern wäre ich ein wenig ausgelassen gewesen, nur diesen Abend. Doch jetzt bin ich herausgerissen in meine bodenlose Unrast. Vogel bestraft mich, indem er kein Wort mehr mit mir redet. Umständlich entsteige ich meinen Röcken, meinem Mieder und falle auf mein unseliges Lager, finde aber lange keinen Schlaf.

10ter Mai

Als Stehaufweibchen fühl ich mich schlecht. Die erzwungene Ruh gibt mir nicht die Kraft, etwa zwei Tage hintereinander auf den Beinen zu sein und so zu tun, als sei ich pudelwohl. Dörte verwöhnt mich mit viel Milch und weichem Brote. Stärkt mir den Rücken mit einem gepolsterten Brette, daß ich in schräger Lage halb sitzend zum Fenster sehen kann und nicht immer an die Decke starren muß. Den späten Vormittag erscheint Sophie Haza zu meiner Überraschung in heiterem Putz und bestellt ganz artig Grüße für meine Genesung von Adam Müller. Auch läßt er vielmals um Verzeihung bitten, daß der Abend beim Kriegsrat so disharmonisch ausgegangen und er in ungebührlicher Weise die Gesellschaft mit seinen Problemen drangsaliert habe. Sie lacht so reizend dabei, daß ich sie nur gleich bitte, sich zu mir zu setzen auf ein Stündchen. In unverfänglichem Plaudertone berichtet sie von ihren Aufregungen in Dresden, ihrer unseligen Ehe mit Haza, ihren Kindern, die sie zurückgelassen, um Adam Müller zu folgen, von hierhin nach dorthin, und daß sie endlich hoffe, hier in Berlin Ruhe vor der Vergangenheit zu finden.

Wir sollten das Recht haben, sagt sie, uns ohne falsche Scham innerhalb und außerhalb der Familie bewegen zu können und nicht nur erdulden zu müssen, was uns die Herren Ehegatten und Staatsoberhäupter an Pflichten aufzuerlegen trachten. Sie glauben gar nicht, liebste Henriette, wie demütigend es für mich gewesen ist, die Scheidung von Haza durchzusetzen, wie vielen Schmähungen ich ausgesetzt war und unter welch furchtbarem Gespött sich diese Trennung vollzog. Ich denke, daß Müller in einer gewissen Anspielung auch auf seine einstige Neigung zu Ihnen, verehrte Henriette, um die Rechte der Frauen an jenem Abend streiten wollte. Hat er doch durch mich hautnah erfahren, zu welchen Mitteln die Herren greifen, ihre Weiber gefügig zu machen und die Familienketten so eng zu schmieden, daß ein Entweichen unmöglich erscheint.

Entzückt von ihrer Rede starre ich sie an. Verborgene Wünsche regen sich. Doch kann ich jetzt nicht davon sprechen, fehlen mir die Worte, mich auf der Stelle anzuvertrauen. Ich nehme freundschaftlich ihre Hand und bedanke mich stotternd und bitte sie, mir die zwei Strophen des Liebesgedichts von der Karschin vorzulesen, die mich lange schon bewegen und meinem Zustande entsprechen. Sie nimmt das Buch, schlägt es auf, überfliegt leise die Zeilen, lacht und nickt zustimmend.

Das ist rührend, sagt sie, daß die Karschin in diesem Gesange an den Domherrn von Rochow die Liebe ironisch beschreibt. Dann liest sie in herablassendem Tone:

Meine Jugend war gedrückt von Sorgen
Seufzend sang an manchem Sommermorgen
Meine Einfalt ihr gestammelt Lied
Nicht dem Jüngling tönten Gesänge
Nein dem Gott der auf der Menschen Menge
Wie auf einen Ameisenhaufen niedersieht.

Ohne Regung, die ich oft beschreibe
Ohne Zärtlichkeit ward ich zum Weibe
Ward zur Mutter: Wie im wilden Krieg
Unverliebt ein Mädchen werden müßte
Die ein Krieger halb gezwungen küßte
Der die Mauern einer Stadt erstieg.

Wir lachen herzlich über diese Verse, und mir wird ganz leicht, daß diese gute Seele an meinem Bette sitzend, mehr Blut in den Adern hat, als Korsettstangen im Mieder. Ich frage sie, warum sie ihren vollen Leib so zuschnüre.

Sie antwortet: Damit es niemand auf den ersten Blick sieht, daß ich in anderen Umständen bin und keiner dumme Bemerkungen darüber macht. Zum Beispiel, wessen Liebe mir den Leib gesegnet und ob der Vater dieses Ungeborenen mir denn für alle Zeit und so weiter die Hand reichen wird.

Sie erzählt ganz freimütig von ihrer Liebe zu Müller, an dessen Idealismus sich der ihre entzündet. Selbst im Streite mit ihm kann sie gewiß sein, nicht unterliegen zu müssen, nur weil sie ein Weib sei. Er achtet meine Untugenden, meinen Freiheitsdrang. Und wenn ich mit dem Balg im Herzen Barrikaden gegen ihn baue, wird er mir dazu die Steine reichen.

Noch immer halte ich ihre Hand. Was hat sie mir nicht alles voraus. O, Sophie, ich bin ganz krank vor Neid, wenn ich Sie so höre. Meine Freiheit scheint darin zu bestehen, daß ich mir ein Unwesen in meinem Leibe züchte und aller Pflichten im Hause enthoben bin durch Krankheit.

Sie streichelt mir das Haar und sagt kein Wort.

Sonntag

Die jüngste Begebenheit ist eine Hexerei, wenn ich es recht betrachte. Amöne in unserem Salon, von einem Feuer in Rom berichtend, das ganze Häuserreihen in ein brennendes Meer verwandelt hatte, und wie sie gerade erzählte, daß sie vom Orkane, der dem Feuer immer neue Nahrung zutrug, umeinandergeworfen, in einer Kirche Unterschlupf gefunden, und in einer malerischen Schilderung die dort Geretteten beschrieb, erreichte uns in unserer sicheren Burg die Schreckensmeldung, die Petrikirche brennt. Und wie wir alle von Entsetzen gepackt einander anstarrten, Amöne lächelnd.

aber starr von diesem Lächeln, mit uns aufsprang. Vogel in aller Eile seinen Rock überwarf, Pauline auf den Arm nahm, Dörte, die Treblin und ich von allen Furien besessen zum Köllnischen Fischmarkt eilten und das hohe, herrliche Gebäude von weißen Flammen umloht sahen. Das Dach bereits eingenommen von der Glut hoch aufleuchtete, und jedermann laut schrie, dann stille stand, da alles Wasser von allen Seiten das furchtbare Brausen nur zu verstärken schien, die Eimer nutzlos zu Boden sanken und man beklommen bei sich dachte, daß in diesem Dache ein wundervoller Eichenhain steckte, der aufgefressen vom wütenden Elemente der Kunst des Menschen höhnte. Und nicht nur das Gotteshaus wurde ein Opfer dieser Katastrophe, unzählige Buden und Lager unserer Buchhändler, Wohnungen, Geschäfte brannten nieder. Seltsamerweise habe ich danach meine Windrose, meine Äolsharfe aus den Augen verloren. Erst Tage später, die Ämter mögen die Ursachen für die Feuersbrunst ermittelt haben, tauchte die Freundin in schwarze Kleider gehüllt bei uns auf und erzählte, daß sie einem von ihr geliebten Freier wegen Untreue den Laufpaß erteilt habe und wieder einmal ohne Begleitung an allen möglichen Festlichkeiten teilzunehmen gezwungen sei.

18ter Mai

Mit Amöne und Pauline im Tiergarten bei Pfennigsemmeln und Kaffee. Ich genieße die Sonne im Rücken, den Spielwind in den Haaren. Und siehe da, wir bekommen Gesellschaft. Das Dreigespann Adam Müller, Sophie Haza und Kleist schlendern daher.

Man trifft sich, sagt Sophie, ganz Berlin scheint auf den Beinen. Sie setzen sich eine gute Weile zu uns, bestellen Kaffee, schwatzen, loben den Himmel und den herrlichen Tiergarten. Ich freue mich, Sophie zu sehen, die mir herzlich den Arm um die Schultern legt, mein zartes Aussehen rühmt und dem sonderbaren Kleist verbindlichst mitteilt, daß ich eine Verehrerin seiner Marquise sei. Das ist es nicht Sophie, protestiere ich, nicht Verehrung kann man es nennen, Achtung vor ihrem Mute und ihrer Verzweiflung in ihrer Besonderheit. Welche Frau hat ein solches Schicksal erlitten? Dies ist es, was den Reiz der Geschichte für mich erklärt. Die Begebenheit selbst ist so furchtbar, daß sie einem das Wasser in die Augen treibt. Kleist läßt sich zu einem kaum merklichen Lächeln herbei.

Ach Kleist, rätselt Adam Müller, der will solches Kompliment gar nicht hören, hält er sich doch für einen Dramendichter und keinen Erzähler von Novellen, wenngleich die Marquise zu den vortrefflichsten Dichtungen gehört.

Schon gut, murrt der so Gelobte und sieht mich an. Es scheint zum ersten Male, daß er von seinem hohen Rosse steigt und sich dem Geplänkel zuwendet. Sein unstetes Auge bleibt an mir hängen, irrtümlich, so glaube ich, denn als ich seinen Blicken den meinen entgegenhalte, nicht ausweiche, mich zurückziehe, ihn zu erforschen trachte, lacht er unvermutet auf und schwärmt in höchsten Tönen von einem Käthchen, das man hier hat abblitzen lassen. Erst später begreif ich, daß Käthchen die Heldin seines Stücks ist, das vor Iffland keine Gnade gefunden. Er lacht albern herum und nennt mich schalkhaft Käthchen, was ich gar nicht verstehe. Aber da sein Lachen ansteckend, lasse ich mich davon mitreißen, und alle lachen, wie über einen zu dummen Witz.

Genug gelacht, mokiert er sich plötzlich und erhebt sich, obwohl seine Freunde bei einem weiteren Kaffee und Gebäck keine Lust haben, ebenfalls aufzubrechen. Sie nötigen ihn, doch noch ein kleines Weilchen in unserer Gesellschaft auszuharren, und er hockt sich still und stiller wieder hin, sieht flüchtig nach mir, widmet sich in einem Anfluge von Interesse dem Kinde, das vor ihm steht mit dem gelben Zweige einer Weide, und zählt mit ihm die Kätzchen aus, die noch vor den Blättern den Blütenstaub fliegen lassen. Ein merkwürdiger Mensch, der mich anrührt, so unverständlich er sich auch aufführt. Zwischen uns will keine rechte Stimmung mehr aufkommen, und Amöne ist dann die nächste, die sich freundlich ohne großes Theater von uns verabschiedet. Gerade sie, die jede Gesellschaft mit ihrem Spott zu unterhalten pflegt. Da sie zum Aufbruche geblasen, haben es auch Müller und Sophie sehr eilig. Am Ende bietet mir der schroffe Kleist seine Begleitung an, nimmt Pauline bei der Hand und winkt der Kutsche, die wir schweigend besteigen und in der Markgrafenstraße ankommen und er mir dienernd die Hand reicht, mich anschaut ohne ein Wort.

den Abend

Mein Goldkelch Pauline, zur Nacht singe ich dir ein Lied. Dörte folgt dir auf Schritt und Tritt, bis du zu Bette gehst; ich wache über Dein Gebet, trete summend ans Fenster, erzähle dir von Sternen, einem Viertelmond und viel rotem Himmel. Du magst noch wissen, wieviel Sterne das Fenster zeigt und wann der Mond sich rundet, wo Schmetterlinge schlafen, woher sie ihr buntes Kleid, und alles verwebt sich mit deinem Frühlingsnetz, in welchem du die Schätze aufbewahrt, die du den Tag gefunden. Ein paar Kiesel, Kätzchenzweige, Glaskugeln, einen Ball, dein Taschentuch, die Flöte. Ein Spiel, wir zählen die Dinge. Du sagst, die Klingelblume ist blau, und willst sie morgen finden, ich sage, sie blüht noch nicht, ist noch verschlossen dies Jahr, die Tage kommen erst. Da schließt du die Augen, wendest den Kopf im Schlaf, träumst schon und weißt es besser. Ich wache, du ruhst, ich verlasse dich, du folgst mir im ersten Traum auf die Wiese, die wir entdecken wollen.

Vogel erwartet mich, das Wirtschaftsbuch aufgeschlagen, die Ausgaben der Woche aufzurechnen. Das Nebensächliche ist unsere Hauptsache, die Teuerungen zu vermerken, eine Planung zu betreiben, die Gesindestuben zu verbessern, die Treblin und Dörte haben solches mit Recht zu fordern. Das

Kind benötigt leichte Kleider, Schuhe, Haarbänder und vieles mehr. Wir verbringen Stunden vor Summen für die erforderlichen Neuerungen, das tägliche Brot nicht eingerechnet. Vogel ist großzügig wie immer, und am Ende unserer wöchentlichen Prozedur befragt er mich nach meinen Wünschen, die kaum ins Gewicht fallen und auf sein Gesicht wohlwollendes Lächeln zaubern.

1ter Junius

Sophie Haza findet mich im Salon an meinem Platze beim Briefeschreiben. Es sind Danksagungen an Frau Manitius nach Königsberg für Paulinchens Malhefte, Stickanleitungen, Rezept für Schaumgebäck und einen Pommerschen Topf.

Sie sind viel allein, sagt sie, vergraben sich, und wenn man Sie zu sehen bekommt, tragen Sie eine Leidensmiene zur Schau. Ganz wie unser Freund Kleist.

Das sagen Sie im Scherz, Sophie, Sie kennen mich doch kaum.

Eben, lacht die Besucherin, ich kenne Sie kaum. Aber wenn ich Sie sehe, machen Sie ein langes Gesicht oder liegen zu Bett, sind unpäßlich, schweigsam beschäftigt, als dürfe man Ihnen nicht zu nahe treten.

Du lieber Himmel, Sophie! Zu nahe treten, warum die Anzüglichkeit? Ich habe kein Talent, mein Befinden lauthals zu beklagen, keine Andacht, mich in Gesellschaft darin zu vertiefen, was erwarten Sie?

Nichts, entgegnet die Haza. Gar nichts. Oder halt, doch etwas! Den winzigen Schritt einer Annäherung. Sehen Sie, Ihre Krankheit. Was hat es auf sich damit, was plagt Sie so häufig, daß Sie das Bett hüten müssen wie ein fiebriges Kind? Ist es unanständig, darüber zu reden, ein Geheimnis, tragen Sie ein Geheimnis mit sich herum, eine Wunde, die zu berühren verboten ist?

Sie sind sehr offenherzig, Sophie, um nicht zu sagen freimütig. Es fällt mir schwer, dies zu erwidern. Bin ich es doch nicht gewöhnt, über Dinge zu reden, die mir das Gemüt beschweren, seien es nun die freudigen oder die traurigen. Meine Ziehfrau hält mich für eine überspannte Natur, daß ich so wenig Glück in meinem Leben finde. Sie sagt, wo der Segen von Mann und Kind über dem Hause schwebt, kann das Beil nicht niedersausen. Hält sie doch viel von meinem zuverlässigen Gatten und fragt nicht, wie ich mich dabei befinde. Meine Krankheit Sophie, sei ebenso eingebildeter Natur wie mein Unglück mit Vogel. Was soll ich darüber reden, wenn ich es selbst nicht zu ändern vermag?

Sophie, schon wieder so leibgeschnürt, daß mir bang wird, wehrt sich solcher Behauptungen und pocht auf das Recht eines jeden Menschen, seinem Glücke nachzurennen. Sie fordert, das Eigentumsrecht der Ehegatten gegeneinander aufzuheben, den Vertrag zu brechen zugunsten aller Liebenden. Wie viele freie Menschen würden eine freie Gesellschaft bilden können und sich dadurch freiwilligen Schutz als Verantwortung füreinander gewähren. Nicht Besitz, nicht Last sollen die Ehe besteuern, sondern der Zufall der Liebe.

Welch ein Ideal, Sophie, sie strotzen ja vor Zuversicht, aber ich zweifle daran. Sehen Sie sich selbst, meine Beste! Eingezwängt in Ihr Mieder, sind Sie nach außen nur allzu bereit wieder Konzessionen an das Bestehende zu machen und Ihrem Glücke Fischbein anzutun.

Sie gibt sich geschlagen den Augenblick, zuckt die Schultern, lächelt und bringt mir schließlich Grüße von ihrem Müller und Kleist.

O, Adam und er machen Kanapée-Politik, wechselt sie das Thema, Hand in Hand. Sie schmauchen Tabak dabei und sind so treuherzig wie langweilig. Reinen Gemüts kann ich ihnen heute nicht zuhören. Ihre Erörterungen drehen sich ausschließlich um den gutwilligen Kanzler und Müllers ›Elemente der Staatskunst‹, die man an höchster Stelle begutachten soll. Was aus uns werden wird, weiß ich nicht. Hat doch der Hofrat Müller keine feste Anstellung bisher, obwohl man ihn gerufen hat. Und Ihr Vogel, Henriette, wie hält er sich bei dem Kanzler?

An die Anweisungen, Sophie. Er hat freilich große Kenntnisse für eine neue Sozietät, aber bis jetzt keine neue Position. Doch übt er sich in Bescheidenheit und rechnet im Falle eines Falles mit der Unterstützung der Deputierten der Stände. Ich glaube, er sorgt sich am meisten um die Erhaltung der Ständeverhältnisse und weniger um sein Fortkommen.

Sophie läßt sich seufzend nieder, das hübsche Gesicht mit einem Netz von Lachfalten überzogen.

Ach Henriette, sagen Sie mir nur, was sollen wir Frauen tun, unsere Lage vor dem Ansehen der Männer zu verbessern?

Ei, ei, Sie springen hin und her meine Beste, aber lassen Sie mich überlegen, wie wirs anstellen können, uns ins rechte Licht zu rücken. Aha, ich habs: Den Engländern spricht man die Meisterschaft der Gesetzgebung zu. Die Franzosen gelten als Virtuosen in der Administration. Die Preußen sind die Heiligen der Pflichterfüllung. Ernennen wir doch alle Weiber, die englischen, die französischen und die preußischen zu den Königinnen der Küchen und Gemächer.

Sie nehmen die Sache nicht ernst, Henriette, ringt Sophie die Hände, Sie machen sich lustig über mich.

Und wenn schon Sophie, welche Möglichkeiten bleiben denn übrig, sich zu behaupten? Soll ich mir von unserem Freunde Peguilhen das Schreinerhandwerk beibringen lassen, mir einen Hauskomponisten suchen für meine Kapricen auf dem Klaviere? Im Ernst, Sophie, was erhoffen Sie?

Sie sieht aus dem Fenster in den Garten und sagt: Daß das glückliche Verhältnis der Frauen zum männlichen Geschlechte in seinen Auswirkungen sich weiterbildet. Das hauswirtschaftliche Leben und das offizielle zusammengehen. Es ist ein Unding, die Besonderheit des Weibes darin erschöpft zu sehen, daß sie ihre Geschicklichkeit auf die Familie beschränkt und ihr die Berührung mit den männlichen Domänen Schimpf und Schande einträgt. Ich glaube, Henriette, daß jede Frau, auch eine Kurtisane, für ein öffentliches Amt tauglich ist.

Jetzt wachsen Sie über sich selbst hinaus, Sophie.

Wo denken Sie hin, resümiert die Mutige. Nennen Sie mir einen Mann, der auf die Gunst des Weibes verzichtet, bloß seinem Amte geweiht zu leben?

Der Papst, entgegne ich. Er hat es vor Gott geschworen.

Wir lachen beide aus vollem Munde und verbringen den Vormittag mit Pauline im Garten. Später erscheinen die Zwillinge Müller und Kleist, die so verschollene Sophie zu einer Ausfahrt abzuholen. Müller ist zuvorkommend mit Artigkeiten für das Kind. Kleist vertieft sich in meinen Lessing und hat keinen Blick für das warme Licht im Raume, von dem er ganz umsonnt, sich Wohlsein verschafft.

11ter Junius

Meine Trauerweide, mein schönes Kind Pauline macht ein betrübtes Gesicht, da Benjamin mir ein paar Tage Bettruhe verordnet, die starken Blutereien abzuwarten, die allmonatliche Schlachterei des Leibes, die mich auch zuweilen außer der Zeit aufs Lager wirft, mir den Lebenssaft mit ausschwemmt, daß ich nur daliege, mich nicht rühren kann, mir jeder Handgriff abgenommen werden muß und die duldsame Dörte zwischen Kinderstube und Lagerstatt hin und her pendelt. Um Wärme bitte ich, um heiße Milch, heiß muß sie sein, meine Lethe, und manchmal spüre ich noch das kindliche Drängen, meine Frau Manitius bei mir zu haben, sie, deren Tröstungen mir so zuverlässig zu genesen halfen. Ihr kräftiger Arm, auf den ich meine Schwächen laden konnte. Sie, von der ich Stärkung erhielt, wenn ich, in Schweiß und Fieber gebadet, meinem Schmerze nachgab. Vogel bleibt meinem Lager fern. Er läßt Blumen auf meine Kammer bringen, Sterbelilien. Meiner Unschuld längst abhold, kündigen sie mir dennoch vergangene und zukünftige Erwartung, die sich nicht mehr erfüllen wird. Diese Blumen rühren an meinem Verstande, nicht an meinem Herzen, ihr stummes Leuten deutet in eine ferne Zeit. Diesen Morgen küsse ich meine Trauerweide, mein Kind, und schicke sie hinaus ins Freie, da Frühjahr und Sommer auf einen Tag zu fallen scheinen, überall die Wiesen bimmeln von blauen Klingelblumen, auf die Pauline sehnsüchtig gewartet.

Den Moment erscheint die einzige, die ich nicht erwartet, in viel Musselin gehüllt, Amöne. Die Seidenbänder um Hals und Kopf griechisch gebunden, die Kupferlocken hochgetürmt, die Wangen rosig gepudert. Ihr Mund blüht spröde unter der Schminke, die Augen springen unruhig hervor.

Das erste graue Haar, ruft sie und kniet vor meinem Bette, birgt den Kopf an meiner Schulter.

Diesmal verschenke ich nichts mehr, Henriette. Die Gesellschaft kann lange warten, bis ich wieder tanze. Mit einer gebrochenen Rippe einem Abschiedsbillet zwischen den Brüsten und zerschlagenen Gliedern kann man nirgendwo mehr Staat machen. Dieser Galgenstrick von einem bläßlichen Fähnrich, jammert sie, dieses Milchgesicht einer Schlacht auf dem Papier, dieser Mutter-, Vater- und Königinnenjunker, den Saum Luisens an den Lippen, vom Schatten Bonapartes geblendet, im Hosenlatz die Hasenpfote, das Angebergeschlecht aller verlorenen Kriege, streute Glanz und Glorie auf mein Haupt die letzte Nacht. Von Sinnen weich, welche gute Seele hätte nicht dem Kinde jeden Willen gelassen, ließ ich ihn zu mir in die Kammer, und da, Henriette, zeigt er mir, was in ihm steckte. Ein garstig Ungeheuer, ein Quälgeist, ein Marterer, dessen mangelnde Männlichkeit ihm den Kopf verdreht, die Peitsche sprechen hieß.

Sie enthüllt mir ihre weiche, blau gestriemte Brust, den aufgeschundenen Bauch, das vielfach blutig gemusterte Gesäß.

Amöne!

später

An Fränze, meine schwesterliche Magd muß ich denken, sehe ich Amöne vor mir, ihren geprügelten Leib. An Fränzes Unschuld hefte ich meine Gedanken. An Fränzes Messer im Kasten. Ihre Arme, die Hände in weiche Lauge getaucht. Ihr Schnürleibchen auf meiner Haut und so viel kühne Vorfreuden in meinem Mädchenzimmer. Von Fränze zeugt ein altes Tuch, ihr Häubchen, die Erinnerung an ihre Zähne, wenn sie lachte. Jetzt bin ich ein Weib, beinahe kalten Bluts. Die Pein verlängert mir die Tage. Die Nächte schwimme ich in Tränen. Amöne soll mich lassen!

20ter Junius

Kleist ist gekommen, mir sein Trauerspiel zu bringen, das im ›Phoebus‹ abgedruckt ist. Ich bin überrascht ihn unangemeldet und ohne Begleitung anzutreffen. Schwach auf den Beinen, da ich die Tage zumeist im Liegen verbracht, etwas hohlwangig, überhaupt nicht gesund, bitte ich ihn in den Salon, und Dörte muß Tee bringen. Kleist entschuldigt sein zudringliches Erscheinen, aber er wollte mich sehen, sagt er, da ich mich nirgendwo mehr blicken ließe, jeden Auftritt meide und es nicht einmal für nötig erachte, seine Grüße, die er Sophie an mich aufgetragen, zu erwidern.

Ich will Sie nicht umsonst grüßen, bemerkt er lächelnd. Ich will wenigstens den einen oder anderen Gruß zurückhaben. Dann lacht er. Sophie ist übrigens Ihre Bewunderin. Seit wann kennen wir uns eigentlich Madame? Wir kennen uns überhaupt nicht, mein Herr, warum fragen Sie das?

Um Sie etwas zu fragen und um mir zu wünschen, Sie schon ein wenig zu kennen.

Sie sind also nicht umsonst hergekommen, vermute ich, und wollen etwas mitnehmen, ja? Hätten Sie es denn gerne, versuche ich das Spiel weiterzutreiben, ich müßte Sie kennen? Oder allgemeiner gefragt: Muß man Sie kennen?

Er macht ein verzweifeltes Gesicht und wedelt mit dem ›Phoebus‹ durch die Luft.

Ich sage tausendmal ja, Verehrteste, wir sollten uns kennenlernen.

Wir setzen uns. Er legt den ›Phoebus‹ zwischen sich und mich.

Sie haben mir verziehen, daß ich hereingeschneit bin dies Stündchen?

Gewiß, gewiß, sag ich, wenn ich Ihnen verzeihen soll.

Er ist ein schöner, zurückhaltend ernster Mann. Ein paar komische Bemerkungen macht er zum ›Phoebus‹, den er mit Adam Müller in Dresden herausgegeben, von dem ich viel gehört aber nie darin gelesen habe. Mein Interesse in den letzten Jahren galt mehr dem Linnen im Spinde als der schönen Literatur.

Geziertes prosaisches Gerede sei im ›Phoebus‹ zu finden, lacht mein Besucher, aber Bemerkenswertes von Müller immerhin. Seine Dresdner Vorlesungen haben wir darin diskutiert. Auch ein paar Zeitungsgespenster haben ihre Griffel für den ›Phoebus‹ gewetzt, und es kursierte seinerzeit die nämliche Glosse:

Wenn Adam malt und Eva kleistert,
dann wettert Phoebus hochbegeistert.

Er knetet seine Hände wie Brotteig. Greift dann nervös nach dem Blatte. Blättert, legt es beiseite und erwartet ein Lächeln von mir. Lachen, Zustimmung, irgend eine freundliche Geste. Und ich lache darüber, in Betrachtung seiner Fäuste und zappeligen Finger, lache, daß er sich selbst ins Gesicht faßt, den Mund zu bedecken, der eben noch gesprochen.

Und das Trauerspiel, frage ich. Wie hat man es aufgenommen?

Mit viel Bauchweh, scherzt er, und wohlmeinenden Kritiken. Aber nichts soll Sie beeinflussen, fügt er hinzu. Lassen Sie mich ein andermal davon reden. Nur so viel zum Inhalt des Stückes möchte ich sagen, daß ich den Frauen einen armen Achill zu Füßen lege, zum gemeinsamen Verzehr.

Das ist ein Witz!

Ja, ich male Ihnen den Fuß, in den Sie beißen müssen, ruft er aus. Er springt hoch, geht auf und ab, setzt sich wieder, nimmt erneut das Heft an sich und verzieht das Gesicht zu einer scheußlichen Grimasse.

Dies Maskenspiel müssen Sie mir schon erklären, bitte ich.

Wollen Sie es wirklich lesen, preßt er hervor.

Nicht, wenn Sie mir drohen mit böser Fratze und Bärentatze.

Er läßt das Heft endgültig auf dem Tische liegen, verschränkt die Arme und bittet mich auf der Stelle um ein weiteres Rendezvous. Den Tee vergessen wir.

21ter Junius

Dann sagt er ab durch Boten. Der Kutscher erwartet mein Billet. Bin ich untröstlich, oder hab ich einen schweren Kopf deswegen? Er schreibt, ihm fiebern die Abendblätter die Stirne. Noch lese ich in dem unfertigen Trauerspiele, höre aber bald damit auf. Von einer Amazonenkönigin auf dem Schlachtfelde mag ich nichts wissen, und ich werde mich nicht zurückhalten, ihm dies mitzuteilen fürs erste.

Mein lieber v. Kleist!

Es ist eine hübsche Idee, Weiber und Männer gegeneinander in die Schlacht zu schicken, doch gewinne ich dem Kriegsgetümmel der märchenhaften Amazonen keine Reize ab. Es schallt von Troja preußisch herüber und läßt mich lachen, daß Jungfrauen wie Jünglinge von einer Priesterin, Kriegerin und einer verliebten Königin das streitbare Erobern lernen, sie nicht im entferntesten daran interessiert sein sollen, die Macht der Gewohnheit aus dem Felde zu schlagen, sondern bloß das männliche Herz treffen wollen. Das kriegerische Denken mit der Armbrust sich weibisch untertan zu machen, da alle Welt kriegslüstern scheint. Ich kenne keine Penthesilea, und wenn sie in griechischer Manier über einem Heere schwebt, tollkühn der Weiberhaufen dem Odysseus in den Ohren rasselt und er sich wie ein Hahnrei aufführt, wird mir die ganze Sache komisch. Wahnwitzig ist es, die Liebe zum Kriegsgegenstand zu erklären. Drum will ich dem Ideale abschwören und mich dahin verbannen, wo ich schon bin: in meine schlichte Kammer. Nicht moralische Bedenken sind es, die mir Ihr Fragment entfremden, verrückte Vorbilder vexieren dieses Spiel und täuschen uns Weibern eine Gleichheit vor, die nur ein Dichter ersinnen kann. Die Trauer, die in dem Spiele steckt – es kann ja nicht gut ausgehen in der antiken Schlacht –, tröstet leider nicht darüber hinweg, daß Waffenschmieden ein männliches Element ist und Frauen es nicht nachahmen können, wenn sie frei werden wollen in ihrem Wesen. Gern hätte ich Ihnen dieses mündlich gesagt, vielleicht noch von der Poesie gesprochen, die Ihrem Trauerspiel innewohnt, welche das Lesen des Undenkbaren mir erträglich macht.

H. V.

Pro memoria für Madame Vogel, aus den Küchen und den Kammern Gerüchte, an denen immer was Wahres dran ist, überbracht von der getreuen Dörte am 25ten Junius

Da gibt es Stimmen, die rufen in den Wald hinein, Madame habe äußerst reizbare Nerven.

Wieder andere meinen, Madame wünsche sich alsbald, verzeihen Sie, ein Leben nach dem Tode, da ihr das Herz im Leibe erfriere.

Noch andere wollen wissen, daß Madame überspannt sei in

religiösen Dingen und den ganzen Tag nichts anderes tue, als fromme Lieder zu singen.

Man berichtet von Madame, daß sie mit geheimen Mächten im Bunde stünde, die Weiber gegen die Männer aufzuhetzen.

Hinter vorgehaltener Hand flüstert es von Mund zu Mund, Madame würde, mit Verlaub, verrückt an sich selbst und liege aus Furcht vor Dämonen unter einem Berge von Decken.

Von ihrem Kinde heißt es, daß es ebenso verdreht sei wie Madame und nur immer Schattenjagen spiele.

Schlagen Sie mich, Madame, aber Sie tanzen auf den Tischen in Gesellschaft und lassen keinen Herrn aus und keine Dame.

Jagen Sie mich zum Teufel, Madame, aber Sie liegen Herrn Adam Müller zu Füßen und verschmachten.

Und so kommt es aus dem Wald wieder heraus, Madame, ich soll mir die Hand abhacken lassen und Sie Ihnen zum Geschenk machen für so viel Ehre.

Und weiß man nichts von Vogel zu sagen, Dorte?

Nein, Madame.

27ter Junius

Ich möchte Dir Madame Fouqué ans Herz legen, liebste Henriette, plaudert die Freundin. Ich habe sie auf einem Bankette kennengelernt, und sie ist ein wahrer Schatz an guten Gedanken und Ideen, was unsere so hochgepriesene, aber schlummernde Würde angeht. Sie arbeitet an einer Schrift, die nicht bloß der Erbauung dienen soll, sondern die zukünftigen Leserinnen auf Trab bringen wird. Da sie im Gespräche ein klein wenig verraten hat, wie sie es anstellen will, den Damen die hausmütterlichen Tugenden auszutreiben, und mich ihre Überlegungen sehr angesprochen haben, will ich es Dir nur gleich wärmstens anempfehlen. Vielleicht können wir eine Zusammenkunft arrangieren und sie bitten, sich unser anzunehmen, auch kannst Du, Henriettchen, gewiß das eine oder andere dazu beitragen. Mich wundert ohnehin, daß Du untätig bei Deinen kleinen Leseübungen verweilst und bloß gelegentlich herausplatzt.

Keine ist wie Amöne: Allzeit hetzt sie durch die Welt und bringt mir irgendein Fetzchen rohen Fleisches, das sie mir zwischen die Zähne steckt, damit ich zubeiße, und sie nur weiter eilend von oben herab mir das nächste Zipfelchen aus dem Haufen unfertiger Gerichte zuteilt.

30ter Junius

Ich muß dich noch was fragen, sprach ein junger Adler zu einem tiefsinnigen, grundgelehrten Uhu. Man sagt, es gäbe einen Vogel mit Namen Merops, der, wenn er in die Luft steige, mit dem Schwanze voraus, den Kopf gegen die Erde gekehret, fliege. Ist das wahr? Ei nicht doch, antwortete der Uhu, das ist eine alberne Erdichtung des Menschen. Er mag selbst ein solcher Merops sein, weil er nur gar zu gern den Himmel erfliegen möchte, ohne die Erde auch nur einen Augenblick aus dem Gesichte zu verlieren.

Pauline springt durch den Salon, fliegt auf Zehenspitzen in den Garten, kehrt um, schwebt herbei, kreist über meinem Kopfe, legt sich flach auf den Boden, zeigt die bloßen Knie und starrt in die Luft.

Ich weiß, schnattert sie, Du erzählst mir vom Menschenvogel, dem Himmel und Erde untertan, und ich glaube, der Uhu neidet uns unsere Klugheit und erzählt dem Adler ein Märchen.

Montag

Es muß mir doch gesagt werden, daß ich nicht überleben werde in meinem ausfließenden Blute. Was kümmert mich meine glatte Haut, das gesunde Bein, das klare Auge, da unter dieser ansehnlichen Oberfläche das Blut mir in den Adern stillsteht.

Noch diesen Tag erbitt ich, den kommenden, den Monat vielleicht, vielleicht das Jahr, doch weiß ich nicht, ob ich es denken darf, den nächsten Sommer zu erhoffen, wenn das Kind im Fluge durch den Garten tobt, unter den Bäumen ausruht und ich im Schatten abwarte, ihren Merops in Empfang zu nehmen.

Mittwoch

Den Abend erscheinen Müller, Sophie und Kleist. Mal Zwillinge, mal Dreigespann. Vogel kredenzt einen milden Wein. Ich klirre mit den Gläsern und lache. Vogel ermahnt mich mit Blicken von oben herab. Ich lache lauter. Sophie legt ihren Arm um meine Schultern, drückt mich an sich, flüstert mir, ich solle etwas Aufmunterndes auf dem Klaviere spielen, uns alle ein wenig abzulenken. Den Müller von der Staatskunst, den Vogel von seinen Deputierten, den Kleist von seinen Verhandlungen um die Gutenachtblätter und zuguterletzt die Sophie von ihrem Bauche. Sie trägt ihn als Liebestrophäe vor sich her, das Auge selig in meinem und seufzt ein wenig über die fruchtbare Last. O, ich will sie alle nicht ertragen müssen. Ihre Widrigkeiten kümmern mich wenig. Sie werden leben das Jahr, ihre Sorgen haben, Kinder in die Welt setzen, sich um den Staat kümmern, Dramen schreiben, Gesellschaften geben und Hoffnungen auf viel Glück im Herzen hegen. Sie werden vergessen, daß ich am Klavier gesessen, einen Psalm gespielt, leise gesungen und meinem Tod bereits ins Auge geschaut habe. Mit Erstaunen höre ich Kleist eine Melodie summen, die ich gerade zu spielen bereit war. Also spiele ich, und alle, alle singen mit. Danach herrscht Schweigen. Der Abend verrinnt, und ich trinke, um besser schweben zu können.

die Nacht

So ein Merops, der in der Falle hockt, nichts sieht, den dürren Boden hackt, noch nicht ahnt, daß die Dunkelheit wieder weicht, und ein Hauch von zartem Morgen bringt, den Menschenvogel aus seiner Finsternis zu befreien.

7ter Julius

Keber bringt mir gleich in der Frühe böse Nachricht, daß Castor in seinem Dorfe friedlich eingeschlafen sei. Man habe ihn gefunden, als er mittags in der Sonne auf seiner Bank vorm Hause von seinem Nickerchen nicht mehr erwachte. Wir trösten einander und Keber lächelt unter Tränen und sagt:

Ich bin der Nächste.

Du, entgegne ich, wieso Du?

Wir gehen alle nacheinander, es ist ganz richtig so.

Deine Ruhe möcht ich haben, Vater. Mich so sehen, wie ich Dich sehe. Verzeih, daß ich lache, statt zu weinen. Ich kanns nicht glauben, daß er fort ist.

Warum nicht Kind, er hat es doch geahnt und sich beizeiten zurückgezogen.

Die Potsdamer winden ihm den Kranz, die Berliner den durchsichtigen Trauerflor. Die Freunde sitzen im Garten und sollen nicht um seinetwillen jammern.

Jeder Tag ist wie ein ganzes Leben. Morgens wird man geboren, mittags ist man groß und stark, nachmittags hat man Schmerzen in der Brust, abends schließt man die Augen. Ein Wunder, morgens wieder zu erwachen und das Spiel noch mal von vorne zu beginnen. Ich wünsche mir einen langen Tag mit großen Atempausen.

25ter Julius

Castors Tod wird vom Ableben der Königin überschattet. Die Welt ist untröstlich, außer mir, denn ich bin noch am Leben. Wer hätte das gedacht? Müller und Kleist rennen sich die Hacken ab, die vielen Kanzelreden und Hymnen auf die reizende Louise zu hören. Die Untadelige, die Liebliche. Die Kirchen füllen sich mit Schluchzern. Die Redner erkühnen sich, ihr den Tod streitig machen zu wollen. Sie darf nicht gestorben sein, die erste Bürgerin im Staate, die Mutter des Volkes, die Geliebte des Königs, die Ernährerin ihrer Kinder, die tugendhafte Bittstellerin um den Frieden und die Eintracht im Lande.

Müller schreibt seinen Nachruf mit schwarzen Tränen in der Feder und weidet sich an seiner Trauer. Kleist murmelt ungereimt, daß so viel kalte Reden bloß die Gebetsmühlen in Gang bringen, aber nicht die Herzen. Er flieht die Stimmen, die lüstern klagen, und den Tod der Monarchin zum Feiertage erheben.

später

Ich überwinde alle Hindernisse und erreiche die ausgebrannten Türme von St. Petri. Meine Flügel gehören den Fliehenden. Ein Schreiner hat sie mit leichter Hand gefertigt. Sie klappern auf meinem Rücken im Winde. Die Turmfalken erschrecken vor mir. Ich stehle ihnen Federkleid und Auge. Jeder Mensch möchte einmal wie sie in den Wolken liegen.

Ich sehe Menschen auf ihren Wegen, überallhin. Ihre Blicke zum Himmel erhoben. Sogar der Schreiner steht vor seiner Werkstatt und hört seine Flügel hochdroben schlagen.

Wie Windmühlen teile ich die Luft, fühle alles unter mir entschwinden, erreiche Höhen, die ich nie geschaut, und lasse mich von den Schwingen einer lauen Böe übers Wasser tragen. Unter mir wiegen Bäume sich, kräuseln Wellen den gelben

Sand. Über mir und über mir, bauen unsichtbare Hände eine blaue Wand. Habichte stürzen steinern hernieder. Auch ihr Kleid könnte mir nützlich sein. Aber sie stoßen mich in die Tiefe. Von überallher hacken sie ihre Schnäbel mir in die Seite, schreien, daß die Stille zerreißt, packen mich mit reißenden Klauen. Rasend kommen die Türme näher, das Schloßdach, die Straßen, folgen mir die Falken auf meinem Flug nach unten. Hör ich der Menschenmenge erregte Stimmen, nimmt der Schreiner mich aufatmend in Empfang.

Die Falken zupfen mir das Haar, die Menschen hängen an meinen Lippen, der Schreiner ergreift das Flügelpaar und wirft es in die Flammen. Wund geschlagen kehrt die Flüchtende zurück.

29ter Julius

Kleist sitzt bei mir im Salon und will, daß ich die elf Bogen seines Trauerspiels noch einmal und vollends lese. An meinem Urteile liegt ihm viel. Aber warum, da ich das Stück nicht mag. Es hat doch jenen Pferdefuß, die Frauen den Männern nacheifern zu lassen.

Sie werden es trotzdem bitte lesen! Sie sind die einzige, die den Amazonen als männlicher Erfindung mißtraut, ihnen bloß Kriegskunst andichten und falsches Heldentum. Doch gibt es Stellen gegen Ende der Tragödie, die dem wahren Weibe entgegenkommen. Ihre Tugend sprechen lassen, die Bereitschaft kundtun, der Herrschaft zu entsagen, das kämpferische Leben zu lassen für die Liebe.

Redensarten, beharre ich. Und wenig weibliche Vielfalt.

Er schweigt, verschränkt die Arme vor der Brust, zieht düsteres Gesicht und nagt an seiner Lippe.

Der Mann greift zu den Waffen, sagt er. Die Frau zu einer List. Ich bin überzeugt, Sie kennen den Todesbiß, den das Weib ersonnen.

Ungehalten betrachte ich den hartnäckigen Besucher und wünsche, daß er sogleich geht und nicht wiederkommt, mich in Ruhe läßt mit seinen Amazonen, mich nicht zwingt, es seinen Heldinnen gleichzutun, die Lanze nach ihm zu werfen.

Bitte keine Bühne, werfe ich ein, keine griechische Dekoration, kein Schlachtfeld. Genießen wir den Frieden und unsere Bekanntschaft als ein leichtes Band.

Jetzt wird er erst richtig düster und knurrt: Nein.

Er ist nicht zu bewegen, einen verbindlichen Ton anzuschlagen. Jedes Wort preßt er hervor oder verschluckts. Auch gehen ihm die Silben zuweilen wie Kiesel über die Lippen, und ich muß mir die Worte zusammenreimen.

Dörte bringt uns Kaffee und wieder Kaffee. Pauline stürmt herein, setzt sich zu ihm, zeigt ihm ihr Malheft, die verschiedenen Farben, mit denen sie die Tiere, Häuser, Gärten, Blumen und Sonnen ausgefüllt. Mit einer rührenden Hingabe taucht er den Pinsel in die Farben, um ein neues Bild für sie zu fertigen, auf dem die Sonne schwarz, die Bäume blau und die Häuser grün sind, was Paulinchen mit großer Freude begrüßt. Denn wer sagt, daß die Farben, die man zu sehen meint, die sind, die wir wiedergeben? Die Stadt ist voll bunter Häuser, plaudert Pauline, und Verzierungen, geschmiedeten Schildern, Tieren auf den Dächern und an den Türen, malen Sie mir bitte auf ein Kinderhaus ein Tier, einen Ochsen oder ein Schaf, oder eines, das fliegt. Kleist lacht. Tiere. Ich weiß ein Pferd, das Flügel hat und vom Himmel kommt. Dann malen Sie es. Kleist setzt sich an mein Pult und vertieft sich in sein Vogelpferd, Pauline hüpft aufgeregt um ihn herum, versucht ihm über die Schulter zu schielen, hockt sich nieder, betrachtet ihn so wohlgefällig, daß mir eigenartig bang wird. Bald darauf ist das Gebilde fertig, und das Kind bestaunt offenen Mundes jenes unwirkliche Geschöpf, das der griechischen Mythologie entstammt und Pegasus genannt wird. Kleists herabschwebendes Sagentier ist ganz ungriechisch, hat einen schwarzen, schweren Leib und die Schwingen eines Raben. Es steht auf einem Hause und erdrückt das Dach mit seinem Gewichte. In seinem Maule trägt es eine Blume, in seinem Schweif steckt ein Schwert. Der ewige Krieger, der den Sieg mit Hilfe seines Rosses gen Himmel trägt. Pauline dankt mit artigen Verbeugungen, läuft hin zu Dörte, um ihr die neueste Malerei vorzuführen.

Kleist ist unschlüssig, zerstreut. Den einen Fuß zum Gehen bereit, den anderen bei mir. Unentschieden nimmt er meine Hand, hält sie in seinen beiden Händen fest, so fest, daß ich nicht entkommen kann. Heftig küßt er mir die Handflächen und in einem hastigen Schritt nach vorn gebeugt, die Stirne, das Haar. Dann rennt er hinaus in den Garten, zum Tore, zerrt das Schloß und ist nie dagewesen.

3ter August

Adam Müller, vom Minister nach Berlin gerufen, zum Hofrat ernannt, hat bisher kein öffentliches Amt erhalten. Er darf nachdenken auf Kosten des Staates, ohne seine Gedanken nutzbringend anwenden zu können. Die Niederlage treibt absonderliche Blüten. Staatsdiener, die auf der Straße sitzen bei anständigem Gehalt, operieren zu ihrem reinen Vergnügen mit der eigenen Phantasie. Das wurmt den Vogel, doch läßt er sichs nicht anmerken. So reden die beiden Freunde immer um den heißen Brei herum. Alle Welt weiß, daß man in Preußen Neues ersinnt, die Kriegslast mit Anstand zu tilgen. Doch sind so viele Köpfe im Spiel, so viele kassierende Hände, daß man bis heute nicht weiß, wie das neue Finanzsystem aussehen wird. Und unser hitziger Freund aus Dresden ereifert sich, daß er wieder einmal gehalten ist, nur um den einzelnen Menschen sich zu sorgen und nicht um die Menschheit als Ganzes, Konzepte entwirft, die sich bloß auf dem Papiere niederschlagen, von Hand zu Hand gereicht werden, Wohlwollen ernten, aber keinen Gewinn.

Am besten, ich sinniere über das Schöne in der Kunst, bemerkt er. Bewundere die Glanzlichter unserer Universität, duelliere mich mit den Geistern der Zeit, schmauche Tabak, trinke Kaffee, Tee, wieder Kaffee, nochmals Tee, fahre aus, besuche Salons, halte mich bereit für den großen Augenblick und verschwende so meine Tage.

Louis, bei besagtem Kaffee in unserem Salon, läßt Adam Müllers berühmte Blätter zu Boden fallen.

Die Elemente, lächelt er. Der Staatskunst. Der dringliche Aufruf an den Staatskanzler, die Stände zu achten. Der Plan zur Herabsetzung des Zinses. Gedanken über Feudalismus und Antifeudalismus. Nur Blitze erleuchten die Finsternis, mein eleganter Freund. Einen eigenwilligeren Kopf können wir uns gar nicht leisten. Er lacht auf und läßt die Blätter verstreut liegen. Nimmt Müller bei den Schultern und führt ihn, mir freundlich zunickend, hinaus in den Garten.

Seltsamerweise stehe ich auf, die Müllerschen Papiere wieder einzusammeln.

den späteren Abend

Eben bringt mir Dörte einen Brief von Amöne, was mich freut, und ich verbringe einen gut Teil des Sommerabends bei dünnem Tee und Lektüre.

Meine beste Freundin!

Alle Welt schreibt sich Briefe. Es sieht so aus, daß ein ganzes Regiment von Boten bereit gehalten wird, die wichtigen, großartigen, kleinmütigen und nichtigen Mitteilungen verschlossen und versiegelt von hier nach dort zu befördern, denn das höchste Glück des modernen Menschen scheint mir augenblicklich darin zu bestehen, auf diese Weise innigeren Kontakt mit dem Nächsten zu pflegen. Hier steht nun vieles auf dem Papier und hat fortan seinen Platz in dem Gedächtnisse des Schreibenden, in der Hoffnung, dem Lesenden den Fluß der Gedanken näherzubringen, in der stillen Gewißheit auf Antwort nicht lange warten zu müssen. Dieses Mal, liebste Henriette, schreibe ich Ihnen nicht aus Zeitvertreib oder weil mir das eine oder andere Aperçus in den Sinn gekommen ist. Dieses Mal schreibe ich, um mein Herz zu erleichtern und damit den Versuch zu wagen, unsere Freundschaft zu festigen. Das klingt nach Offenbarung, und Sie werden vielleicht fragen, warum ich nicht viel früher zur Feder gegriffen habe, warum ich zehn Jahre später mit einem streng gehüteten Geheimnisse vor Ihre Augen trete und schon vorher weiß, daß Sie keine Möglichkeit erhalten, dies gebührend zu kontern, da unser gemeinsamer Freund, dessen Andenken Sie hoch achten und ehren, uns seit kurzem verlassen hat. Castor.

Ich habe vor Jahren in seinem und Madame Nufferts Beisein einen Schwur leisten müssen, nie, so lange er im Amte, seinen Pfarrkindern der treusorgende Hirte und seinen Freunden in Berlin der wohlmeinende Lehrer, ein Wort darüber zu verlieren, welcher Art unsere Verbindung gewesen. Was den Anlaß gab, von heut auf morgen unser Domizil von Potsdam nach Berlin zu verlegen. Wie Madame Nuffert, die starke Seele, dies alles bewältigte, da ich stolzes, hochauffliegendes Mädchen nichts anderes im Sinn hatte, als unserem Freunde und ihr zu schaden.

Als mein Vater nach langem Leiden verstorben war, ergab es sich, daß Castor uns Frauen seinen vielfach geschätzten Christendienst erwies, uns Trost spendete und hilfreich zur Seite stand, das Jahr der offiziellen Trauer mit seiner selbstlosen Anteilnahme zu gestalten. Ich genoß seinen aufgeklärten Geist, seine warmherzige, nie vorurteilige Rede und entdeckte eines Tages, daß zwischen ihm und Madame Nuffert eine herzliche Zuneigung bestand, aber beide diese aus Rücksicht auf meine himmelhochjauchzende, immer zu übertriebenem Betrübtsein neigende Launigkeit vor mir verbargen. Entsetzt und betroffen, da ich mir den geistlichen Manne zum Ideale auserkoren, tyrannisierte ich sie in grausamer Weise. Einmal beschloß ich, ihre unziemliche Liebe im Jahr der Trauer an die große Glocke zu hängen. Ein andermal wollte ich sie vergiften. Am meisten jedoch hatte ich die unaussprechliche Begierde, Castor meiner geliebten Mutter abspenstig zu machen. Es gelang mir nicht. So zermürbte ich sie mit meinen Launen, quälte sie, lauerte ihnen auf, ließ sie nicht mehr aus den Augen, bis ihre Zusammenkünfte nach meiner Beobachtung endlich ihre Innigkeit eingebüßt hatten.

Castor zwang mich dennoch, weiterhin Unterricht bei ihm zu nehmen. Er drangsalierte mich seinerseits mit übermäßigen Anforderungen im Lateinischen und Griechischen und quälte mich mit Abstraktionen mathematischer Gleichungen. Ich begann ihm und Madame Nuffert, da ihre Liebe erkaltet zu sein schien, meine Aufmerksamkeit zu entziehen. Flüchtete gelegentlich in zweifelhafte Gesellschaft und begann mein Leben nach dem Zufallsprinzipe einzurichten, wie Sie es, liebste Henriette, in Berlin kennen gelernt haben. Mit Recht haben Sie mich eine Blume ohne Wurzel genannt, ein Luftgewächs, welches nirgendwo mehr den Boden erreichen konnte.

Aber, wenn ich in Ihren Augen auch leichtlebig und oberflächlich schien und mir solches Dasein zur zweiten Natur geworden ist, habe ich doch immer daran gedacht oder auf die Stunde gehofft, Ihnen reinen Wein einschenken zu können, damit Sie fühlen, daß ich nicht nur umherflattere, meine Arme nach dem schönen warmen Lichte strecke, die Sonnenseite bloß genieße.

Nach dem Tode unseres geschätzten Freundes, mit dem ich mich in den letzten Jahren ausgesöhnt habe, wurde mir eigentümlich wehe ums Herz. Es war nicht so sehr der Verlust, der mich betroffen machte. Ich hatte zugleich die Empfindung, meinem Dasein eine Wende geben zu müssen. Das heißt, mit dem Tode unseres Beschützers von einst auch meine kindlich kindischen Erinnerungen an ihn zu begraben. Madame Nuffert, die sich in Berlin von Castor zurückgezogen hat, mir meine Kapricen großzügig nachsah und nachsieht, weiß von meinem Briefe an Sie und empfiehlt sich anteilnehmend mit den herzlichsten Grüßen, so wie ich die Hoffnung nähre, Ihnen nahe sein zu dürfen.

Ich kehre hiermit zum Anfange meines Briefes zurück, daß es ein Glück sein kann, dem nächsten, geliebten Menschen Mitteilungen auf diese Weise zukommen zu lassen und in diesem monologischen Zwiegespräch zu hoffen, daß die Antwort nicht allzu lang auf sich warten möge.

Die Ihre.

Amöne

4ter August

Meine Äolsharfe, meine Schattenblume!

Sogleich sollen Sie Antwort haben und spüren, daß ich mich mit Ihnen vollkommen einig sehe, umgehend unsere bis zum heutigen Tage eher für zu leicht befundene Verbindung auch von meiner Seite sorgsam hütend zu festigen. Ihr Brief hat mich sehr bewegt, eine Fülle von Bildern in mir erscheinen lassen, und ich sehe Sie vor mir, wie Sie einst auf meiner Kammer, einem zänkischen Zwergenmenschlein gleich, Ihr ganzes Unglück hinausgeschrien, so unverständlich damals, so einsichtig jetzt. Ich möchte mich vor Ihnen und Ihrem Geschick nicht eine kostbare Sekunde lang mahnend aufspielen und es auch vermeiden, Ihr Andenken an den Freund und Lehrer aus Potsdam mit dem meinen zu vergleichen. Wir haben verschieden gelebt, bis heute.

Jetzt ist es jedoch an mir, Ihnen Ihr in mich gesetztes Vertrauen zu vergelten. Auch ich hegte in meiner kindischen Art Neigungen für den Prediger, doch waren sie versteckt, Geheimnis meiner Seele und niemals Gegenstand offen bekundeter Wünsche. In meinen Kinderaugen war Castor unerreichbar, da ihn alle Welt zu lieben trachtete, und die Liebe eines Weibes ihm weniger zu bedeuten schien als das Zutrauen seiner Gemeinde. Ich machte mir viele Gedanken darüber, daß er weder Weib noch Kind sein eigen nannte und sich ausschließlich um das Wohl und Wehe seiner Schützlinge bemühte, und kam zu dem Schlusse, daß ein guter Pastor keine Familie benötigte, um seine Aufgabe meistern zu können. Im Gegenteile, daß Familie ihn eher daran hindern würde, intensive Seelsorge zu betreiben.

Zum Wohle unseres Freundes bedarf es vieler Worte und Gedanken, die mir aber im Zusammenhange mit Ihrem Briefe weder zu seiner Verteidigung noch Ehrenrettung erforderlich scheinen.

Was Sie mir enthüllen Amöne, enthält auch jene Streitfrage, ob man so ist, wie die Natur den Menschen gemacht hat, oder so wird durch Erziehung. Es liegt mir ganz ferne, irgend einen Haken an der Sache zu finden, höchstens den, daß Sie sich selbst am wenigsten in der Geschichte gerecht werden, und daß Sie einzig in ihr, Ihr flatterhaftes Wesen begründet zu sehen wünschen. Enttäuschte Liebe kann ich dieses Spiel, das Sie spielten, doch nicht nennen. War die Zuneigung dabei nicht Ihre Sache, bloß Ihr Anspruch.

In meiner Vorstellung ist die Welt voll von Seelenräubern, lärmt das Theater uns die Tragödien Liebender und Hassender vor. Streiten sich in den Salons die Herren um die Damen, und die Damen um die Herren. Daß Sie aus Ihrer Jugendtorheit Ihr weiteres Leben ableiten, vermag ich nicht einzusehen.

Mir will es nicht gefallen, daß Sie sich selbst gar nicht oder nur zum Scheine mögen oder zum Scheine damit kokettieren, daß alle Welt vor Ihrem Wesen bloß zurückweichen muß, als hätten Sie eine ansteckende Krankheit. Im übrigen denke ich, daß es von Vorteil gewesen wäre, einen Gottesmann zu umgarnen, statt einem Teufel in die Hände zu fallen, wobei ich nicht einmal etwas gegen Teufel einzuwenden habe.

Leider bin ich nicht wohlauf und kann Sie die Tage nicht empfangen. Doch hoffe ich, daß meine Zeilen Sie fürs erste beruhigen mögen, und versichere Ihnen, daß ich Ihr herzliches

Entgegenkommen wohl zu schätzen weiß und mich allsogleich mit Ihnen ins Benehmen setze, habe ich meine Lagerstatt wieder einmal verlassen.

Ich empfehle mich vielmals grüßend Madame Nuffert.

Sie selbst, Amöne, umarme ich tausendmal.

Ihre Henriette

25ter August

Lange schon liege ich auf der Lauer nach einem Ereignis, welches mich aufrichten soll. Pauline im Arm, die Besucherin Sophie an meinem Bette mit Grußbotschaften von Müller und Kleist, von letzterem insbesondere, und während sie mir buntes Treiben in den Straßen nahebringt, dem Kinde Leckereien reicht und jede Bewegung im Raume mir so vertraut scheint, wird in demselben Augenblicke jedes Ding mir fremd. Der Stuhl, das Fenster, Sims, Waschtisch, Spind, mein Bett, der Kasten zu Häupten, die Tür zu Füßen, Sophies entzückende Rede mit den Händen und so viel gutmeinende Worte, das Kind, und wieder das Kind. Selbst ich bin mir die fremdeste und weiß nicht wie!

30ter August

Aus der Haut könnte ich fahren, daß Vogel, ohne ein Wort davon zu verlieren, alle Freunde einlädt und sie so recht in zwei Lager teilt. Die Weiber an den kleinen Tischchen zu placieren gedenkt, die Herren beim Umtrunke und Tabak in seiner Kemenate schwelgen sollen, denn wenn Preußen in der Markgrafenstraße gerettet werden muß, benötigt man Vogels Mannen. Die Frauen, zur Zierde in den Salon drapiert, ergeben die schmuckvolle Beilage zu neuen Gesetzen und Verordnungen. Mit anderen Worten, sie kommen als Personen in ihrem Denken nicht vor, sind aber gut genug für das Arrangement mit Blumen und Tischreden, bei denen sie gefälligst zu applaudieren haben. Ich für meinen Teil sehe mich gezwungen, die Damen unter diesen Umständen auf meine Kammer zu bitten. Mit Dörte habe ich das Allernötigste in der Angelegenheit besprochen. Die Treblin versorgt die Herren, die Damen in der Obhut Dörtes sich selbst. Es ist auch so, daß ich mit Vogel derzeit nicht spreche.

2ter September

Die Abendblätter wachsen in den Himmel. Müller und Kleist haben den Polizeipräsidenten hofiert wegen der Zensur, denn jedes Blatt, welches an die Öffentlichkeit verkauft wird, muß von den Hütern des Gesetzes und der Ordnung genehmigt werden. Der Buchhändler Hitzig soll es drucken. Jedes Wort muß auf der Goldwaage der Gerechtigkeit ein bestimmtes Gewicht haben. Müller verachtet die Zensur, doch ist er geschickt genug, seinen Unwillen vor den Augen der Polizei zu verbergen. Es heißt, daß der Polizeipräsident Gruner die schöne Dichtkunst liebt und sich auskennt in der Literatur. Und diesem Umstande allein ist es zu verdanken, die Abendblätter zu etablieren. Zudem erfreut sich Müller der Fürsprache durch den Kanzler und kann in Kleists Namen ungeniert mit dem zweitwichtigsten Manne im Staate über das Unternehmen verhandeln. Die Regeln sind bekannt: In dem Blatte dürfen keine Angriffe auf den Staat und die Obrigkeit abgedruckt werden. Keine hochgestellte Persönlichkeit darf öffentlich kritisiert werden. Beleidigungen jeglicher Art werden bestraft. Tugend und Sittlichkeit im Volke dürfen nicht verletzt werden. Die Religionsfreiheit im Lande solle gewahrt bleiben. Die freizügige Redeweise der Theologen, wie sie jetzt Mode ist, darf nur dann im Blatte erscheinen, wenn Kirche und Staat keine Einwände zur Veröffentlichung haben.

Niemals darf das Ansehen der königlichen Familie und des Herrscherhauses durch entsprechende Berichte Schaden erleiden.

Staat und Polizei sowie das preußische Heer müssen mit Respekt gewürdigt werden.

Die politischen Feinde Preußens sollen mit der ihnen gebührenden Hochachtung, aber nicht unter Beeinträchtigung patriotischer Gefühle, berücksichtigt werden.

Zum Wohle des Volkes empfiehlt es sich, die Wohltaten seiner Majestät des Königs und die Wohltaten seiner Durchlaucht des Kanzlers öffentlich bekannt zu machen. etc. etc.

Würdigen wir als erstes die Polizei, höhnt Müller im kleinen Kreise, mit folgender Notiz, welche sich beliebig abwandeln läßt:

Der Sohn des Schuhmacher X. aus der Krausestraße, der am 2. Sept. d. J. bei dem Schankwirt Y. Feuer gelegt hat und von der Polizei arretiert worden ist, wird auf Betreiben seines Vaters und der Fürbitte eines einflußreichen Oheims von den Gendarmen im Gefängnis schonend behandelt.

Kleist bittet den Freund, seine Witze vorderhand für sich zu behalten. Es sei nicht an der Zeit, sich schon jetzt über alle möglichen Umstände, die zum Gelingen des Blattes beitragen können, lustig zu machen. Ihm werde die Arbeit noch sauer genug werden, und er habe keinen Nerv für Pamphlete, die man ohnehin nicht drucken könne.

Tun Sie doch etwas, faucht Müller mich an. Stehen Sie nicht herum und starren Löcher in die Luft. Sie sehen doch, daß alle heute nachmittag auf Streit aus sind. Spielen Sie zum Tanz auf oder singen Sie, was Ihnen in den Sinn kommt. Erheitern Sie uns mit Ihrem Talente, damit wir nicht auf die Idee kommen, wie Hähne aufeinander loszugehen.

Vogel besänftigt den Freund, und Kleist geht als Raubtier umher. Ich verstehe gar nicht, fauche ich zurück, was Ihren Streit rechtfertigt, Adam! Streiten Sie doch auf der Straße, wenn Sie meinen, streiten zu müssen. Und außerdem spiele ich, wann es mir gefällt. Ich bin nicht dazu da, Sie zu besänftigen. Sie müssen sich vor mir nicht aufplustern, bloß weil Sie dem Herrn Polizeipräsidenten und Ihrem Freunde gefällig sind!

Müller klatscht in die Hände.

Das ist mir die rechte Stimmung. Danach lechze ich den ganzen Tag. Nur Widrigkeiten machen mich froh. Henriette, spielen Sie jetzt, oder nicht?

Spielen Sie bitte, sagt Kleist mit leiser Stimme.

Er tigert auf mich zu, nimmt meinen Arm, führt mich ans Klavier, schlägt einen Ton an, wartet bis ich mich gesammelt habe, stellt sich neben mich und singt, bevor ich den ersten Akkord erklingen lasse. Wir singen gemeinsam und hören im Hintergrunde Müller mit Vogel debattieren. Singen lauter, daß nur noch unsere Stimmen von den Wänden widerhallen und beenden das schrille Duett erst, als Dörte hereinkommt den Tisch zu decken.

Während unserer gemeinsamen Tafelei scherzen und lachen wir weiter über die erlaubten Frechheiten im zukünftigen Abendblatte. Müller lehnt sich zufrieden zurück. Kleist begegnet mir mit düsterem Blicke, und ich beunruhige mich deswegen.

11ter September

Ich habe Kleist wiederholt getroffen, ohne Vogel davon Bericht zu geben. Des weiteren Sophie um Stillschweigen gebeten. Mal ist er liebenswürdig und aufmerksam, mal ganz abscheulich und bedrängt mich in unflätiger Weise. Aber die Unruhe wächst so, daß ich an nichts anderes als an ihn denken kann und mich nicht in acht zu nehmen vermag vor seinen Launen. Alles, was er schreibt, soll ich lesen, und stundenlang brüten wir über seinen Stücken, die ich allesamt so anmaßend finde.

Er sitzt auf seinem Bette, Tag für Tag, Tabak rauchend, geht nicht aus, läßt sich nur immer Tee kommen, schickt mir Billets, ihn aufzusuchen, damit er eine Menschenseele sieht. Die Berliner Abendblätter machen ihm viel Kopfzerbrechen, im Weinmonat sollen sie erstmalig erscheinen.

Als ich vor zwei Tagen bei ihm saß, kam Müller griesgrämig dazu und ließ sich wieder fortschicken. Kleist ist nicht zu genießen und ich auch nicht, da ich mich meiner Verliebtheit schäme, mich in ein Korsett zwänge, um mein Herz zu überhören.

29ter September

Mein Kind fiebert, phantasiert. Jetzt betreue ich zwei kranke Seelen, pendele zwischen der Kleistschen Mauerstraße und der Markgrafenstraße hin und her, ohne einen vernünftigen Gedanken fassen zu können. Seit Wochen habe ich keine nennenswerten Beschwerden, bin aber nicht bei Sinnen und keinesfalls gesund. Treibe ein seltsames Spiel. Ärgere mich über den Freund, hintergehe, wenn auch bloß im Geiste, meinen Gatten, düpiere alle Freunde, weiche Madame Eberhardi aus, die mich zu sprechen wünscht, verabsäume Peguilhens Einladungen, obwohl ich mir doch bestellt habe, seine weiteren Ausführungen über die Kriegskunst anzuhören. Stattdessen schwärmt mir Kleist von seinen Schlachten auf dem Papier.

Dörte macht keinen Mucks, daß ich Paulinchen beinahe täglich für viele Stunden verlasse. Weiß ich denn, wo mir der Kopf steht, wohin meine Füße gehen, wer mir im Busen sitzt?

Benjamin, der heute erst Pauline verarztet, dann mich in Augenschein genommen hat, bestätigt mir ewiges Leben. Der Gute, ahnt nicht, daß ich an Herzvergiftung sterben werde, reinen Bluts. Vogel indes weiß von meiner Besessenheit, sagt aber nichts. Zwischen uns herrscht allemal die Übereinkunft, sich im Schweigen zu ertragen. Es brennt mir unter den Nägeln, mein Dach über dem Kopfe anzuzünden.

30ter September

Noch bevor das erste Abendblatt erscheint, kommt vom Zenite der Obrigkeit die Zustimmung, ausgewählte Mitteilungen der Polizei zuvörderst in der Zeitung öffentlich zu machen. Aller gräßlicher Kot in dieser Stadt wird jetzt dort seine weiteste Verbreitung finden. Kleist lobt mir erschöpft und überglücklich alle Beteiligten des Vorhabens. Er hegt den Wunsch, mit seinem Blatte vom Staatskanzler anerkannt zu werden. Jetzt graust mir vor dem Manne, daß er seine Geschäfte auf diese Weise betreibt, doch lasse ich mich in seinem Überschwange zu tausend Umarmungen hinreißen und so lange von ihm würgen, bis ich es nicht mehr weiß.

1ter Oktober

Das erste Abendblatt ist da. Rührend nimmt es sich in dem handlichen Formate aus. Man hat es ganz schnell gelesen und will mehr. Der Freund vermöchte die doppelte Anzahl der Seiten zu liefern, doch hapert es am Gelde. Und Hitzig gibt dem Blatte ohnedies nur eine geringe Frist.

Diesen Mittag ist Kleist unser Gast, und Vogel läßt ihm Grütze servieren, die die Treblin mit gekochten Äpfeln verschönt.

Wir benehmen uns wie in einer Schlacht, jeder in seinem Geschützgraben auf der Lauer vor dem Feinde. Dabei lobt Vogel das Quartheftchen mit vollem Munde, wenngleich es in bescheidenster Gestalt erscheint. Vier Seiten Gebet des Zoroaster und keine Lüge über den Staat, die Kirche und die Polizei. Wem könnte ein solcher Anfang wohl mißfallen?

Kleist wertet das Ergebnis als mager nach so viel Anstrengungen, setzt indessen Hoffnungen auf die Extrablätter mit den Polizei-Rapporten und glaubt, daß ihm die Berliner diese Meldungen aus der Hand reißen werden.

Vogel erkundigt sich beiläufig nach Müller, Sophie und wann die Ankunft des Kindes zu erwarten sei.

Langsam kriechen wir aus unseren Geschützgräben hervor und sprechen über alles mögliche, bloß nicht über die Fäden, die wir überkreuz gesponnen haben. Zu allem Überflusse erscheint unangemeldet ein Herr Hoffmeister und preist die

Abendblätter über die Maßen. Man erwarte sehnlichst die nächsten Ausgaben, in der Hoffnung, auch bald wieder eine Novelle vom Redakteur zu lesen. Sei doch der ›Phoebus‹ nicht vergessen. So geehrt lächelt Herr v. Kleist und verspricht sein möglichstes zu tun, dem neuen Unternehmen ebenso Gesicht und Gewicht zu verleihen wie seinerzeit dem immer in Geldnöten steckenden ›Phoebus‹. Allerdings sei das Erscheinen der Abendblätter beim Buchhändler Hitzig nur auf einige Monate gesichert und ein Nachfolger noch nicht in Sicht. Möglich aber wäre es, räumt Kleist ein, daß Hitzig weiter Interesse zeige, wenn die Sache erfolgversprechend würde, und den Vertrag mit ihm verlängere.

Hoffmeister strahlt in die Runde und sagt: Nicht wahr, mein lieber Vogel, wir wollen uns dafür verwenden, daß man diesmal nicht leichtfertig ist in der Beurteilung der kommenden Hefte und daß man versucht, dem Unternehmen unter die Arme zu greifen, wenn es schwierig werden sollte.

Vogel nickt bedächtig, will sich jedoch nicht festlegen.

Der junge Hoffmeister, beim Kanzler als begabter Anwärter auf ein juristisches Amt im Staatsdienst avanciert, ist von seinem Enthusiasmus gefangen und würde am liebsten gleich dem guten Kleist den Himmel auf Erden versprechen.

Leider kann man auf Begeisterung allein nicht bauen, bemerkt der Redakteur trocken. Worauf Vogel unbestimmt lächelt. So verläuft der Nachmittag im Sande mit Schwärmereien. Mir wirkt das ganze wohlmeinende Reden um so viel Zukunft befremdlich. Ich sehe mich danebenstehen mit leeren Händen.

später

Viele Stunden sitze ich bei meinem Kinde. In der Stille ihrer Stube erwäge ich den Gedanken, mich einige Zeit von Kleist zurückzuziehen, da meine Gefühle für ihn in Unordnung geraten und ich stündlich mich zum Freunde hingezogen fühle, dann wieder abgestoßen, die Trennung herbeisehne.

Wohlan, ich frage mich, ob Frau Manitius mich recht zum Leiden erzogen hat, wenn sie früher kleine Geldbeutel strickte der Heimlichkeiten wegen, die man in den Dingern besser bewahrt als im Busen, und sie mich lehrte, für jeden Schmerz Taler und Dreier als Gewichte in den Beutel zu stecken, daß es sich auszahlt ein Leids gehabt zu haben. Folgt ich jetzt ihrem Beispiele, sähe es um unsere Wirtschaft schlecht aus. Vogel und Pauline würden kaum satt vom falschen Sparen, und mein Leiden würde nicht weniger vom Draufzahlen.

15ter Oktober

Meine inniglich verehrte Frau Manitius!

Ich ließ wohl einige Zeit Briefe und Sendungen von Ihnen an Paulinchen und mich unbeantwortet liegen, um mich ganz meinem unseligen Zustande hinzugeben. Doch bin ich Ihnen immer wieder so viel Dank schuldig, daß ich es bei ein paar Zeilen nicht bewenden lassen will, und bin heute erst einigermaßen zur Ruhe gekommen, ausführlicher zu berichten. Auch würde ich es begrüßen, das Kind auf einige Wochen Ihrer liebevollen Fürsorge zu überantworten, wenn ich Louis Vogel davon überzeugen könnte, daß Paulinchen eine andere Umgebung gewiß gut täte; auch müßten wir hier einmal das Haus auf den Kopf stellen. Nicht, daß Pauline an solchem Putz keine Freude hätte, doch gibt es mehr zu bereinigen als Flure und Kammern. Zwischen Vogel und mir haben sich, wie ich Ihnen schon früher mitteilte, Klüfte aufgetan, die wir nicht mehr zu überwinden vermögen. Es ist mir unerträglich geworden, neben meinem Gatten herzuleben, in einer eigenen Welt, die sich mit der seinen nur noch an den Rändern berührt. Wir geben Gesellschaften, sind höflich zueinander, teilen die Pflichten, verlieren aber sonst kein Wort über die Belange des anderen. So habe ich keinen Anteil an seinem Fortkommen im Amte, seinen Ideen, die er verfolgt, vielmehr, welche ihn verfolgen, noch kümmert er sich, was ich hinter der verschlossenen Türe meiner Kammer und in meinem verriegelten Herzen treibe. In schönster Eintracht sind wir fremde Bewohner unseres Hauses geworden, dessen Geschichte uns im Anfang so viel Hoffnung auf gemeinsames Glück bereitzuhalten schien. Wenn ich es recht bedenke, hochverehrte Frau Manitius, haben wir vorderhand einander nichts mehr zu sagen. An diesem Punkte möchte ich zumindest vor Ihnen mein Schweigen brechen; da wir ja kaum Gelegenheit haben werden, dies zusammen zu bereden.

Ich sitze, wie schon so oft oder wie auch täglich, an meinem Pulte, an welchem Sie sich in meiner Kinderzeit häufig zu schaffen machten, die fliegenden Blätter zu bündeln, und Sie mir angedroht hatten, dieselben alle in den Kamin zu werfen, wenn ich nicht lernte, sie beisammen zu halten. Ich sitze wieder da und möchte in der schönsten Sonne aufgehoben, Ihnen mehr erfreuliche Ereignisse berichten, als Klagen oder Beschwerden darüber zu führen, daß ich so gar nicht befähigt bin, mein Dasein, aller Regeln gewiß, in die eigenen Hände zu nehmen. Vielleicht erwarte ich zu viel von Vogel, noch immer, zu viel Zuneigung, Höflichkeit, Großzügigkeit in allen Dingen und Toleranz. Vielleicht bin ich nicht bereit, auch nur einen Bruchteil dessen, was ich für mich in Anspruch nehme, selbst zu geben. Seit Jahren sind wir uns so fern wie Mond und Sonne, nähern uns bloß noch über die Wirtschaftskasse einander an, möglicherweise der einzig zuverlässige Charakterzug an mir, nicht verschwenderisch zu sein und selbst in der Franzosenzeit unser geringes Budget nie überfordert zu haben. Das ist es auch nicht, was mich an Vogel stören würde, daß ihm jeder Dreier mehr am Herzen liegt als die Blattern seines Kindes. Er ist es schließlich, der seine Haut und seinen Geist für eben diese Dreier in die Waagschale wirft und mit all seiner Kraft in seinem Amte gewissenhaft wirkt. Was mich so beeinträchtigt in unserem gemeinsamen Leben ist der Mangel an Einfühlung für alle Erscheinungen äußerer und innerer Bedrängnisse, die an mir zerren. Es liegt mir ferne, ein dramatisches

Bild meiner letzten Jahre zu entwerfen, aber seit ich die Krankheit im Blute habe und oft über Tage und Wochen meine Kammer nicht verlasse, nach dem Medikus rufe, als meinem ständigen Retter, und nur das geliebte Kind mir zur Seite weiß, die hingebungsvolle Pflege von Dörte beanspruchen muß, von Vogel aber in der Regel gemieden werde, da ein blutend Weib beileibe keine Zierde mehr ist, ist mir jegliche Bereitschaft, unsere Ehe noch für tauglich zu erachten, abhanden gekommen. Viel lieber wäre mir, ich könnte Ihnen verschweigen, daß ich in diesem Hause unter Vogels meisterhafter Anleitung nicht mehr auszuharren imstande bin. Und jeder Tag nur immer schon beim Aufstehen, wenn es mir gegeben ist aufzustehen, bedeutet, das Leibchen so zu schnüren, daß mir der Rücken nicht durchhängt und ich wie in Krücken gebunden meine Zeit mit entleerten Handreichungen und Ordnunghalten verbringen muß. Sie werden fragen, warum mich meine Beredtheit und Ausbildung nicht in die Lage versetzt, bei Vogel um Gehör zu bitten. Liebe Frau Manitius, alle Worte diesbezüglich sind abgegriffen und nur noch die Hüllen ihrer selbst. Louis kann nicht über seinen Schatten springen. Ein kränkelndes Weib beleidigt seine eigene Gesundheit. Seine Aufmerksamkeit und Treue mir gegenüber finden ihren Sinn in dem einmal gegebenen Versprechen – bis das der Tod Euch scheide –, und dasselbe Versprechen einzuhalten, fordert er mit Eiseskälte auch von mir. Mit diesem Gelöbnis nur läßt sich Staat machen im Staate, und darauf sind alle seine Überlegungen gerichtet. In gütlichem Einvernehmen würde er mich niemals ziehen lassen, gar einer Trennung zustimmen. Freilich kann er mich nicht in Ketten legen, würde ich morgen die Markgrafenstraße für immer verlassen. Zum Glücke habe ich einige wohlmeinende Freunde, vor allem einen ehemaligen Leutnant der preußischen Armee, der hier die Berliner Abendblätter herausgibt und mich in allen Dingen des Geistes fördert und fordert, dem ich jedoch nichts von meinem Unwohlsein erzählt habe. Von Sophie Haza-Müller habe ich Ihnen bereits viel Löbliches geschrieben. Sie erwartet in den nächsten Wochen die Geburt ihres Kindes und hat meine große Zuneigung in allen Fragen, die uns Weiber betreffen. Etwas in die Hinterhand ist meine dennoch innig geliebte Amöne geraten. Ihr Wesen, welches von niemandem mehr gebändigt werden wird, kommt mir in meiner derzeitigen Lebenslage nicht zustatten. Auch Peguilhen und die Kriegsrätin Eberhardi sind mir nach wie vor verbunden, nur sehe ich sie die Wochen wenig, da ich keine Gelegenheit habe, in Gesellschaft mich zu zeigen, beziehungsweise mich wieder einmal zurückgezogen habe und keinen Ausweg weiß.

Ich umarme Sie diesmal, ohne zu fragen, wie es Ihnen geht, weil ich davon überzeugt bin, daß Sie in bester Verfassung bei der Ernte auf dem Lande sind und auf den Pferdekoppeln der verblichenen Mad. Keber die Schafe zählen, aber nicht weit kommen, da sie so viele geworden. Innigst auch von Pauline.

Ihre Henriette.

P. S. Seit Castors Tod bin ich um einen Menschen ärmer, auch wenn ich ihn nicht mehr gesehen habe, fühlte ich mich mit seinem rührigen Kopfe und Wesen verbunden. Keber dagegen ist und bleibt der alte, mit stumpfen Fingerspitzen beim Händetausch.

20ter Oktober

Pauline, die kein Paul geworden: oder auf die Frage meines Kindes, wer die Knaben macht und wer die Mädchen.

Auf einem Bilde in schöner Gegend sieht man drei Kinder im Grase sitzen unter einem Baume. Alle drei tragen sonntägliche Kleider. Der eine Knabe bei ihnen, der die Flöte an den Lippen hält, spielt einem Mädchen auf, das sich im Tanze zu drehen beabsichtigt, oder gerade dahergekommen ist, den anderen Kindern einen Korb mit Früchten zu bringen. Dieser Korb bildet seltsamerweise einen Mittelpunkt in dem Bilde. Alle Gesichter sind auf den Korb und das mit ihm erschienene

Mädchen gerichtet, und alle drei unter dem Baume scheinen zu den schmeichelnden Flötentönen noch eine Frage bereit zu halten. Das Mädchen, so liebreizend in der Pose kommender Schönheit, bewegt diese Frage auf ihrem Antlitz: Wo kommst du her, wer bist du, wie ist dein Name? Das Mädchen, befangen von dem freundlichen Willkommenheißen, überlegt nicht lange und sagt: Ich komme aus dem Dorf und bringe euch Früchte aus meinem Garten. Diese Früchte habe ich selbst von Baum und Büschen gepflückt, und man nennt sie Kirschen, Äpfel, Johannisbeeren, und dies ist auch mein Name.

Aber du bist doch keine Frucht, wirft der Flötenspieler ein. Sag uns, wie du heißt.

Das Mädchen zögert ein wenig, man kann es an der Haltung ihrer Arme sehen. Es ist, wie wenn ein Tanz beginnt und Melodie und Rhythmus in die Glieder fahren, dieselben zu bewegen. Sie sieht die Knaben an, spitzt ihr Mäulchen und ruft:

He, wer seid ihr, wo kommt ihr her, wie heißt ihr?

Die Knaben lächeln erst eingeschüchtert, dann lachen sie, und der Flötenspieler beginnt sein Lied, und unter dem Saum des Kleides sieht man einen winzigen Mädchenfuß hervorkommen, den Tanz endlich zu beginnen.

Dies alles wirkt in schönster Harmonie. Da ist der Baum, den man fragen muß, wo kommst du her, wie ist dein Name. Da ist die Wiese, die man fragen muß, wo kommst du her, wie heißest du. Da sieht man auf dem Bilde in der Ferne das Dorf, den Kirchturm herausragen und man fragt: Wie heißt das Dorf, wo kommt es her? Und in diesem so komponierten Spiele steckt bereits die Antwort. Die Knaben haben es ausgerufen: Aber du bist doch keine Frucht! Sie ist eine Frucht, die kleine Tänzerin, eine Frucht der Liebe ihrer Eltern. Die Knaben sind ebenfalls Geschöpfe der Zuneigung wie der Baum, die Wiese, das Dorf, die Früchte in dem Korbe selbst. In jedem Wesen der Schöpfung steckt der Wille, Früchte zu tragen und so wie es verschiedene Äpfel, Kirschen, Johannisbeeren gibt, so sind die Menschen verschieden: Knaben und Mädchen.

Ende November

Kleist verteilt Hiebe und Stiche gegen jedermann. Zunächst wird gegen Vogel gewettert, den er einen braven Employér schimpft, dem nichts mehr am Herzen läge als eine einwandfreie Buchhaltung, auch wenn sie nur Verluste anzeige. Eine andere Regung sei in dem ganzen Verhältnisse zu den Freunden nicht zu verspüren. Der Vogelsche Salon wirke zunehmend frostig, und der Kaffee schmecke ihm bitter. Als nächster ist Adam Müller Opfer des Kleistschen Feldzugs auf unserem Boden. Er verliert sich in undeutlichen Anwürfen gegen den Freund, die gemeinsamen Interessen nur nach ihrem öffentlichen Nutzen zu verfolgen. Darüber hinaus jedoch die Freundschaft schleifen zu lassen und den Kummer mit den Abendblättern, ihm Kleist, weitgehend allein aufzubürden.

Die nächsten Lanzen treffen den unschuldigen Peguilhen, Sophie und mich in aller Heftigkeit. Wir bereitetem ihm Ekel und Weltschmerz gleichermaßen. Er fühle sich in unserer Gegenwart unnütz, unmutig, verkannt und von Demut gepeinigt.

Ich solle mir nicht in den Kopf setzen, mit seiner Freundschaft und Zuneigung ein Gesellschaftsspiel zu treiben. Dies sei ihm zuwider, und noch heute würde er von der Bildfläche verschwinden, da er keine Möglichkeit sähe, nur zum Scheine Unmögliches zu vollbringen.

Es ist grabesstill im Raume, und niemand wagt es, ihm eine Tasse an den Kopf zu werfen, daß er aus seinem bösen Traum erwachen möge. Er steht da mit glühendem Schwerte, ein Racheengel, der sich den Augenblick am meisten hasset und seine Selbstbezichtigung nicht in sich hineinfressen mag oder schon zu viel davon geschluckt hat. Plötzlich fallen Müller und Peguilhen über ihn her und zerfleischen ihm die wunde Seele. Vogel, Sophie und ich müssen zusehen, als wüßten wir besser, die Dämonen zu bannen, indem wir schweigen. Auch wenn ich mir diesen Ausbruch des Freundes erklären kann, weiß, daß er von allen Seiten nur wenig Unterstützung bei seiner Arbeit erhält und bloß immer mit den alltäglichen Widrigkeiten beim Erscheinen der Zeitung zu kämpfen hat, ständig mit der Zensur im Streit liegt, mit Müller um jeden Begriff ringen muß, bezweifle ich doch, daß er recht daran tut, sich und uns blindlings anzugreifen. Dann krampft sich mir der Magen, und Adam Müller verneigt sich mit hochrotem Kopfe vor uns in sonderbarer Weise, als wolle er für den Freund ein gutes Wort einlegen. Vogel, der die Szene ohne Anteilnahme duldete, tritt vor Kleist hin und redet leise auf ihn ein. Wir können nichts von dem verstehen, was er sagt, doch verfinstert sich des Freundes Miene noch mehr. Unschlüssig geht er hin und her, verknotet die Hände auf dem Rücken und lacht ein kindisches Lachen.

Müller und Sophie nehmen ihn daraufhin in ihre Mitte, um sich artig zu verabschieden. Im Hinausgehen wendet sich der Angreifer an mich mit kalter Stimme:

Madame, Ihr Herr Gemahl hat mir soeben ein Geschenk gemacht. Sie! Soll ich es annehmen?

Schambedeckt bleibe ich zurück. Peguilhen reicht mir schützend seinen Arm, bevor ich von Pfeilen durchbohrt auf einem Stuhle niedersinke. Alle Dinge im Raume starren mich an.

2ter Dezember

Ich werde Kleist nicht mehr treffen. Nicht mehr stumm bei ihm in der Mauerstraße sitzen, im blauen Qualm seiner Tabakspfeife, mich nicht mehr enervieren um sein Gemüt. Das meine eignet sich nicht zum Präsent und Brandschatzen. Ich bin kein willfährig Ding.

5ter Januar 1811

Kehret zu den einfachen Grundsätzen zurück, mahnt Adam Müller uns dies neue Jahr und weiß nicht, wie wir gerade denken. Er denkt so für sich, daß sich alles um ihn und seine Anschauungsweise drehen müsse, wo sich gar nichts dreht. Sein reizendes Kind im Steckkissen und die kluge Sophie gehen bei uns wieder ein und aus. Paulinchen wiegt das kleine Mädchen namens Cäcilie in ihren Armen, als wäre es ihr Schwesterchen. Ich verlasse kaum das Haus.

12ter Januar

Es gibt viel Zank um die Abendblätter und geht recht fatal zu. Hitzig und Kleist traktieren einander beinahe täglich darin, wie in einem Krieg der Zinnsoldaten. So viele Erklärungen und Repliken werden das Blatt nicht überdauern lassen. Hinzu kommt die bittere Not mit der Zensur, berichtet Sophie. Beinahe jeder Beitrag muß zurückgezogen werden, und der Redakteur sitzt auf einem Haufen Zündstoff, den der Büttel des Herrn Gruner am liebsten in die Luft jagen würde. Aber glücklicherweise hat sich ein mutiger Buchhändler gefunden, dem Ärmsten beizuspringen, da er doch so viel Mühe gehabt, sich eine Sicherung der Existenz zu schaffen und Ansehen bei dem Staatskanzler. Wollüstig höre ich meiner Mad. Haza-Müller zu, ohne mich zu rühren.

Hat Kleist Ihnen erzählt, Henriette, daß er nach einem Zerwürfnis mit Adam vor Jahren beim ›Phoebus‹, denselben in die Elbe stoßen wollte? Er hat Kraft, dies zu tun, scherzt sie, bloß kein Glück!

Februar

Ich werde immer weniger, aber mehr Fleisch. Fest und kräftig von Gestalt und von durchscheinender Seele. Überall Eis, gefrorene Muster an den Fenstern, auf den Dächern. Dieser Tage fand man einen Mann mit erstarrtem Lächeln an eine Hauswand gelehnt in Erwartung eines glücklichen Augenblicks, und er ward von ihm überrascht, da er das Glück selbst in der Rocktasche hatte: die rettende Flasche Branntwein. Mildes Treiben auf der Spree. Die Menschen gleiten darüber hin wie verkleidete Engel, und Pauline zieht mit Dörte davon, daß es eine wahre Pracht ist. Ich habe niemanden stürzen sehen, obwohl es mir dauernd vor Augen schwebte.

Vogel ist guter Dinge, bald befördert zu werden, und liest mir seit neuestem sogar die Erfordernisse für den Hausstand von den Augen; doch kann er mir nicht in die Seele blicken, denn da sieht es grau aus und wünschet nichts, was sich erfüllen ließe. Kein Putz, kein Haarband, keine noch so feine Robe erheitert mir den Sinn. Das Haar auf meinem Kopfe schmerzt und hat einen stumpfen Glanz. Ich verhülle mich mit einem alten Lieblingstuch von der Frau Manitius und bin die Tage in übler Verfassung.

28ter Februar

Herr gib mir Kraft, daß ich dem Schmerze nicht unentwegt willkommene Geisel und auf mein Lager gebannt keinen anderen Ausblick habe, als dem Säufer gleich vom Froste versteinert zu werden. Wie freut es mich, diesen Tag meine Eisblume Amöne zu begrüßen, schauerlich in pures Weiß gegossen, hereinklirrend, die Stimme hochfahrend, dann säuselnd.

Meine Freundin, daß ich dich so viele Male bloß im Bette treffe, mich dazu lege und dir eine Schlittenpartie antrage. Denke dir, bis zur Havel sollen die Pferde mit uns jagen zu

Hoffmeisters Forsthause hin, er hat meine ganze Sympathie. Hoffmeister, tue ich entsetzt, verwundert, daß sie es noch nie mit einem Kaiser, König oder auch nur Landjunker probiert. Jetzt Hoffmeister, ein Schwärmer, ein Künstler von einem Beamten, ein Hofrat, der sich für den düsteren Kleist im Kabinette dann und wann verwendet hat, beim Staatskanzler antichambriert, Ehrenmitglied aller nationalen Vereine ist, Hofierer meiner Windbraut mit den glasharten Armen.

Ist es ernst, es klingt so?

Tiefernst, teuerste Jette. Ach was schwatze ich, die Seligkeit. Er ist so zart, so zuvorkommend, so weich, daß ich es kaum fasse. Mit schwachen Knien in seiner Gegenwart zittere. Auch ihm fliegen die Rockschöße, sieht er mich. Wir sind ein Herz und eine Seele, mehr will ich nicht, begehr ich nicht, und gefaßt sehe ich meinem Geschicke entgegen.

Amöne, was sind das für Laute aus deinem Munde?

Ich will's dir rasch erzählen. Bei einer kleinen Runde in Mad. Nufferts Salon, du hast dich dort eine Ewigkeit nicht blicken lassen, erschien, wie immer, das hochgeschätzte Publikum. Blieb erst in der Vorstube, trat dann in den Salon, ganz wie es beliebte und seit langem üblich war. Zwei Herren, mir fremd, sorgten allsogleich für Stimmung, der eine war Herr Arnim, der andere Hoffmeister. Hinter dem Ofen hockend, reichten sie einander dauernd die Flasche Wein, die sie mitgebracht, und jeder, der sich zu ihnen setzte, bekam einen Tropfen in den Hals geschüttet. Der Engel Gabriel aus den Lüften kommend verwandelt sich in den Knaben Wunderhorn, zitierte Arnim, Hoffmeister applaudierte. Den Krönungstag gründen wir eine deutsche Freßgesellschaft, erscholl es. Sie hat große Zwecke. Die Herren aus der Vorstube und im Salon versammelten sich, bestaunten die trunkenen Fremden, und plötzlich waren sie gar keine Unbekannten mehr. Ich selbst fand Herrn Arnim von so anziehendem Äußeren und wollte partout ein Nachmittagstechtelmechtel mit ihm anfangen, doch scherte ihn mein Tanzfüßchen herzlich wenig. Er schwärmte reihum, die beste Idee zu verkörpern und gleichwohl anderen Geistern endlich Gewichtigkeit in diesem Lande zu verleihen. Er eröffnete im Groben, wie er sich die Tafelrunde zur Glorifizierung und Erneuerung der nationalen Interessen gedacht hatte. Ein profaner Vorschlag mit tausend Anstandsregeln wider die Philister, über die Hoffmeister in allem Ernste der Sache lachte. Zunächst dachten wir, die Herren seien so vom Weine beseelt, daß sie uns allesamt an der Nase herumführten, aber als Herr Arnim, dieser bildschöne Kopf, am Schlusse seiner Ausführungen erklärte, daß Frauen bei der Tischgesellschaft nicht zugelassen seien, hatte ich unweigerlich meinen Auftritt. Ich stampfte mit dem Fuße auf, schalt sie eitle Narren, unbegrenzt Hochmütige. Denn welche Nation auf Gottes Erdboden komme wohl ohne Weiber aus, und ob denn die Herren der Ansicht seien, daß die Damen anstelle ihres Kopfes ihr Hinterteil auf dem Halse trügen. Darüber brachen alle Anwesenden in ungläubiges Gelächter aus und der ganze Spuk schien vorbei zu sein. Die Ideenspender, die ihre Tischgesellschaft längst eingerichtet hatten und in allen Salons für sie warben, was die wenigsten von uns wußten, waren so gekränkt, daß sie auf der Stelle das Haus zu verlassen wünschten. Niemand wollte sie daran hindern, und als sie sich gerade entfernten, kam der bis zu diesem Zeitpunkt mir ganz albern vorkommende Hoffmeister zurück, packte mich am Arm und sagte ernüchtert: Sie sind mutiger als der tapferste Krieger! Küßte mir ergeben die Hand und war anderntags mit Blumen an der Tür. Dann wieder Blumen und Billets, dann Anträge, Rendezvous im Theater, in der Oper, im Salon der geistreichsten Frau Berlins, und alles ließ sich vortrefflich an. Mir öffnete sich das Herz, und da sitze ich Henriette und bin schon fast die seine.

4ter März

Täglich muß mir Dörte die Abendblätter besorgen. Sie enthalten seit langem keinerlei interessante Beiträge mehr, und statt des Freundes Bemerkungen, Anekdoten, Novellen treffe ich auf die Bulletins der öffentlichen Blätter, die man auch anderswo lesen kann. Unerquickliches aus Madrid, Paris, Lissabon, Konstantinopel, als sei der Puls in unserer Stadt lediglich ein dumpf brummendes Dröhnen, über welches kein Wort zu verlieren ist. Der so vielversprechende Anfang in den ersten Ausgaben, die Meinungen zu gegenwärtigen Ereignissen und Diskussionen zu verbreiten, hat offenkundig keine Resonanz an höherer Stelle gefunden. Wie würde sich Castor grämen über die strenge Zensur und den Mangel an Toleranz. Wie gräme ich mich, daß man nicht nur Kleist, sondern auch Müller und so vielen anderen nennenswerten Köpfen das Wort abgeschnitten hat. Ach, was hab ich an meinem Pulte nicht alles an Kleist adressiert! Kleine Fundstücke, Begebenheiten, Phantasien. Wie viele Abendblätter habe ich mir selbst erdacht und nichts geschrieben. Wie häufig mir den Kopf gemartert, aus den schlecht gedruckten Heften ein ansehnliches Journal zu machen, wenn mich nicht so viel gehindert hätte, dem Freunde in Idee und Wort nahe zu sein. Ich habe keine besonderen Fähigkeiten, ein Blatt zu edieren, aber einige nützliche Beobachtungen gemacht, deren Notate mir zuweilen wieder in die Hände fallen und die im Abendblatte, so wie ich es ursprünglich gelesen und verstanden habe, gut placiert gewesen wären. Mein ganzes Unwohlsein habe ich mir inzwischen selbst zuzuschreiben. Es gibt keine Besserung, solange ich mir meine Empfindungen für den stummen Menschen versage. Die häufigen Anstrengungen von Sophiens und Amönes Seite, mich aufzuheitern, die Sonnenseite dieser Bekanntschaft zu genießen, haben mich in meinem Unglücke nur bestärkt. Es gibt keine Sonnenseite. Beider übersprudelnde Lebendigkeit zeigt mir von Tag zu Tag, daß meine Lagerstatt der richtige Ort ist, meinen trüben Gedanken zu erliegen. So füllt denn mein kränkelnder Leib Raum und Zeit. Mich schmerzt der kommende Frühling in allen Gliedern. Nicht einmal Aufregungen um das Kind gibt es, die mir Kurzweil bereiten könnten. Ein langer Schlaf hält mich in seinem Banne, aus dem ich für wenige Momente hochkomme, nur um zu hoffen, daß er mich bald wieder umfangen wird.

Im April

Meine Vorliebe für Märchen und Fabeln hat mich aus meiner Kammer an mein Pult getrieben. Ich wanke über die Stiegen, Flure, in den unbewohnten Salon und sehe vom Fenster aus den zaghaft erblühenden Garten. Wie meine Gedanken sich vorsichtig herauswagen! Ich messe die Abstände zwischen meinen Eintragungen und den Vorgängen in meiner Umgebung. Es passiert, da ich mich der Anteilnahme an den Ereignissen schon länger entzogen, kaum etwas, was meine Sinne berührt. Vorkommnisse, die mich noch vor wenigen Monaten sehr beschäftigt haben, finden in mir nicht einmal ein Echo. Mir scheint, Schweigen tut Not, die Erinnerungen fest zu halten. Die Zukunft mit dem wenigen Lichte der Einsichten anzuleuchten vermag ich nicht. Sogar die Abendblätter, deren Erscheinen eingestellt wurde, stapeln sich ungelesen in meinem Spinde. Ich beginne die Gegenstände neu zu ordnen, wobei mir die Notwendigkeit, dies zu tun, unbegreiflich, die Vorstellung, die Hände ganz ruhen zu lassen, jedoch unerträglich ist. Auf diese Weise bewahre ich mir den Überblick im Hause, beaufsichtige, ohne es zu wollen, mein so vorbildliches Gesinde und bin verschlossen, sobald die Türe aufgeht und Neuigkeiten Einlaß finden wollen. Dann laß ich sie herein, nur nicht heran, und verberge mich den Augenblick bei meinen Leinwandflickereien.

Doch will ich mir einen besseren Dienst erweisen heute und mir jenes Märchen von der Seele reden, da ich allein im Hause, meine Lieben, die gewiß das falsche Publikum dafür, bei einer Auferstehungsfeier weiß und nicht vor dem Abend zurückerwarte. In aller Ruhe nutze ich die Stunde.

Das Vermächtnis der Elvira von Siena. Ein Märchen

Je weiter ein Ort entfernt desto geheimnisvoller scheinen einem seine Bewohner. So geschah es, daß eine allein reisende Dame, deren Familie gestorben, eines Tages in der Stadt Siena, im oberen Italien, ankam und Quartier nahm bei einem freundlichen Wirte, der ihr das schönste Zimmer in seinem Hause anwies, das über eine wunderlich gebaute Stiege zu erreichen war und fast unter dem Dache lag. Nach dem Grunde ihrer Reise und ihres Aufenthalts in Siena befragt, gab die Dame freimütig zu erkennen, daß sie aus reinem Vergnügen Land und Leute in Augenschein zu nehmen beabsichtige, jedoch desweiteren die Spur einer Anverwandten verfolge und wissen wolle, wo und wie sie sich befand. Von einem zuverlässigen Freunde gehört hatte, daß diese Dame in Siena ihren Wohnsitz genommen und in besten Verhältnissen lebe. Der Wirt gab sich zufrieden und brachte ihr bald darauf ein schmackhaftes Gastmahl, an welchem die Reisende ihre helle Freude hatte, sich den Tisch, der mitten im Zimmer stand, zum Fenster rücken ließ, um so bei Speis und Trank den Blick auf die reizvollen braunroten Dächer und den friedlichen Abendhimmel zu genießen. Als die Dame, gerade beim Käse angekommen, das Fenster öffnete, läuteten die Glocken der zahlreichen Kirchen; sie sah auf den Gassen viele schwarz gekleidete Männer und Frauen vorübereilen und fragte sich, ob jemand zu Grabe getragen würde, da alle eiligen Schritts und ohne einander zu beachten einem Ziele zustrebten. Sie rief den Wirt und bat ihn ihr zu erklären, was geschehen sei, und der Wirt, der eben noch guter Dinge ihr jeden Wunsch von den Augen abzulesen sich bemüht hatte, hüllte sich in tiefes Schweigen. Sie ging hinaus auf die Gasse und fragte ein Weib, welches kleine Blumensträuße feilbot, was geschehen sei und bekam, obwohl sie gleich zwei Buketts erwarb, nur ein Schulterzucken zur Antwort. Desgleichen erging es ihr mit drei weiteren Passanten, die sie aufgehalten und höflich befragt hatte. Erst als sie sich schon mutlos geworden umwandte, nach ihrem Quartiere zu, stand vor ihr ein Mädchen, wie die Alten in schwarze Gewänder gehüllt, und staunte sie an.

Sag an, mein Kind, fragte sie mit leiser Stimme, was geschieht den Augenblick, da alle so betrübt geschäftig jeder für sich zur Messe eilen?

Das heitere Gesicht des Mädchens wurde sogleich traurig. Aber sie war bereit, der Fremden die gewünschte Antwort nicht schuldig zu bleiben. Ei, sagte sie, und senkte rasch den Blick, die schöne Signora Elvira wird heute in die Gruft der vielen Unbekannten von Siena versenkt.

Ach, entfuhr es der Reisenden, in die Gruft der Unbekannten, aber hast du sie nicht gekannt?

Das Mädchen nickte eifrig. Jeder hier hatte sie gekannt. Jeder achtete und liebte sie, und jeder freute sich an ihren Wohltaten, als sie noch lebte, aber jetzt wo sie tot ist, muß sie in der Gruft an der Seite der Unbekannten ruhen, da niemand weiß oder zu erinnern vermag, woher sie kam, und der Signore Bartholomeo, der vor einem Jahr gestorben, nicht mehr danach befragt werden konnte.

Was hatte denn der verstorbene Signore Bartholomeo mit der Unbekannten zu tun?

In seinem Hause, vor der Stadt, entgegnete das Mädchen, war die Signora Elvira die langjährige Erzieherin seiner Kinder und später seine Gesellschafterin. Man erzählte sich viel, aber nicht so viel, daß man dabei ihre Herkunft erfahren hätte. So blieb unserem Patrone nichts anderes übrig, denn so will es die Bestimmung des oberen Rats, als der hochverdienten Frau, die alles Geld, welches sie im Hause Bartholomeo für ihre Arbeit erhielt, den Waisen zukommen ließ, die bescheidene Ruhestätte der Verlassenen, die hier als Fremde ans Ende ihrer Tage gekommen, zuzuweisen.

Die Dame bedankte sich höflich bei dem aufgeschlossenen Kinde und wollte sich eben verabschieden, als ihr einfiel, das liebenswerte Mädchen zu fragen, warum denn die Trauernden so verschlossen und sie die einzige bisher gewesen, die so bereitwillig Auskunft gegeben?

Da lachte das Mädchen hell auf.

Das ist immer so, verehrte Dame, wird jemand zu Grabe getragen, dient man seinem Andenken durch Schweigen, denn die Toten können nicht mehr reden.

Und warum hast du dich vor mir so offenherzig gezeigt, mein Kind?

Da wandte sich das Mädchen rasch um und lief den anderen Trauernden nach. Welch seltsames Gebaren. Sie wandte sich nachdenklich und müde von der Reise nach dem Wirtshause hin. Der Wirt hatte am Eingang eine Lampe entzündet, welche die Herberge anheimelnd erleuchtete und ihr Zutrauen einflößte in dieser sonst sehr steinernen Stadt und sie eigenartig berührt die Treppe hinanstieg, die wie eine Leiter gen Himmel anmutete, ihre Reiseutensilien auszupacken und sich zeitig zu Bett zu begeben.

Anderntags ließ sie sich nach einem vorzüglichen Frühstück erfrischt vom Wirt den Weg zum Patrone von Siena weisen und sah einen so herrlichen Platz, wie sie ihn nie vorher gesehen hatte. Schon von weitem konnte man den Campanile, der im Herzen der Stadt stand und sich gleichsam luftig in die Höhe streckte, als Wahrzeichen dieser Provinz erkennen, und sie gedachte der Sieneser, die sich hier vor langer Zeit mit der Anlage dieser einzigartigen Arena, dem Versammlungsort und Markt, dem trutzigen Bau des Rathauses, von der Herrschaft der Medici in Florenz bedroht, ein eigenes Denkmal setzen wollten. Dem Sekretär des Patrone, dem sie gemeldet, machte sie ihr Anliegen klar, und zum Beweise ihres Ersuchens legte sie Papiere vor und ein verblichenes Medaillon ihrer Base, die sie als Überlebende ihrer Familie zu sehen und zu sprechen wünsche. Der Sekretär, ein rundlicher, nicht eben gewitzter Mann, betrachtete das Bündel Urkunden, welches ihm gar nichts bedeutete, da er der anderen Sprache nicht mächtig kaum zu entziffern in der Lage war, was ihm vorgelegt wurde. Er klingelte mit einem Glöckchen nach dem Schreiber und fragte ihn, ob er jemanden wüßte, der das Deutsche spreche, und als dieser mit dem Kopfe nickte, gab ihm der Sekretär den Auftrag, denselben zu holen, damit jener die Urkunden prüfen und gegebenenfalls übersetzen könne. Dies nahm einige Zeit in Anspruch. Während der Stunden des Wartens, welche sie bei dem Sekretär und vor dem Rathause in der Sonne verbrachte, gedachte sie der jungen Frau, die vor vielen Jahren die heimatlichen Gefilde verlassen, sich in der Welt umzusehen, ungebunden, gebildet, eine freischwebende Existenz zu erringen, ihre Neugier auf fremde Länder zu stillen und irgendwo fern von zu Haus ein unabhängiges Leben zu führen. In den ersten Monaten nach ihrem Aufbruch kamen dann und wann Briefe mit herrlichen Beschreibungen der Gegenden, Städte, Dörfer, in die sie gekommen, Anmerkungen über die Leute, mit denen sie verkehrte, seltsame Erinnerungsstücke, bestimmter Landstriche, Krüge, irdene Gefäße, eigentümlich bemalt, und winzige Bilder, auf denen weiße, grell scheinende Häuser mit tiefhängenden Dächern in wunderschönen Gärten zu sehen waren. Aber bald hörten die Sendungen auf. Weder kamen Grußbotschaften noch Lebenszeichen, und mit fortschreitender Zeit erinnerte man sich kaum noch ihrer, bis jener Freund vor einigen Monaten auftauchte und ganz beiläufig berichtete, daß sie in Siena in einem alten Herrenhause residiere, unverheiratet geblieben ein beschauliches Dasein führe.

Der Sekretär bat die Fremde aufs neue zu sich und zeigte ein rundherum betrübtes Gesicht. Er sprach leise und voller Ehrerbietung, daß die gesuchte Dame vor wenigen Tagen einem Leiden erlegen und daß man ihr, der Anverwandten, danke, daß sie gekommen sei. Denn niemand in Siena habe die Herkunft jener vor vielen Jahren zugereisten Unbekannten ermitteln können, da ihr Brotherr, Signore Bartholomeo, schon verstorben, und seine Nachkommen nicht gewußt, wen sie nach dem Ableben der Fremden hätten benachrichtigen sollen.

Die Reisende war betroffen.

Das kann nicht sein, sagte sie verhalten. Meine Base hätte ihren Namen niemals verleugnet und auch dafür gesorgt, daß ihre Heimatadresse zumindest im Rathause bekannt geworden wäre. Der Sekretär beugte den Kopf über die Papiere. Das Bildnis, welches sie vorgelegt hatte, war der Beweis, daß seine Nachforschungen kein anderes Ergebnis als jene traurige Wahrheit offenbarten. Er zeigte ihr zum Vergleich ein Medaillon, welches jüngst angefertigt eine blühende Frau mit hellem Haar und lebhaft dunklen Augen darstellte und auch die soeben noch Zweifelnde glaubte, in diesem Portrait ihre Base wiederzuerkennen. Sie erbat vom Sekretär eine Beschreibung des Weges nach dem Hause, in welchem die Verstorbene gelebt, und schüttelte wie im Traume, ungläubig hin und her gerissen den Kopf. Dann war jene Signora Elvira, die man gestern in der Gruft der Verlassenen beigesetzt, meine Base? Der Sekretär nickte traurig und entließ sie.

Dumpf wirkte mit einem Male der besonnte Marktplatz. Die sternförmige Anordnung der umliegenden Häuser im weiten Raume kam ihr abweisend und unnahbar vor. Sie bestellte einen Einspänner und gab dem Kutscher Anweisung, nach dem Hause der Signora Elvira zu fahren. Dieser sah sie bedeutsam an, nahm die Zügel in die Hand und trieb seinen Gaul durch viele enge Gassen, und trotz des blendenden, warmen Lichts fand sie jedes Haus, jeden Garten, Bäume und Menschen düster. Was mochte die Tote bewogen haben, dachte sie, sich Elvira zu nennen? Warum schlüpfte sie in eine andere Haut, wer würde dies Geheimnis enthüllen können? Plötzlich spannte sich das Gesicht der so unverhofft Trauernden. Sie hob den Kopf und spürte, einem Abenteuer nah zu sein. Sie versank in mancherlei Gedanken. Mal fürchtete sie ein Verbrechen aufzudecken, dann wieder lächelte sie über ein raffiniert eingefädeltes Spiel, welches ihre mit vielfältigen Begabungen ausgestattete Elvira vielleicht selbst inszeniert hatte. Schließlich hielt das klapprige Gefährt vor einem wunderschönen, aber halb verfallenen Gemäuer. Der Kutscher schnalzte mit der Zunge. Ein altes Weib erschien, öffnete krachend das Tor, und sie fuhren in einen schattigen Hof, in welchem Hühner und Gänse pickten und Feigenbäume ihre pelzigen Blätter über dem Dache des Anwesens ausbreiteten. Sie entlohnte den Kutscher und fragte die Alte nach der Herrschaft. Ein Herr erschien unter der Türe und hieß sie so vertraulich willkommen, als hätte er sie erwartet, gab der Alten und dem Kutscher Zeichen zu verschwinden, und die Fremde sah sich mit allerlei unsicheren Gefühlen im Busen schon in einer Falle. Doch war der in schwarze Seide gekleidete Herr von so vornehmer Zurückhaltung, daß sie sich innerlich ob ihrer Ängstlichkeit schalt, zaghaft lächelte und ohne Umstände ihrer Verwirrung Ausdruck verlieh. In wenigen Sätzen trug sie vor, was sie hergeführt hatte. Von dem Herren des Hauses, herzlich aufgenommen, wurde sie aufgefordert, es sich bequem zu machen. Sogleich wollte er die Gästezimmer richten lassen, damit sich die Wogen der Aufregung ein wenig glätteten. Sie wehrte ab.

Nein, nein, rief sie, keinesfalls wolle sie seine Gastfreundschaft in Anspruch nehmen. Sie sei bloß gekommen, sich Gewißheit zu verschaffen, und es läge ihr fern, Ungelegenheiten zu machen. Der Herr nickte freundlich, und sie nahmen Platz. Er ließ kühlen Wein bringen, Früchte, kleines Gebäck, und ein wenig später befand sie sich in so seltsamer Ruhe, daß ihr ihre Anwesenheit im Hause selbstverständlich erschien. Elvira, so erfuhr sie, sei vor über zehn Jahren die Geliebte des Signore Bartholomeo geworden und von ihm hierhergebracht, sich der mutterlosen Kinder, zu denen auch er einst gehört habe, anzunehmen. Schon nach kurzer Zeit war Elvira eingeführt in Haus und Angelegenheiten der Familie, daß niemand daran dachte, sie könne eines Tages wieder fortgehen wollen. Keiner erinnerte sich, oder wollte sich erinnern, daß sie ja als Fremde ins Haus genommen und in ihrem Ansehen zwar die Rechte einer Hausfrau genoß, aber dennoch den Stand einer Bedienerin beibehielt. Der Herr schwärmte sehr von ihrer feinen Art, ihrer Bildung, ihrer überaus herrlichen Begabung, die Landessprache bis in die kleinsten Verästelungen des einheimischen Gebrauchs derselben beherrscht zu haben. Jeder im Hause – die Geschwister seien bereits auf andere Ländereien der Bartholomeos verzogen – liebte sie auf seine Art. Hier entstand eine Pause, und die Fremde verlangte plötzlich die Zimmer der Verstorbenen zu sehen, was ihr sofort gestattet wurde. Sie sank daselbst auf ein bequemes Sofa, blickte hinaus in den verwilderten Garten und genoß die Ruhe und das geschmackvolle Ensemble der Tische, Stühle, Kommoden, Spiegel und Bilder an den Wänden. Nirgendwo in dem wunderschön eingerichteten Salon befand sich ein Hinweis auf die Herkunft Elviras. So besah sie sich die Bibliothek, die Spinde, die Kommoden, prüfte Inhalte von Kasten und Kästchen, fand alles so vor wie es offenkundig verlassen worden war, aber kein noch so winziges Detail an ihrer erlesenen Gardrobe oder ihrem Schmuck konnte sie als Souvenir aus dem Besitze ihrer eigenen Familie erkennen. Erschöpft fiel sie erneut auf das Sofa, hielt einen Schleier in der Hand, ein Mieder und Haarbänder, schloß die Augen und war augenblicklich eingeschlafen.

Bei ihrem Erwachen fand sie sich nachsinnend in mehreren Träumen gleichzeitig. In dem einen ward ihr angeboten, im Hause der Bartholomeo zu verweilen und alles nach ihrem Gutdünken zu ordnen. In einem anderen Traume glaubte sie von Elvira heimgesucht zu sein, mit der inständigen Bitte, dies Anwesen nicht zu verlassen und dem jungen Herrn zu Diensten zu sein, damit er den Heimgang der geliebten Ziehmutter und Freundin besser verwinde: Sie sei doch eigens gekommen, in ihre Rolle zu schlüpfen, alles hinter sich zu lassen und bei diesem herrlichen Lichte der Gegend und den Wohltaten des Hauses, wie sie sie erlebt hatte, selbst wohltätig zu werden. Verwirrt sprang die Träumerin auf und fand sich in ein seidenes Nachtgewand gekleidet, vor einem lebendgroßen Spiegel, befremdlich aussehend, die Haare aufgelöst über die Schultern fallend, die Augen groß und aufgerissen, die Lippen weich und nachgiebig. Voller Unrast ging sie hin und her, sah sich daselbst mit ihrem Reisegepäck versehen, welches sie unter dem Dache der Herberge in der Stadt vermutete, ihre Kleider ordentlich über einen Stuhl gebreitet, erblickte sich verändert und vertraut, als hätte sie immer schon in diesem stillen, großen Raume gewohnt, sah sich von dem Weine nehmen, dem Gebäck, dem Käse. In wessen Haut war sie gekrochen, warum rief sie nicht nach der Alten, dem Herrn, dem Kutscher, zurück nach Siena zu fahren? Sie konnte auf einmal nichts anderes denken, als zu bleiben. Ihre Sinne richteten sich auf die Gegenwart und hatten keine Vergangenheit mehr. Sie fühlte leichten Herzens ein Ziel erreicht, welches sie nie erdacht hatte, und als sie nach der Alten rief, ihr zu sagen, daß sie ein paar Tage die Gastfreundschaft Signore Bartholomeos annehmen wolle, erschien der Herr selbst, lächelte, nahm ihre Hand, küßte sie sanft und sagte, daß er glücklich sei, Elvira nicht verloren zu haben, sie nicht bei den Verlassenen in ewigem Gewahrsam zu wissen, sondern hier, lebendig, wiedererstanden, wie er es befohlen.

Die Träumerin erschauerte. Sie ließ dem Herrn die Hand und versprach mit klarer Stimme, bis auf weiteres im Hause zu bleiben, man werde sehen, wie sich alles regeln ließe.

Nie wollten Sie fortgehen, beste Freundin, sagte er darauf, verneigte sich und verließ das Zimmer. Allein und mit sich, sank die Fremde auf das Bett ihrer Vorgängerin, und war doch sie selbst, wie befohlen, und als sie sich besinnen wollte, hielt sie noch immer Elviras Schleier, ihr Mieder, ihre Haarbänder in Händen und begann sich für die Nacht zu schmücken in freudiger Erwartung.

7ter Oktober 1811

Mein Wonnemeer den Morgen, meine Zuversicht den Mittag, ich bin geheilt, geplagt, geboren und gestorben vor Glück. Mit breiten Schwingen im Rücken schwebe ich über die Ufer der Spree, die Häfen und Bleichen, fliege ruhig herbei und schaue vom Fenster aus den Himmel. Da findet sich nichts, was mir auskommt oder schwere Gedanken macht. Keine Zirren streifen den Horizont, keine bedrohlichen Schatten senken sich herab. Ich habe, einer fröhlichen Luftschifferin gleich, meinen Luftschiffer gefunden. Reinen Herzens mein Wort gegeben, bei ihm zu sein, wann immer wir einander bedürfen. Die süße Kuppelmutter Sophie, der hilfreiche Peguilhen, sogar Adam Müller haben mich an die Hand genommen, getröstet den Sommer, geführt, nicht im Stiche gelassen beim schmerzlichen Wiedersehen mit dem Freunde. In welch warmes Nest bin ich gefallen, habe mich niedergelassen an Kleists Seite, als sei ich nie fort gewesen. Wie haben wir uns gesehnt und verstanden den Augenblick und beides vermocht auszudrücken, Worte gefunden, die im Geheimen längst gesprochen, gelebt, vergessen, wieder erstanden und unsere Wesen einander verbanden. Schaue ich meine Kammer, ist da enge Vergangenheit. Das durchweichte Lager von Blut, Angstschweiß und Lebensdurst, und jede Aussicht auf Besserung, verschoben auf den Morgen, Übermorgen, Überübermorgen, die Umnachtung nicht enden lassen wollte. Wer fühlte meinen Puls, wer wechselte das Linnen, wer wusch mir das Gesicht, brachte die Milch, die Früchte, einen Tropfen Wein? Jetzt sind sie alle fort, meine Retter, wie die Zugvögel, Müller, Sophie, Amöne. Nur Kleist ist mir geblieben, auf immer.

Ich fasse es kaum, daß ich da bin, an meinem Pult sitze, mit den Haarbändern spiele, den Strumpfbändern, geschmückt, gepudert; in helles Musselin gewandet, den Fuß ausgestreckt in meinen liebsten Korduanschuhen. Ich betrachte einen Fuß, der nicht fern von mir zu Absprung und Flug bereit ist. Jetzt kann ich fort, schreiten, einhergehen, umherwandern, die Minute noch, die nächste aufbrechen, mein Tuch holen, Dörte das Nötigste für den Abend auftragen und Grüße an Pauline, an Vogel bestellen, die Kutsche nehmen vor der Türe und mich in die Mauerstraße fahren lassen, dem Freunde entgegen, weil ich lebe, aufs Ende zu.

10ter Oktober

Weil von den Finsternissen des Jahres so viel Bedeutsames ausgeht der Mond etliche Zoll oder dreiviertel des Durchmessers an seinem nördlichen Rande verbirgt und das Gesicht der Erde unseren nächtlichen Himmelsspiegel verdeckt; weil der Flug des Merops, von mehreren Beobachtern verzeichnet, im Garten endigt und ich mit der kühlen Hand des Freundes meine Irrflüge nachzeichne, ihm berichte, welch heiteres Ziel ich auf diesem letzten Fluge im Auge habe, und hier vor unserem gemeinsamen Sturz mit geöffnetem Gefieder bei ihm stehe, mich aufzuwärmen. Weil ich die Weitsicht, die Übersicht, die Umsicht, die Rücksicht und die Nachsicht zu kleinen Einsichten verschmelze; weil ich so viele Hände benötige, um freizukommen, wünsche ich mir das Ende.

13ter Oktober

Seit die Müllers fort sind, reden wir ständig über sie. Sophie vermisse ich sehr, Vogel die Ratschläge seines Freundes. Man hat ihn nicht aus Berlin fortgeschickt, sondern wollte ihn mit einer Mission betrauen, die ihm nicht behagte. Darauf sah er sich gezwungen, Berlin in allen Ehren den Rücken zu kehren. Der Staatskanzler hat ihn dem Grafen in Wien warm empfohlen. Mir bleibt von beiden der Duft Sophiens und der flüchtige Händedruck Adams. Seitdem fühlen wir uns verlassen, besonders Kleist, der ohne Müller keinen Weg sieht, seine Angelegenheiten im Kabinette des Kanzlers voranzutreiben. Vogel beschwert sich darüber, daß der ehemalige Redakteur der Abendblätter von Haus zu Haus geht und stumm bei den Leuten herumsitzt, sich an den Kaffeetassen die Hände wärmt und hofft, durch Protektion in den Dienst genommen zu werden. Diese Äußerung empfange ich einmal täglich, damit ich zur Kenntnis nehme, wie mein Gatte über den Mann denkt, dem er mich zum Geschenk gemacht. Es wird nicht mehr lange gehen, daß er sich das Mundwerk über den Freund zerreißen muß, und seine Schmähungen treiben mich auch nicht zurück in die Kammer aufs Lager, zu schwitzen in meinem eigenen Safte. Längst habe ich meinen Entschluß gefaßt, was rührt mich da noch so viel moralische Einfalt.

14ter Oktober

Es ist wahr und beschlossen, daß wir unser gemeinsames Streben nur dahin lenken können, von allem Abschied zu nehmen, was uns so teuer schien. In einem Anfall von Schwermut preist der Freund seinen frühen Tod und liest mit mir Seneca, den Verdunkler, welchen Castor dereinst so fatal abgekanzelt hat. Ich sitze in der Mauerstraße an Kleists Bett und fühl seine kalte Hand.

Wir können in diesem Leben nicht mehr erreichen, als wir erreicht haben, sagt er, nicht mehr Wein trinken, als wir getrunken haben, nicht mehr Früchte genießen, als wir genossen haben, nicht mehr einander lieben, als wir es vermochten. Denn nach dem Tode erwartet uns ein nämliches Leben in der Vollendung des Geistes und der Seele. Bedenke, zitiert er, wieviel Gutes ein rechtzeitiger Tod hat, wie vielen es geschadet, zu lange gelebt zu haben.

Mit welcher Wonne höre ich ihm zu. Ich wetteifere mit ihm um die Gunst der Freude unsere Seelen im Tode vereint zu sehen, wenngleich mir Castor noch im Genicke sitzt und die Allmacht des Schöpfers und seiner Geschöpfe immer und immer wieder beschwört. Aber als jener Erlöser am Kreuze ausrief: Mein Gott, mein Gott, warum hast du mich verlassen, verfinsterte sich der Himmel und überließ die Nachkommen der Dunkelheit.

1ter November

Mit brennenden Gliedern erzähl ich dem Freunde von meinem Merops, und der lobt die vorzügliche Fabel. Er bittet mich inständig, ihm aus meinem Findebuche zu lesen, und ich verspreche es, und wir sitzen mit hochroten Gesichtern vor dem Feuer, und töten alles Geschriebene, was im Durcheinander seines Zimmers herumliegt. Wir haben Tränen in den Augen, vor Freude daß die Zukunft ein Ende hat und die Vergangenheit uns nicht in den Ohren klingt. Noch diesen Monat, den düstersten von allen, wollen wir auf Merops Schwingen, wie ich es entworfen, den Finsternissen entkommen.

8ter November

Pauline, mein Engel!

Als du mich nach der höheren Gerechtigkeit befragt, wollte ich dir nicht mit den gewöhnlichen Hinweisen – von Gott gegeben – Rede und Antwort stehen. Vielmehr bin ich an all diesen Fragen im Verlaufe vieler Jahre schwankend geworden und kann sie nicht mehr, wie ich es in meiner Jugend zweifellos getan hätte, mit Feuer und Schwert verteidigen. Verlassen von allen wohlmeinenden Vorsätzen, meinem Kinde treu zur Seite zu stehen, habe ich auch diesen letzten, dir meine Überzeugungen anzutragen, hinreichend aufgeben müssen. Nicht weil ich gar überraschend in Teufels Küche geraten bin oder abtrünnig wurde im Glauben durch meinen schwachen Leib, sondern weil ich, von mir selbst zur Rechenschaft gezogen, mein Sehnen und Streben nach Freiheit und Selbstvertrauen vor dir nicht mehr leben kann. So habe ich zu frühzeitig gezweifelt, zu bittere Medizin eingenommen und bin daher nicht befugt, über die höhere Gerechtigkeit allgemeingültig zu befinden.

Was ich dir, meinem innig geliebten Kinde, am Wegesrand aufgelesen, will ich dir zu treuen Händen legen, denn in späteren Jahren werden dir Wankelmut und Treulosigkeit oder mein Wachen über dich aus Merops himmlischen Schluchten und Fluren nichts mehr anhaben können.

Dein treusorgender Vater und meine geliebte Frau Manitius haben dich Gott befohlen und wohl behütet geführt.

Die Deine

9ter November

Mein Heinrich, mein Süßtönender, mein Hyazinthbeet, mein Wonnemeer, mein Morgen- und Abendrot, meine Äolsharfe, mein Tau, mein Friedensbogen, mein Schoßkindchen, mein liebstes Herz, meine Freude im Leid, meine Wiedergeburt, meine Freiheit, meine Fessel, mein Sabbath, mein Goldkelch, meine Luft, meine Wärme, mein Gedanke, mein teurer Sünder, mein Gewünschtes hier und jenseits, mein Augentrost, meine süße Sorge, meine schönste Tugend, mein Stolz, mein Beschützer, mein Gewissen, mein Wald, meine Herrlichkeit, mein Schwert und Helm, meine Großmut, meine rechte Hand, mein Paradies, meine Träne, meine Himmelsleiter, mein Johannes, mein Tasso, mein Ritter, mein Graf Wetter, mein zarter Page, mein Erzdichter, mein Kristall, mein Lebensquell, meine Rast, meine Trauerweide, mein Herr Schutz und Schirm, mein Hoffen und Harren, meine Träume, mein liebstes Sternbild, mein Schmeichelkätzchen, meine sichre Burg, mein Glück, mein Tod, mein Herzensnärrchen, meine Einsam-

keit, mein Schiff, mein schönes Tal, meine Belohnung, mein Werther, meine Lethe, meine Wiege, mein Weihrauch und Myrrhen, meine Stimme, mein Richter, mein Heiliger, mein lieblicher Träumer, meine Sehnsucht, meine Seele, meine Nerven, mein goldener Spiegel, mein Rubin, meine Syringsflöte, meine Dornenkrone, meine tausend Wunderwerke, mein Lehrer und mein Schüler, wie über alles Gedachte und zu Erdenkende lieb ich Dich.

Meine Seele sollst Du haben. *Henriette*

Mein Schatten am Mittag, mein Quell in der Wüste, meine geliebte Mutter, meine Religion, meine innre Musik, mein armer kranker Heinrich, mein zartes weißes Lämmchen, meine Himmelspforte. H.

10ter November

Am Morgen meines Todes werde ich alles wie immer machen. Aufstehen, die Milch trinken, die mir Dörte gebracht hat. In meiner Kleiderkammer nach dem Rechten sehen, die Leibchen fassen, alle, nein, eines nur, nur eines. Die Tücher fühlen, die Kleider. Das liebste Kleid aussuchen, die Strümpfe, die hellen Strümpfe, die Haarbänder ordnen und die Halsbänder. Ich werde die Treppen herabsteigen, in die Küche gehen, den leeren Milchbecher abstellen, die Treblin begrüßen und fragen, wann Vogel das Haus verlassen hat und wann er zurückerwartet wird. Ich werde mit Dörte ein paar Worte wechseln und ihr auftragen, für die Weihnachtsbäckerei zu sorgen. Ihr das Kind anvertrauen und den Hausstand ans Herz legen.

Nein, das werde ich nicht tun.

Jeder Tag geht wie der andere vorbei. So auch dieser!

Ich werde den Tag als besonderen Tag genießen. In seiner Einmaligkeit die Wiederkehr der selben Verrichtungen einzigartig würdigen.

Die Milch in langsamen Schlucken zu mir nehmen. Alle

Dinge, die mir wert sind, bedacht zu werden, bedenken. Mein schlafendes Kind betrachten, das diesen Tag vergessen wird, wie jeden anderen. Es wachsen sehen, als wäre ich schon fern. Ja, ich bin ferne von dem Kind, wie die Gestirne der Erde fern sind, und dennoch bin ich ihm verbunden, solange ich lebe.

Solange ich lebe. Diesen Tag, diesen letzten Tag, den ich ersehne, und nicht recht weiß, wie beginnen.

Wird er nicht kommen, wie die Nächte kommen? Wird er nicht ein Mittwoch sein, wie alle, die ich nicht mehr in Erinnerung habe?

Werde ich am Abend zuvor in aller Ruhe zu Bette gehen, mein Kind mit Dörte ins Theater schicken, damit sie sich amüsieren?

Werde ich die Nacht in meiner Kammer ein Fest der Dinge feiern?

Sie von mir verabschieden, die Türen schließen, die Fenster verhängen, Wein trinken und Wasser? Wachslichte anzünden?

Am Morgen meines Todes werde ich aufstehen, und gebe Gott, ich habe keine Schmerzen und kann herumgehen und alles vergessen, was gewesen.

Von Kleist erhalte ich ein Billet, daß unsere Reise nach Auras arrangieret sei, und seine Küsse meinen Weg zu ihm streuen.

Kurt Bartsch

Wannsee, 21. 11. 1811

für Karin Reschke

Am See gegen Morgen zwei Schüsse
Wildenten fliegen auf, sieben Stück
In schnellem Flug über Brandenburgs Flüsse
Kehren erst gegen Mittag zurück.

Da sind die Toten schon abgefahren
Aus Brandenburgs Staub, ein Mann eine Frau
Erlauchte Fracht im hölzernen Karren
November Der Himmel grau in grau

Karin Reschke, geboren 1940 in Krakau, wuchs in Berlin auf. Seit 1975 schreibt sie Berichte, Prosa, Rezensionen. Ihre Arbeiten erschienen u. a. im Kursbuch. 1978 gab sie ein Frauenlesebuch heraus: »Texte zum Anfassen« (Frauenbuchverlag München).
Memoiren eines Kindes. Berlin 1980 (Rotbuch 228)
Dieser Tage über Nacht. Erzählung. Berlin 1984 (Rotbuch 294)
Margarete. Berlin 1987 (Rotbuch 325)

Birgit Vanderbeke

ROTBUCH *Verlag*

Mit sicherer Lakonie und unversöhnlicher Komik erzählt Birgit Vanderbeke von einer Zeit, »in der das Leben selbst anfing, nichts mit dem Leben zu tun zu haben.«
PRINZ

Beim Rotbuch Verlag lieferbar:

Gut genug
ISBN 3-88022-795-0

Fehlende Teile
ISBN 3-88022-785-3

Muschelessen
ISBN 3-88022-757-8

Als Taschenbuch:

Gut genug
ISBN 3-88022-398-X

Muschelessen
ISBN 3-88022-097-2

ROTBUCH *Literatur*